Knowledge House Walnut Tree

Knowledge House Walnut Tree

互聯網金融

導讀

十餘年前筆者剛進入投資研究行業時，負責的是美國科技產業研究。當時中國大陸已有「世界工廠」的稱號，台灣許多科技業也基於產業鏈和成本因素移往中國大陸進行代工生產。科技龍頭像是惠普（HP）、IBM、思科（Cisco）、戴爾（Dell）的執行長定時會造訪中國，鞏固產業鏈並分配代工訂單，費奧莉娜（Carly Fiorina）、錢伯斯（Tom Chambers）、戴爾（Michael Dell）的名字不時出現在新聞裡。當時中國的市場雖然深具潛力，然而製造出來的科技產品主要是銷往全世界。

時至今日，中國製造業大國的角色逐漸退去，個人電腦早已不是美國科技產業的代表，微軟（Microsoft）獨霸軟體作業系統的地位岌岌可危。美國科技業的代表已由蘋果（Apple）、谷歌（Google）和臉書（Facebook）取代，新聞裡常出現在中國市場的美國科技企業家，已經換成了庫克（Tim Cook）、佩吉（Larry Page）和查克伯格（Mark Zuckerberg）。他們分別代表了「移動」、「網路」和「社群」，所著眼的都是中國十三億人的廣大市場。不過此時中國在這些領域裡，已不需要舶來品，小米、華為、中興的手機佔有中國大部分的市場；百度（Baidu）的搜尋功力更適合中國人需要；淘寶網佔有百分之七十以上的網購市場；QQ、微信（WeChat）和微博（Weibo）早就佔有中國即時通訊和社群網站的大部分眼球。

網路早已取代、或是改寫許多產業的定義。網路擴大了零售業的版圖，在實體之外創造了虛擬市集，營業時間成了二十四小時全年無休；網路重新定義了媒體，訊息的傳播不再拘限於固定時間、固定地點、固定人物、固定設備，方式是雙向溝通，速度是瞬間散布；網路讓資料的搜尋成本降到最低，動動手指，看著螢幕，就能找到過去費盡力氣埋首書堆才整理出來的資料。十多年前誰能想到，看影片、聽音樂、等公車、讀報紙、打的（叫計程車）、買門票、訂餐廳、交朋友、出國旅遊、逛街血拼、視訊開會、查查誰過去說過什麼話、做過什麼事，都可以在同一個平台和界面上一指完成？

中國在網路的建設，不論是硬體或軟體，早已與世界並駕齊驅。不僅如此，中國已經開始定義下一階段網路的視野，把網路的觸角伸向過去神聖不可侵犯的金融領域。這本「互聯網金融」就是嘗試定義未來中國、甚至全世界網路金融（互聯網金融）的範圍、秩序、以及遊戲規則。

網路金融並不是一件新鮮事，在眼下的網路世界中，任何交易和買賣，只要牽扯到支付，都與網路金融有關。從網購一件毛衣，買一張旅遊平安險，到轉帳、匯款、買股票都算。只不過在多數國家中，這些交易的收付，不管是刷卡、匯款、還是帳戶扣款，仍是在既有的銀行體系下進行清算。換句話說，銀行只是把營業方式「搬」到網路上作生意，一切還是在銀行的體系內運作。由於銀行業是特許行業，在各國都受到法律和政策的保護，也面臨高度的監管。因此在網路金融1.0版的架構下，銀行的角色依舊，網路的存在擴大了銀行的業務範圍，但對銀行業的本質沒有產生太大的影響。

不過網路對銀行業的角色很早就開始出現顛覆的思考。在美國，一九九八年就出現了網路支付業者Paypal，二〇〇四年十二月中國的阿里巴巴成立了支付寶，都是為了應付網上買賣雙方的款項收付。目前在台灣只聞樓梯響的第三方支付，美國十六年前，中國在十年前就已出現，並且已經成為業界的圭臬。過去在網路交易的平台下，買賣雙方多半互不認識，存在訊息不對稱，交易過程具有風險：買家不確定是否如期收到貨，也無法確認商品的品質，事後的網路評價只是聊備一格。支付寶讓買家先把款項匯入專屬的虛擬帳戶，等到收到貨後確認數量和品質，才通知支付寶付款。賣方只要如約定出貨並獲得買方確認，保證能收到貨款，買方也有權利檢視訂購的貨品是否如預期。讓網購的安全性大幅提高，也擴大了網路交易的規模，二〇〇三年淘寶成立時的交易額不過二千萬人民幣，二〇一二年已正式突破一兆人民幣（含天貓），相當於中國全社會消費品零售額的百分之五・四！甫結束的二〇一四年「雙十一」購物節定為全球購物元年，當天吸引全球二百一十一個國家參與，當天創下五百七十一億人民幣的營業額。

第三方支付的出現，不但打破了銀行最終清算支付的角色，網購業者更擁有買賣雙方交易和信用記錄，具有徵信的資料庫。這原本專屬於銀行的業務，因為網路而出現了改變。

今日的支付寶，早已超越了在淘寶網上的支付功能。幾乎任何實體或虛擬的交易，買方都能直接在支付寶上的帳戶把款項「打」給賣方。筆者曾至中國自由行，事先在網上預訂旅館，結果旅館人員表示訂金可以從支付寶上「打」給他。這已非常近似銀行帳戶匯款，銀行在支付寶的體系下，只是最初的資金池而已。二〇一四年九月，阿里巴巴的子公司浙江螞蟻小微發起的浙江網商銀行正式成立，成為中國開放民營銀行試點的一步，採用全網路營運模式，提供小額存放款、保險、擔保業務。傳統實體銀行的渠道優勢可預期將漸漸產生質變。

同樣的情況出現在**B2B**（企業對企業）與**B2C**（企業對消費者）的網路世界，阿里巴巴從**B2B**和**B2C**起家，二〇〇二年就推出誠信通，對註冊會員的交易誠信記錄作評估並公開，從此開始了大量的資料累積；二〇〇七年，阿里巴巴與中國建設銀行、中國工商銀行合作，由銀行提供資金，阿里巴巴提供渠道與信用記錄，對小微企業提供小額貸款，此時阿里巴巴相當於替銀行進行貸款風險評估；二〇一一年，阿里巴巴中止與建行、工行的合作，自行籌資小額貸款公司—阿里小貸，開始向杭州等部分城市的淘寶電商企業進行放款；不僅如此，阿里小貸分別向嘉實（二〇一二）和萬家（二〇一三）二家基金公司透過募集資產證券化基金，將貸款予以證券化，擴大其貸款額度及規模。這種等於是準銀行的營運模式，甚至比銀行還先進。一般銀行的放款債權還很少打包成證券化，拿到金融市場來募資。中國在網路金融的腳步，由網路業者帶領，正在一步步產生變化。

網路金融在中國能夠快速興起，筆者認為主要有四點理由：

1. 動通訊、寬頻、**3G**帶來訊息傳遞方式的改變。許多原本通訊不發達的偏遠地區因為行動通訊和**3G**能夠接收大量的資訊。中國手機用戶達到十二億七千萬戶，其中**3G/4G**用戶佔四成（二〇一四年十月），商業活動和消費行為摒除了地域上的限制，降低了資訊取得和商業發展的成本，經濟活動可以在網路上交易、交換、收付，社群訊息可以在網路上快速傳播，社會的能量被激發。

2.傳統銀行業資源分配錯置。在過去，銀行業務圍繞著國企和大型企業的放款，享有風險低、利差大的巨大好處。一般民企、中小微型企業、三農的資金需求未能被滿足，社會資源配置嚴重不均，風險定價和管理不具效率，提供網路P2P貸款及眾籌融資業務的發展空間。此外，「餘額寶」的出現更是打中了銀行業長期低成本、高利潤的痛處，將中間的利差釋放出來給一般大眾共享。

3.網路具備了資料記錄和存取的便捷性功能，大數據和雲端計算更加速了資料分析和訊息處理，個人消費行為、信用記錄；企業資金水位、營運好壞都可以被分析和預估，商業營運範圍的可能性擴大。從銷售的淡旺季可以預估企業何時需要資金、過去的記錄可以判斷一個人下午五點是否需要叫車、六點是否需要訂餐廳。目前每個人打開淘寶行動應用程式（APP）看到的內容是不一樣的，阿里巴巴也能根據大數據分析，預測下一階段的消費熱點，提供給商家銷售活動的準備。網路可以在經濟活動發生前提供相關服務的訊息，這在傳統商業模式下需要極高成本才能達到。

4.政府的態度決定了發展的潛力。中國仍是計劃經濟國家，政策支持的項目有較好的資源分配和市場開放。自「習、李體制」上台後，「開放市場」成為重要的基調，已多次將網路金融列為重點發展項目。二〇一三年八月國務院「關於促住信息消費擴大內需的若干意見」中，將網路金融第一次正式列入國家層級的文件。二〇一四年開放民營銀行設立，逐步放開利率管制、開放資本市場，網路對金融業的影響力只會與日俱增。

這本「互聯網金融」嘗試描繪出中國式的網路金融藍圖，讓讀者能夠從中想像未來網路還有的可能性。

本書在架構上分為三部分：第一部分是網路金融成形的原理和框架，以及當中的參與者（第一~三章）；第二部分是網路金融的表現型態，包括行動支付、第三方支付、虛擬貨幣、大數據（Big Data）與雲端計算、網路徵信、P2P貸款模式、群眾募資等（第四~十章）；第三部分是網路金融的監管、資源共享，以及其他研究問題（第十一~十二章）。

在第一部分的理論框架上，本書將網路金融定位在三大支柱上：支付、訊息處理、資源配置。支付功能超越了傳統銀行主導的清算體系，資金有能力在銀行之外的體系間流動；網路訊息傳播的能力已無庸置疑，社群網站更激化了這個特性，讓資金供需方的訊息傳遞用更低的成本快速擴散，傳統銀行資訊中介者的角色受到挑戰；有了體系外的金流與廉價的訊息傳遞，資金由供給端直接流向需求端成為可能，銀行資金中介者的角色也面臨弱化。網路金融發展的主導者大多是非金融業者，而且以網路業者和移動系統業者居多。網路業的無限想像空間和彈性是優勢，系統業者擁有使用者資訊和通路也是優勢。然而金融業者往往受限於高度監管和法規限制，面對新型態和商機往往擔心對實體業務的影響而猶豫不前，觀望市場發展作跟隨著，或是被動期待法規鬆綁。

本書內容涵蓋面廣，除了介紹中國本地網路金融的各個面向之外，還介紹相當多世界各地的業者。例如美國網路股權交易業者SecondMarket、SharePost；P2P網路貸款業者Lending Club、Prosper；網路貸款業者Kabbage；群眾募資的Kickstarter等。同時，書中也介紹了許多第三世界比較鮮為人知的例子，例如肯亞的手機銀行業者M-PESA、南非移動運營商MTN旗下的Wizzit網路金融服務、菲律賓的網路銀行業者G-Cash，其中肯亞的M-PESA的手機銀行匯款業務，甚至已超過了傳統金融機構匯款的金額。這些實例說明了網路對第三世界國家來說已經是迎頭趕上西方世界的利器。印度新任總理莫迪（Narendra Modi）二〇一四年八月計劃推出一項計劃，讓全印度每戶人家都有一個以上銀行帳戶。印度目前仍有七成民眾因為偏遠貧窮，沒有銀行帳戶，這項計劃將創造七千五百萬個新帳戶。試想未來這些銀行帳戶的運作，會經由傳統的銀行廣設新分行，還是憑著印度人手中早已習慣的手機？

本書的作者群均有學術背景，書中除了介紹網路金融的現象外，還伴隨著學術理論的介紹。例如行動支付的網路提到規模效應，書中引用了尼古拉斯・伊科諾米季斯（Nicholas Economides）和查爾斯・希默伯格（Charles Himmerlberg）的分析方法；網路信用貸款評估介紹了莫頓（Robert Merton）模型、CDS模型、Logit模型和貝氏判別法（書中稱為貝葉斯判別法）；大數據分析採用了計量經濟模型；網路證券投資則提到著名的Black-Letterman模型。這些動輒以向量、機率、公式呈現理論，對於一般讀者而言的確有吸收上的難度。不過換個角度看，面對未來潛力無窮的產業發展，如果只是一味畫大餅，沒有實質的理論基礎，豈不又陷入了另一個空中樓閣？讀者如果對公式模型感到艱澀難懂，大可略過不看，不過仍必須肯定作者群們的用心。

最後，我們花點篇幅談談台灣在網路金融上的發展。

台灣的電子商務起步並不算晚，發展也算快速，二〇一五年預估網購的規模將突破一兆台幣，各式服務幾乎一項不缺。然而，在網路金融的發展上，卻不成比例地遠遠落後。無論在支付、貸款、籌資、理財的金融業務發展上，幾乎可說是龜速前進。截至本文截稿為止，第三方支付的專法「電子支付機構管理條例」在立法院僅完成一讀（九月二十三日），最快也得到年底才完成立法。這其間光是主管機關屬經濟部還是金管會就耗費多時。開放哪些業務、參與者的資格認定等等又花了大半年時間。這還是在電子商務教父級人物開記者會重炮轟擊後的「高效率」。在此之前，金管會仍堅持「非銀行業的第三方支付業者不得經營多用途支付與儲值業務」，卻核准「銀行與大陸支付業者合作，辦理代國內網路商店收取交易款項的金流服務。」然而，就在教父開完記者會後四天，行政院卻召開會議，定調開放。如此今是昨非的「高效率」，除了莞爾之外只能苦笑。儘管事隔將近一年半後法案終於一讀，但開放的範圍仍著重在網購及遊戲平台上的「交易支付」而已，包括「線上儲值」、「線下實質交易」、「無實體交易匯款」。對於其他網路金融可能發展的方向，包括純貸款、純匯款、籌資、理財等則完全不在討論之內。甚至金管會表示，第三方支付申購基金「不會開放」，因為「大陸有特殊的利差環境」，該模式搬到台灣「沒有優勢」。

這無異又是一次行政單位以不精確的個人主觀判斷擋住產業發展的例子。回想如果沒有電子商務教父的大聲疾呼加上嚴辭批判，相信台灣的第三方支付仍然是一片沙漠。第三方支付的始祖─美國Paypal於一九八八年就成立了，全球一百九十多個國家參與，會員人數二億，年交易金額超過六百億美元；淘寶網的支付寶佔有中國這個龐大市場五十的市佔率，而且開始瞄準世界。餘額寶所帶動的網路理財風潮已成為業界教科書。全球電子商務每年已有三兆四千億美元的產值，理財市場何止十倍於此？這麼明顯的全球趨勢都可以被行政部門關起門來不開放，新興的發展趨勢更不可能從這樣的思維中解放出來。

台灣的法令要與時俱進，唯有等到事情一發不可收拾時才會以牛步化動作。食安問題如此、軍事審判如此、年金改革如此、自由貿易如此，金融法規如何能成為例外？我想，只有到未來不知何年，金融業跨不出蕞爾小島，生存出現問題，而全球的網路金融早已揚長而去，台灣才會著手「研擬修法的可能性」。

台灣的金融業早已被低利率環境僵固的匯率政策壓得喘不過氣，無法打開海外市場更顯得坐困愁城，靠銷售手續費又面臨同業殺價競爭。金融商品同質性太高、市場無法擴張、利潤率被壓低，「亞洲盃」淪為口號、網路金融看來又是一場遙不可及的夢，著實令人為台灣金融業的未來捏把冷汗。

唐祖蔭

二〇一四年十一月　於臺北

目錄

Contents

Contents

目　錄

Contents

CHAPTER 1

導論

互聯網金融的定義

互聯網金融（Internet finance，網路金融）是我們二〇一二年提出的概念。[1]互聯網金融是一個譜系概念，涵蓋因為網路技術和網際網路精神的影響，從傳統銀行、證券、保險、交易所等金融中介和市場，到瓦爾拉斯（Léon Walras）一般均衡對應（Walrasian General Equilibrium Theory）的無金融中介或市場情形之間的所有金融交易和組織形式。

互聯網金融是一個前瞻性概念

理解互聯網金融需要充分的想像力。目前，互聯網金融的發展趨勢已經十分明顯，相關創新活動層出不窮。各類機構紛紛介入，除了銀行、證券、保險、基金等之外，電子商務公司、資訊科技企業、行動通訊公司等也非常活躍，演化出豐富的商業模式，模糊了金融業與非金融業的界限。

儘管如此互聯網金融遠沒有發展成形。我們樂觀地估計，互聯網金融還需要二十年才能成形，主要基於兩點考慮。第一，互聯網金融的發展速度，主要取決於網路技術的發展速度，而不是金融自身的發展速度。我們預計，二十年後，網路技術將在目前的基礎上，進一步大幅降低金融活動中的交易成本，並解決資訊不對稱的問題。第二，二十年後，伴隨著網路成長起來的這一代人（基本上都在一九八〇年後出生）將成為社會主流，他們的網路使用習慣將極大地影響金融交易和組織形式。

在這種背景下，學術研究要引領實踐，就必須大膽推演，合理地設想未來的情景。因此，互聯網金融既不完全總結歷史，也不完全概括現狀，而是更多地假想未來，是一個前瞻性概念。

同時，互聯網金融紮根於理性思維，不是烏托邦式的空想。互聯網金融有三個「理性之錨」。

第一，互聯網金融立足於現實。現實中已經出現的互聯網金融形態是我們推演未來的出發點。

第二，互聯網金融符合經濟學、金融學的基本理論，就如同現實物體運動遵循物理學基本原理一樣。我們認為，不管是對互聯網金融已有形態的解釋，還是對互聯網金融未來發展的預測，目前的經濟學、金融學的基本理論都提供了足夠的分析工具。這是本書根本的方法論。

第三，互聯網金融研究的基準，是瓦爾拉斯一般均衡對應的無金融中介或市場情形，這也是互聯網金融的理想情形。瓦爾拉斯一般均衡是經濟學的理論基石之一，說明在理想化的假設下，完全競爭市場會達到均衡狀態，此時所有商品的供給和需求正好相等，資源配置達到帕累托最優（即不可能在沒有任何人境況變壞的前提下，使某些人的境況變好）。在瓦爾拉斯一般均衡中，金融中介和市場都不存在，貨幣也可有可無。而現實中之所以存在金融中介和市場，主要是由於資訊不對稱和交易成

❶完整報告見(1)謝平、鄒傳偉、劉海二（2012）。〈互聯網金融模式研究〉，《新金融評論》。上海：上海新金融研究院，第一期。(2)謝平、鄒傳偉（2012）。〈互聯網金融模式研究〉，《金融研究》。北京：中國金融學會訊十二月。(3) Xie, Ping, and Chuanwei Zou, 2013, "The Theory of Internet Finance", China Economist, 2013 March（該論文的一個早期版本可從社會科學研究網路 SSR 上下載，見 http://papers.ssrn.com/sol3/papers.cfm?abstract_id=2235967）。

本等摩擦因素造成的。但隨著網路的發展，資訊不對稱問題將大幅減少，交易成本將顯著降低，互聯網金融將逐漸逼近與瓦爾拉斯一般均衡相對應的無金融中介或市場情形（見圖一）。這是金融演變的內在邏輯。

直觀的理解是，有M個資金供給者和N個資金需求者，兩邊通過各種金融中介和市場進行金額、期限、風險收益上的匹配，設想M和N趨於無窮大，並且金融中介和市場被網際網路替代。

互聯網金融的「變」與「不變」

▼「不變」的方面

1.金融的核心功能不變。[2]互聯網金融仍是在不確定環境中進行資源的時間和空間配置，以服務實體經濟。具體表現在：一、支付清算；二、資金融通和股權細化；三、為實現經濟資源的轉移提供管道；四、風險管理；五、資訊提供；六、解決激勵問題。

2.股權、債權、保險、信託等金融契約的內涵不變。金融契約的本質是約定在未來不確定情形下各方的權利義務，主要針對未來現金流。比如，股權對應著股東對公司的收益權和控制權，債權對應著債權人定期向債務人收取本金和利息款項的權利。金融契約曾經主要以物理形式存在，目前則多以電子形式存在，並建立了有關託管、交易和清算的機制。但不管金融契約以何種形式存在，其內涵不變。在互聯網金融中，所有金融契約都是數位化的，並構成互聯網金融的交易基礎。

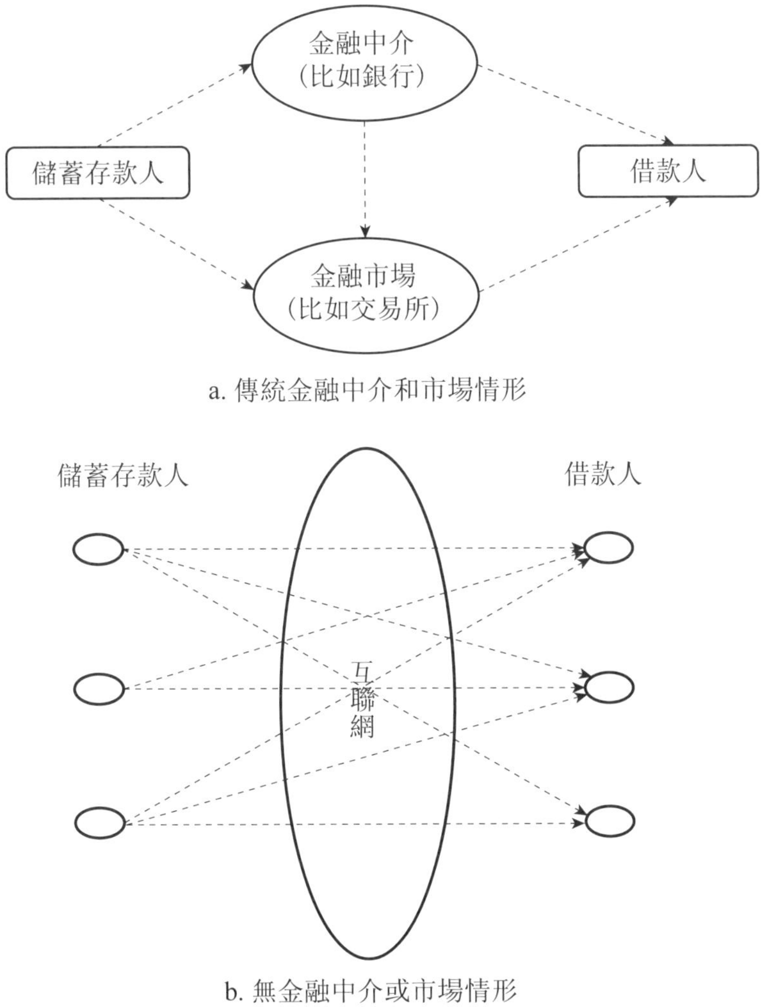

圖一傳統金融中介和市場情形與無金融中介和市場情形的對比

說明：箭頭表示資金流向。

❷ Bodie, Zvi, and Robert Merton, 2000, Finance, Prentice Hall Inc.

3.金融風險、外部性等概念的內涵也不變。在互聯網金融中，風險指的仍是未來遭受損失的可能性，市場風險、信用風險、流動性風險、操作風險、聲譽風險和法律規範風險等概念及其分析框架依然適用。同時，互聯網金融也存在誤導消費者、誇大宣傳、欺詐等問題。因此，互聯網金融監管的基礎理論不變，審慎監管、行為監管、金融消費者保護等主要監管方式也都適用，但具體監管措施與傳統金融有所不同（見第十章）。

▼「變」的方面

互聯網金融的「變」主要體現在網路因素對金融的滲透。

1.網路技術的影響。主要體現在行動支付和第三方支付❸、大數據、社群網路、搜尋引擎、雲計算等方面。網路能顯著降低交易成本，減少資訊不對稱問題，提高風險定價和風險管理效率（會遠遠超過人腦的判斷效率），拓展交易的可能性邊界，使資金供需雙方可以直接交易，從而影響金融交易及其組織形式。這裡要特別強調三個技術趨勢：一是資訊（訊息）的數位化（詳見後文），為大數據在金融中的應用創造條件。二是計算能力的不斷提升。在積體電路（IC）領域摩爾定律至今仍有效，而雲計算、量子計算、生物計算等有助於突破積體電路性能的物理邊界。三是網路通信的發展。未來，網際網路、行動通訊網路、有線電話網路和廣播電視網路等將高度融合，高速Wi-Fi將覆蓋全球。這三個技術趨勢不僅會影響金融基礎設施，還會促成金融理論的突破。

2.網際網路精神的影響。傳統金融有一定的精英氣質，講究專業資質和准入門檻，不是任何人都能進入，也不是任何人都能享受金融服務的。傳統金融創新主要是金融產品（契約）的創新，即使用金融工程技術和法律手段，設計新的金融產品。部分新產品具有新的現金流、風險、收益特徵，實現新的風險管理和價格發現功能，從而提高市場完全性，比如期權、期貨、掉期等衍生品。部分創新產品以更低的交易成本實現已有金融產品（及其組合）的功能，比如交易所交易基金（ETF）。其理論基礎主要有三個：(1)阿羅‧德布魯證券（Arrow-Debreu Security），在完全市場中，每一種未來狀態都存在與之對應的單位證券，其他證券都可以表述成這些證券的組合；(2)Markowitz均值方差模型（見第十一章）；(3)Black Scholes期權定價公式（見第七章）。

網際網路精神的核心是開放、共用、去中心化、平等、自由選擇、普惠、民主。

互聯網金融反映了人人組織和平台模式在金融業的興起，金融分工和專業淡化，金融產品簡單化，金融脫媒、去中介化，金融自由化、普惠化。除投融資外，互聯網金融的很多創新產品還與衣食住行及社群聯繫在一起，經常內嵌在行動應用程式中，產品實用化、軟體化，自我調整生成，強調行為資料的應用，一定程度上表現了共用原則，比如微信紅包、餘額寶（見第四章）、P2P網路貸款（見第八章）、群眾募資（見第九章）等。

因此，互聯網金融創新與傳統金融創新，其理論邏輯和創新路徑不同，隱含著監管上的差異。

---

❸第三方支付的出現是順應了電子商務時代的潮流。是為了「雙方務契約無法達成同時履行」且「缺乏信任基礎」的買賣而設計的。

互聯網金融的三大支柱

互聯網金融有三大支柱（見圖二）。

第一支柱是支付。支付是金融的基礎設施，會影響金融活動的形態。在互聯網金融中，支付以行動支付和第三方支付為基礎，很大程度上活躍在銀行主導的傳統支付清算體系之外，並且顯著降低了交易成本。在互聯網金融中，支付還與金融產品掛鈎，帶來了豐富的商業模式（見第四章對餘額寶的分析）。最後，因為支付與貨幣的緊密聯繫，互聯網金融中還會出現電子貨幣。

第二支柱是資訊處理。資訊是金融的核心，構成金融資源配置的基礎。在互聯網金融中，大數據被廣泛應用於資訊處理（體現為各種演算法，自動、高速、網路化運算），提高了風險定價和風險管理效率，顯著減少了資訊不對稱。互聯網金融在資訊處理方面的特徵是其與商業銀行間接融資和資本市場直接融資的最大區別。

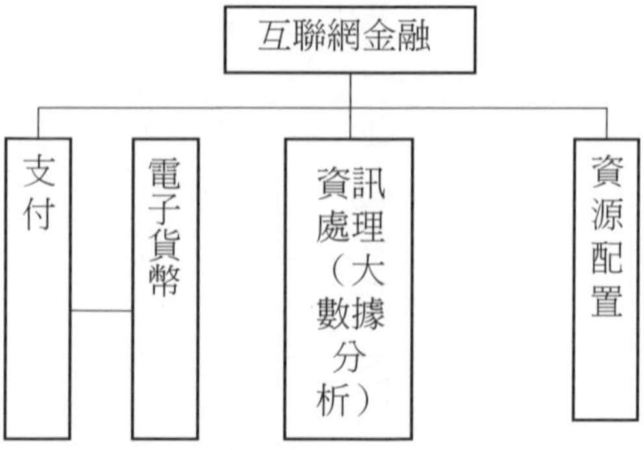

圖二互聯網金融的三大支柱

第三支柱是資源配置。金融資源配置指的是，通過什麼方式將金融資源從資金供給者配置給資金需求者。資源配置是金融活動的根本目標，互聯網金融的資源配置效率是其存在的基礎。在互聯網金融中，由於金融產品與實體經濟緊密結合，交易可能性邊界得到了極大的拓展，因此資金供求的期限和數量的匹配不需要通過銀行、證券公司和交易所等傳統金融中介和市場，完全可以自己解決。

目前互聯網金融的主要形態，在支付、資訊處理、資源配置三大支柱中的至少一個方面具有上述特徵（注意：不一定是三大支柱都具有相關特徵）。

互聯網金融的發展概況

互聯網金融興起的背景

互聯網金融是一個彈性很大、極富想像空間的概念，其興起有深刻的背景。這些背景中，有些是全球性的，有些則為中國所特有。

第一，網際網路對許多不需要物流的行業都產生了影響，金融業也不例外。在過去的十年間，網路對通信、新聞、圖書、出版、電視、音樂、商品零售等多個領域均產生了顛覆性影響，接下來是影視、教育、廣告。一個突出例子是，電子郵件（email）興起後，傳統的手寫書信很快就基本消失了。從本質上講，金融本身就是數字（在金融機構資產中，固定資產佔比不大），與網路有相同的數字基因。所有金融產品都可以看作數據的組合，所有金融活動都可以看作數據在網路上的移動。因此，金融行業更容易受到網路的影響。

第二，整個社會走向數位化。目前，整個社會資訊中有約百分之七十已經被數位化了。未來，各種感測器會更加普及，在大範圍內得到應用（比如，目前智慧型手機中已經嵌入了很複雜的傳感設備或程式），購物、消費、閱讀等很多活動會從線下轉到線上（3D列印普及後，製造業也會轉到線上），網路上會出現很多複雜的溝通和分工協作方式。在這種情況下，整個社會資訊中有百分之九十可能會被數位化。這就為大數據在金融中的應用創造了條件。如果個人、企業等的大部分資訊都存放在網路上，那麼基於網上資訊就能準確評估這些人或企業等的信用資質、盈利前景（見第六章對大數據的討論）。

第三，一些實體經濟企業積累了大量資料和風險控制工具，可以用於金融活動，比如以阿里巴巴為代表的電子商務公司。不僅如此，共用經濟❹正在歐美國家興起，中國也出現了一些案例。電子商務、共用經濟等網路交換經濟與互聯網金融有天然的緊密聯繫，既為互聯網金融提供了應用場景，也為互聯網金融打下了資料和客戶基礎，具體表現了實體經濟與金融在網際網路上的融合（見第十一章）。

第四，中國金融體系中的一些低效率或扭曲因素為互聯網金融發展創造了空間：

1. 長期以來，中國的正規金融企業未能有效地滿足中小企業和「三農」的金融需求，與此同時，民間金融（或非正規金融）因其內在局限性而導致風險事件頻發；

2.經濟結構調整產生了大量消費信貸需求，其中有很多不能從正規金融企業那裡得到滿足；
3.在存貸款利差受保護的情況下，銀行利潤高，各類資本都有進入銀行業的積極性❺；
4.受管制的存款利率經常超不過通貨膨脹率，股票市場多年不景氣，再加上近年來對購房的限制，老百姓的投資理財需求得不到有效滿足；
5.在目前的IPO管理體制下，股權融資管道不暢通；
6.證券、基金、保險等的產品銷售受制於銀行管道，因此有動力拓展網上銷售管道。

在這樣的背景下，目前中國互聯網金融主要針對個人和中小企業的信貸融資需求、一些創意性項目的類股權融資需求、老百姓的投資理財需求以及金融產品銷售的「去銀行管道化」，這些在很大程度上屬於普惠金融的範疇。雖然目前互聯網金融對大企業、大項目融資等對公業務的影響不會很大，但未來，這些對公業務的比重本身也會下降。❻

此外，中國的金融資源長期集中在國有部門。未來十年內，可預見的趨勢是，大量金融資源將

❶共用經濟是一種新型經濟模式，可以通過點對點機制和社群網路，分享實物和數位資源。包括交換、借入、借出以及贈送。

❺二〇一二年，中國銀行業總資產佔金融業的百分之七十八，淨利潤佔金融業的百分之九十五，十六家上市銀行的淨利潤佔滬深兩市二千四百六十七家上市公司的百分之五十三。

❻對中國當前金融領域存在的問題可參考謝平、鄒傳偉（2013）。《中國金融改革思路：2013—2020》。北京：中國金融出版社。

從國有部門轉移到私營部門。金融資源配置格局的這種變化，也會促進互聯網金融的發展。

互聯網金融譜系

譜系概念的典型代表是光譜。太陽光按頻率從低到高，可以分為紅、橙、黃、綠、藍、靛、紫等連續光譜。互聯網金融也是一個譜系概念的例子。互聯網金融譜系的兩端，一端是傳統銀行、證券、保險、交易所等金融中介和市場，另一端是瓦爾拉斯一般均衡對應的無金融中介或市場情形，介於兩端之間的所有金融交易和組織形式，都屬於互聯網金融的範疇。

我們按照目前各種互聯網金融形態在支付、資訊處理、資源配置三大支柱上的差異，將它們劃分為六種主要類型。

金融互聯網化[7]

金融互聯網化體現在網際網路對金融中介和市場的營業據點、人工服務等的替代，包括：一、網路銀行和手機銀行，以ING Direct（歐洲）、M-PESA（肯亞）為代表；二、網路證券公司，以Charles Schwab（美國）為代表；三、網路保險公司；四、互聯網金融交易平台，以SecondMarket、SharesPost（美國）為代表；五、金融產品的網路銷售，是通過網路銷售金融產品，以Bankrate（美國）、餘額寶、百度金融為代表。

○行動支付與第三方支付

行動支付與第三方支付體現在網際網路對金融支付的影響，以Paypal（eBay）、支付寶（阿里）、財付通和微信支付（騰訊）為代表。

○電子貨幣

電子貨幣體現在網際網路對貨幣形態的影響，以比特幣、Q幣、亞馬遜幣為代表。

○基於大數據的徵信和網路貸款

因為貸款的核心技術是信用評估，所以我們將徵信和網路貸款放在一起討論。基於大數據的徵信，以ZestFinance（美國）、Kreditech（德國）代表。基於大數據的網路貸款，以Kabbage（美國）、阿里小貸為代表。

○P2P網路貸款

P2P網路貸款是網路上個人之間的借貸，以Prosper、Lending Club（美國）、Zopa（英國）、宜信、陸金所為代表。

○群眾募資

群眾募資（crowd funding，透過網際網路為投資項目募集股本金，第九章將專門討論）是網路上的股權融資，以Kickstarter（美國）、天使匯為代表。

❼在本書中，不存在關於「互聯網金融」和「金融互聯網」的劃分（或者爭論）。

需要說明的是，互聯網金融譜系的各種形態之間不存在清晰的界限，而且是動態變化的。比如，保險業出現了根據汽車使用情況確定費率的車險，證券研究發現Twitter（推特）、的活躍度對股價有預測力，未來大數據與保險精算、證券投資結合，會促成很多新的商業模式的誕生（見第十二章）。所以，本書對互聯網金融六種類型的劃分，還達不到嚴格分類應有的「不重複，不遺漏」標準。之所以這樣劃分，主要是為了便於討論問題。

中國政府的態度

總體而言，中國政府對互聯網金融持積極態度。

二〇一三年四月，中國國務院部署了金融領域的十九個重點研究課題，「互聯網金融發展與監管」是其中之一。課題組由中國人民銀行、銀監會、證監會、保監會、工信部、公安部、法制辦組成，中國人民銀行牽頭，在北京、上海、杭州等地開展了調查研究。馬凱副總理二〇一四年一月聽取了課題組的彙報。該課題研究將對中國互聯網金融行業產生深遠影響。

中國人民銀行二〇一三年第二季度的貨幣政策執行報告對互聯網金融給予了正面評價，認為互聯網金融具有透明度高、參與廣泛、中間成本低、支付便捷、信用資料更豐富和資訊處理效率更高等優勢。這是互聯網金融的相關內容第一次寫入金融方面的權威文件。

二〇一三年八月，中國國務院的兩個重要文件都正式寫入了互聯網金融的相關內容。國務院辦公廳《關於金融支援中小企業發展的實施意見》提出：「充分利用互聯網等新技術、新工具，不斷創新互聯網金融服務模式」。國務院《關於促進資訊消費擴大內需的若干意見》提出：「推動互聯網金融創新，規範互聯網金融服務」（這是互聯網金融第一次進入中國國家層面的文件）。

二〇一三年十二月，中國支付清算協會成立互聯網金融專業委員會，引入自律監管。

二〇一四年三月五日，李克強總理在政府工作報告中提出，「促進互聯網金融健康發展」。地方政府對互聯網金融的熱情很高，比如深圳❽、上海的黃浦區、北京的中關村和石景山等，都將互聯網金融作為一個重要的新興產業，端出了一系列促進互聯網金融發展的優惠措施。

❽深圳市政府二〇一四年二月推出《關於支持促進互聯網金融創新發展的指導意見》。這是大陸省級以下政府首次推出互聯網金融的支持文件。

CHAPTER 2

互聯網金融原理

基本框架

金融服務實體經濟的最基本功能是融通資金，也就是將資金從儲蓄者手中轉移到融資者手中。但在瓦爾拉斯一般均衡定理的經典表述[1]中，金融中介和市場都不存在。美國經濟學家弗雷德里克・米什金（Frederic Mishkin）指出[2]，金融中介和市場之所以存在，主要有兩個原因：第一，它們有規模經濟和專門技術，能降低資金融通的交易成本；第二，它們有專業的資訊處理能力，能降低儲蓄者和融資者之間的資訊不對稱以及由此引發的逆向選擇和道德風險問題。

目前，有兩類金融中介和市場在資金供需雙方之間進行融資金額、期限和風險收益的匹配：一類是商業銀行，對應著間接融資模式；另一類是證券公司和交易所，對應著直接融資模式。這兩類融資模式對資源配置和經濟增長有重要作用，但也需要巨大的交易成本，主要包括金融機構的利潤、稅收和員工薪酬。據估算，二〇一一年中國全部銀行和證券公司的利潤達到約一・一兆元人民幣，稅收約五千億元人民幣，員工薪酬約一兆元人民幣。

以網際網路[3]為代表的現代資訊科技，特別是行動支付與第三方支付、大數據、社群網路[4]、搜尋引擎[5]和雲計算等，將對人類金融模式產生顛覆性影響，會帶來比傳統金融中介和市場更先進的互聯網金融。在互聯網金融環境下，支付便捷，超級集中支付系統和個體行動支付統一；資訊處理和風險評估以大數據分析和高速演算法為基礎，並通過網路化方式進行，資訊不對稱程度非常低；資金供需雙方在資金期限匹配、風險分擔等方面的成本非常低，可以不通過銀行、證券公司和交易所等傳統金融中介和市場，直接在網上完成股票、債券的發行和交易，或進行資金融通等。市場充分有效，接近瓦爾拉斯一般均衡對應的無金融中介或市場情形，可以超越傳統金融中介和市場的資源配置效率，在促進經濟增長的同時，還能大幅降低交易成本。

更為重要的是，在互聯網金融環境下，現在金融業的分工和專業化被大大淡化，被網路及其相關軟體技術所替代（可以假想所有金融業務都嵌入在行動應用程式中）；企業、普通老百姓都可以通過網路進行各種金融交易，風險定價、期限匹配等複雜交易都會大大簡化、易於操作；市場參與者更為大眾化，互聯網金融交易所引致的巨大效益更加惠及大眾。這也是一種更為自由化，而且不是受少數專業精英控制的金融模式。

❶ Mas-Colell, Andreu, Michael Whinston, and Jerry Green, 1995, Microeconomic Theory, Oxford University Press.
❷ 弗雷德里克・米什金（2013）。《貨幣金融學》。北京：中國人民大學出版社。
❸ 我們對網際網路採取廣義的理解方式，包括行動通訊網路、有線電話網路和廣播電視網路等將來會與網際網路高度整合的網路。
❹ 廣義地看，社群網路不限於個人、機構之間的交流和互動，也包括人與物之間、物與物之間的交流和互動。
❺ 我們認為，未來的搜尋引擎將不局限於網頁檢索、查詢、排序等功能（見第六章對連結分析的介紹），而會成為資訊處理引擎，內嵌各種智慧化的資料分析工具和資訊科技解決方案。

互聯網金融意味著巨大的機遇和挑戰。對政府而言，互聯網金融可被用來解決中小企業融資問題和促進民間金融的陽光化、規範化，更可被用來提高金融的普惠性，促進經濟發展，但同時也給監管帶來了挑戰。在互聯網金融環境下，針對現有金融機構（比如銀行、證券公司和保險公司）的審慎監管可能將被淡化，金融消費者保護的重要性將更為突出（第十章將討論互聯網金融監管）。對業界而言，互聯網金融會產生巨大的商業機會，但也會促成競爭格局的大變化。對學術界而言，支付革命會對現有的貨幣理論形成衝擊。

接下來，我們按第一章提出的支付、資訊處理和資源配置三大支柱依次討論互聯網金融原理。

支付

互聯網金融的支付以行動支付為基礎（從長期看，第三方支付將逐步走向行動端）。行動支付是通過行動通訊設備、利用無線通訊技術來轉移貨幣價值以清償債權債務關係。❻行動支付的發展，體現了支付的三大發展趨勢：第一，終端離散化。從銀行櫃檯到自動櫃員機（ATM）和銷售點終端機（POS）系統，再到無處不在的網路和行動通訊設備。第二，身份數位化。第三，服務通用化。行動支付的核心是，由於不是每個人都有銀行金融卡，只要手機裡有一個類似支付寶的第三方支付帳號就可以。由此，人類基本的交易方式發生了改變。

○行動支付的基礎是行動通訊技術和設備的發展，特別是智慧型手機和平板電腦的普及。

高盛公司估計[7]，二〇一一年全球行動支付總金額為一千零五十九億美元，未來五年將以年均百分之四十二的速度增長，二〇一六年將達到六千一百六十九億美元；行動支付佔全球支付市場的比例，二〇一一年約為百分之一，二〇一五年將達到百分之二．二。目前典型的有手機買賣股票、手機購物支付等，支付寶和微信支付已經用於叫車、購物、薪資發放等日常活動，智慧型手機和平板電腦替代信用卡將在不遠的將來成為現實。

○行動網路和多網融合將進一步促進行動支付的發展。

隨著Wi-Fi、4G等技術的發展，網際網路和行動通訊網路的融合趨勢已非常明顯，有線電話網路和廣播電視網路也會融合進來。在此基礎上，行動支付將與銀行金融卡、網路銀行等電子支付方式進一步整合。未來的行動支付將更便捷、更人性化，真正做到隨時隨地並以任何方式進行支付。隨著身份認證技術（比如生物識別技術）和數位簽章技術等安全防範措施的發展，行動支付不僅能完成日常生活中的小額支付，也能完成企業之間的大額支付，完全替代現在的現金、支票、信用卡等銀行結算支付手段。

---

[6] 帥青紅主編（2011）。《電子支付與結算》。大連：東北財經大學出版社。
[7] Goldman Sachs, 2012, “Mobile Monetization: Does the Shift in Traffic Pay? ”

○雲計算保障了行動支付所需的存儲和計算能力。

儘管行動通訊設備的智慧化程度有所提高，但受限於便攜性和體積要求，存儲能力和計算速度在短時期內無法與個人電腦（PC）相比。而雲計算正好能彌補行動通訊設備這一缺點，可以將存儲和計算從行動通訊終端轉移到雲計算的伺服器，減輕行動通訊設備的資訊處理負擔。[8]這樣，行動通訊終端將融合手機和傳統電腦的功能，保證了行動支付的效率。

互聯網金融環境下，支付系統具有以下根本性特點：第一，所有個人和機構（法律主體）都在中央銀行的支付中心（超級網銀）開立帳戶（存款和證券登記）；第二，證券、現金等金融資產的支付和轉移通過行動網路進行（具體工具是智慧型手機和平板電腦）；第三，支付清算完全電子化，社會基本不再需要現鈔流通，就算有極個別的小額現金支付，也不影響此系統的運轉；第四，二級商業銀行帳戶體系將不再存在。

如果個人和企業的存款帳戶都在中央銀行，將對貨幣供給定義和貨幣政策產生重大影響，同時也會促使貨幣政策理論和操作發生重大變化。[9]比如，整個社會用作備付金的活期存款將會減少。當然，這種支付系統不會顛覆目前由中央銀行統一發行信用貨幣的制度，貨幣與商品價格的關係也不會發生根本轉變。但是，目前有的社群網路已經在內部自行發行貨幣，用於完成網民之間的虛擬商品買賣，甚至實物商品買賣，並建立了內部支付系統。也就是說，電子貨幣已經產生（第五章將專門討論）。

資訊處理

金融資訊中，最核心的是資金供需雙方的資訊，特別是資金需求方的資訊（如借款者、發債企業、股票發行企業的財務資訊等）。美國經濟學家弗雷德里克・米什金指出❿，在直接和間接融資模式下，主要有兩類資訊處理方式：第一類是資訊的私人生產和出售，是指設立專門機構負責搜集和生產區分資金需求者好壞的資訊，然後賣給資金供給者，典型的有證券公司和信用評級機構。商業銀行同時是資訊生產者和資金供給者，也屬於這類方式。第二類是政府管制，即政府要求或鼓勵資金需求方披露真實資訊，比如政府嚴格執行會計準則，注重審計，加強對資訊披露的監管，特別是對上市公司。

互聯網金融的資訊處理是它與傳統金融中介和市場的最大區別，核心是大數據替代傳統的風險管理和風險定價（詳細討論見第六章、第七章和第十二章），有三個組成部分：第一，社群網路生成和傳播資訊，特別是對個人和機構沒有義務披露的資訊；第二，搜尋引擎對資訊的組織、排序和檢索，能降低資訊超載問題，有針對性地滿足資訊需求；第三，雲計算保證了對海量資訊的高速處理能

❽劉鵬主編（2011）。《雲計算》。北京：電子工業出版社。

❾謝平、尹龍（2001）。〈網絡經濟下的金融理論與金融治理〉，《經濟研究》。北京：中國社會科學院經濟研究所，四月。

❿弗雷德里克・米什金（2013）。《貨幣金融學》。北京：中國人民大學出版社。

力。總的效果是，在雲計算的保障下，資金供需雙方的資訊通過社群網路得到揭露和傳播，被搜尋引擎組織和標準化，最終形成時間連續、動態變化的資訊序列。由此可以給出任何資金需求者的風險定價或動態違約機率，而且成本極低。這樣，金融交易的資訊基礎（充分條件）就得到了滿足。

接下來分別討論社群網路、搜尋引擎和雲計算在互聯網金融環境下的資訊處理作用。

○社群網路及其作用。

社群網路以人際關係為核心，把現實中真實的社會關係通過數位化呈現在網路並加以拓展，是個人發佈、傳遞和共用資訊的平台，建立了自願分享和共用機制。社群網路有兩個基礎：一是人類作為社會動物固有的網絡行為，主要有四個特點[11]——交換性[12]、一致性[13]、傳染性[14]、傳遞性[15]；二是網路和通信手段的發展，降低了個人發佈資訊以及與日常生活之外的人聯繫的成本，帶來了一些新的分工協作模式，比如，「人肉搜索」、維基百科的編撰等。[16]從資訊內涵的角度看，社群網路蘊含了非常豐富的關係資料，即個體之間接觸、聯絡、關聯、群體依附和聚會等方面資訊。[17]

另外，社群網路使人與人（機構）之間的「社會資本」可以較快地積累，形成新型的「財富」，人們的「誠信」程度提高，大大降低了金融交易的成本，對金融交易有基礎作用。另一方面，社會網絡對人們可能的「違約」動機的約束和道德風險的防範也更加嚴格。

社群網路具有的資訊揭露作用可以表現為：個人和機構在社會中有大量的利益相關者，這些利益相關者都掌握部分資訊，比如財產狀況、經營情況、消費習慣、信譽行為等。單個利益相關者的資訊可能有限，但如果這些利益相關者都在社群網路上發佈各自掌握的資訊，匯在一起就能得到信用資質和盈利前景方面的完整資訊。舉一個例子，天貓就類似於社群網路，商戶與消費者之間的交易形成的海量資訊，特別是貨物和資金交換的資訊，顯示了商戶的信用資質，阿里小貸就利用這些資訊給一些商戶發放小額貸款，效果非常好（第七章將討論基於大數據的徵信和網路貸款）。

○搜尋引擎及其作用。

搜尋引擎的作用是從海量資訊中迅速找到最能匹配使用者需求的內容。搜尋引擎與社群網路融合是一個趨勢，體現為社會化搜索的發展。從技術上來說，對關係資料的處理一直是搜尋引擎的重要組成部分。比如，抓取網頁的「爬蟲」演算法和網頁排序的連結分析方法（以Google的PageRank演算法為代表，見第六章）都利用了網頁之間的連結關係，屬於關係資料。社會化搜索針對用戶的疑問，不僅能使用戶尋找到現有的答案，還會推薦合適的人來回答，或者通過社群關係過濾掉不可信賴

⑪芒戈、康特拉克特（2003）。《傳播網絡理論》。北京：中國人民大學出版社。

⑫人們建立聯繫並獲得寶貴資源的條件，即「禮尚往來，投桃報李」。

⑬人們與具有自己相似特徵的其他人建立傳播網路的傾向，即「物以類聚，人以群分」。

⑭思想、資訊和觀點如何在傳播網路內的人與人之間流動，即「近朱者赤，近墨者黑」。

⑮如果個體A和個體B有聯繫，並且個體B與個體C有聯繫，那麼個體A與個體C就有聯繫，即「朋友的朋友是朋友」、「敵人的敵人是朋友」。

⑯Shirky, Clay, 2008, Here Comes Everybody: the Power of Organizing without Organizations, Penguin Press.

⑰Scott, John, 2000, Social Network Analysis: a Handbook, Sage Publications, Inc.

的內容。⑱其本質是利用社群網路蘊含的關係數據進行資訊篩選，進一步提高誠信程度。

○雲計算及其作用。

在積體電路的性能逐步逼近物理極限的情況下，雲計算使用大量廉價的個人電腦分擔計算任務，易擴展，能容錯，並保障多備份資料的一致性，使用戶按需獲取計算能力、存儲空間和資訊服務。⑲雲計算保障了處理海量資訊的能力，而且計算能力容易標準化，可以像商品一樣交易和流通。隨著計算能力供給和需求增加，二〇一一年二月已經出現了針對計算能力的現貨交易市場，預計相關的期貨市場也將出現。⑳雲計算對搜尋引擎的發展有重要的促進作用，比如即時搜索的計算量很大，而Google就是發展雲計算的先驅。金融業是計算能力的使用大戶，雲計算會對金融業產生重大影響。比如雲計算可以隨時提供任何軟體和資料，處理任何與金融交易有關的資訊問題，蘋果商店與手機的關係已經與此類似。

下面舉幾個在互聯網金融環境下進行資訊處理的例子。比如，由於資訊科技足夠發達，自然人出生後的關鍵資訊和行為資訊都被記錄下來，可以查詢，而不準確的資訊通過社群網路和搜尋引擎來核實或過濾，從而形成「大數據基礎」。在這種情況下，對個人信用狀況的資訊處理將自動依據演算法產生，會非常有效率。又比如，人們在日常生活中發現某銀行服務不好、效率低下，可以把相關資訊發到社群網路上，這些資訊匯總後有助於評估該銀行的盈利和信用前景。而在股票市場上，股東僅能以買入或賣出股票來表達自己對盈利前景的判斷。目前在全球很受歡迎的tripadvisor網站也是一

例，每個網友對任何去過的旅遊點、飯店、賓館等，都可以在上面留下自己的評級和評論，為後來的搜尋者節省了很多時間成本。㉑

綜上所述，互聯網金融環境下的信用處理有五個主要特點：一是地方資訊和私人資訊公開化；二是軟資訊轉化為硬資訊，或者說只可意會的資訊顯性化；三是分散資訊集中化；四是基於資訊檢索和排序產生了類似「充分統計量」的指標和指數，能凝練、有效地反映匯聚來的資訊；五是資訊通過社群網路的自願分享和共用機制傳播。最終效果是，資訊在人與人之間實現「均等化」。

這與目前信用違約交換（credit default swap，CDS）市場機制類似。謝平和鄒傳偉的研究表明㉒，CDS市場用與社群網路和搜尋引擎類似的機制，通過市場交易（價格）來產生時間連續、動態變化的違約機率序列，在違約資訊揭露方面比信用評級機構更有效。從理論上講，將來任何金融交易產品實際上都隱含著一種CDS，在任何時點上都可以知道它的違約機率，在這種情況下所有金融產品的風險定價就會非常直觀和簡易。

---

⑱張俊林（2012）。《這就是搜尋引擎：核心技術詳解》。北京：電子工業出版社。
⑲劉鵬主編（2011）。《雲計算》。北京：電子工業出版社。
⑳Economist, Feb 17th 2012, "A Market for Computing Power".
㉑資料來源：www.tripadvisor.com.
㉒謝平、鄒傳偉（2011）。〈CDS的功能不可替代〉，《金融發展評論》。北京：中國金融學會；新疆金融學會，一月。

$$P = \Pr(Y + e > 0) = 1 - \Pr(e \leq -Y) = \frac{\exp(Y)}{1 + \exp(Y)} \tag{2-2}$$

假設 Y 中資訊分成兩類：第一類是所有參與者都掌握的公共資訊，用 X 表示；第二類是參與者掌握的私人資訊，其中第 i 個參與者的私人資訊用 Z_i 表示。引入下面五個關於資訊結構的假設：

I. $Y = X + \sum_{i=1}^{n} Z_i$，即公共資訊與私人資訊之間採取簡單的線性加和形式；

II. 對任意 i，$E(Z_i) = 0$；

III. 對任意 $i \neq j$，$E(Z_j \mid Z_i) = 0$，即不同參與者的私人資訊不相關；

IV. 對任意 i，$E(Z_i \mid X) = 0$，即公共資訊與私人資訊不相關；

V. 假設 I ～ IV 對所有參與者都是公共知識。

▶模型求解

模型求解分三步進行：第一步，考慮一個代表性參與者，透過求解效用最大化問題，確定他買賣金融產品的方向和數量；第二步，根據市場均衡條件，求解金融產品的均衡價格；第三步，分析均衡價格的資訊內涵。

(1) 代表性參與者的效用最大化問題。以第 i 個參與者為例分析。他根據自己對違約機率的估計，決定在第一期購買或出售金融產品的數量，以最大化期望效用。

首先，第 i 個參與者掌握公共資訊 X 和私人資訊 Z_i，對標的實體的基本面資訊的估計是 $Y_i = E[Y \mid X, Z_i]$。根據前面假設，$Y_i = X + Z_i$。由此，他對標的實體的違約機率的估計是

$$P_i = \Pr(Y_i + e > 0) = \frac{\exp(X + Z_i)}{1 + \exp(X + Z_i)} \tag{2-3}$$

其次，用 w_{i1} 表示第 i 個參與者的初始財富，用 θ_i 表示他第一期購買金融產品的數量，θ_i 大於 0 表示買，θ_i 小於 0 表示賣。因此，第二期財富為 $w_{i2} = w_{i1} - \theta_i \cdot s + \theta_i \cdot l \cdot 1_{\{default\}}$，其中 $1_{\{default\}}$ 為標的實體是否違約的示性函數，$l \cdot 1_{\{default\}}$ 表示違約發生時得到賠付 l。

所以，第 i 個參與者的效用最大化問題為：

專欄2-1關於互聯網金融資訊處理的模型

為更好地說明互聯網金融的資訊處理，我們借鑒異質資訊下金融市場的分析方法構建了一個理論模型[23]，研究市場參與者掌握的資訊如何融匯到市場訊息中，以及資訊在社會網絡中的傳播過程。

▶模型設置和假設

假設市場上有 n 個參與者，他們通過交易一種與 CDS 類似的金融產品[24]來表達對某一個人或機構（稱為「標的實體」）違約機率的看法。該金融產品本質上是一個兩期的金融合約，有買方和賣方兩類參與者。在一單位金融產品中，第一期，買方向賣方支付一定對價，記為 s（s 代表了金融產品的價格）；第二期，如果標的實體發生違約，賣方向買方賠付 l，如果沒有發生違約，賣方不進行賠付。假設 l 事先確定，而 s 根據市場均衡決定，s 的資訊內涵是研究重點。

假設所有參與者在第一期均有一定的初始財富稟賦，以無風險債券的形式存在，並且無風險利率等於 0。第一期，參與者根據自己掌握的資訊、財富和風險偏好決定買賣金融產品的方向和數量。第二期，如果標的實體發生違約，在金融產品的買方和賣方之間就需要進行清償和賠付。假設所有參與者的效用均是第二期財富的函數，具有絕對風險厭惡係數（constant absolute risk aversion ,CARA）的形式，並且絕對風險厭惡係數均為 α，即效用函數為

$$u(w) = -\alpha\exp(-\alpha \cdot w) \tag{2-1}$$

用 Y 來集中表示標的實體的基本面資訊，比如信用記錄、財產、收入和負債等情況。假設標的實體違約服從 Logistic 模型：如果 $Y + e > 0$，發生違約；如果 $Y + e \le 0$，不發生違約。其中 e 為隨機誤差項，服從 Logit 分佈，累計機率分佈函數為 $F(e) = \dfrac{\exp(e)}{1 + \exp(e)}$。因此，標的實體的違約機率是

---

[23] Huang,Chi-fu,and Robert H.Litzenberger, 1988, Foundations for Financial Economics, Elsevier Science Publishing Co., Inc.

[24] 也可以是其他類型的金融產品，但需要花工夫從其價格中分離出信用風險資訊（不像 CDS 那麼直接）。第七章將討論 CDS 在信用評估中的應用。

(3) 均衡價格的資訊內涵。均衡價格（見式 (2-8)）體現了互聯網金融中信用處理的幾個主要特點：

第一，各參與者的私人資訊藉由 $Z_i \to P_i \to \theta_i \to S$ 的管道，反映在均衡價格中，從而實現了公開化和集中化。

第二，現實中很多私人資訊屬於軟資訊的範疇，很難不失真地傳遞給其他人。[26] 但當參與者將私人資訊轉化為對金融產品的數量為 θ_i 的買賣後，就能揭露出私人資訊是正面的還是負面的，從而將軟資訊「硬化」成其他參與者能理解的資訊。這兩點主要反映了社群網路的資訊處理作用。

第三，均衡價格 S 與標的實體基本面資訊 Y 之間存在關係：$Y = X + n(S-X)$。顯然 [27]，

$$E[Y \mid S,X] = Y \tag{2-9}$$

所以，根據公開訊息 X 和均衡價格 S，能完全推斷出基本面資訊 Y，進而根據式 (2-2) 準確估計標的實體的違約機率 P。因此，均衡價格 S 能完全反映市場參與者掌握的資訊。這一點主要反映了搜尋引擎的資訊處理功能，它基於資訊檢索和排序產生了類似於「充分統計量」的指標和指數，能凝練、有效地反映匯聚來的資訊。

(4) 資訊的網路傳播。假設在一個時間段內，各參與者的風險厭惡係數、私人資訊以及公共資訊都不變。假設某一參與者將私人資訊藉由社群網路傳播，不妨將他設為第 i 個參與者，傳播的私人資訊為 Z_i。

我們借鑒傳染病模型來刻畫資訊的網路傳播。假設在某一時刻 t，參與者中有 v_t 部分知道 Z_i（此類參與者被稱為「知情者」），另外（$1-v_t$）部分不知道 Z_i（此類參與者被稱為「不知情者」）。假設在接下來一個長為 dt 的瞬間，新增知情者比例為

---

[26] Petersen, Mitchell A., 2004, "Information: Hard and Soft", Working Paper, Kellogg School of Management

[27] 對於這一點，需要說明的是，市場參與者可能從金融產品均衡價格中推斷出其他參與者掌握的私人資訊，並據此修正自己對違約機率的估計，調整買賣金融產品的數量，進而影響均衡結果。這屬於理性預期均衡的研究範疇。要使模型形成理性預期均衡，需要對資訊結構假設做一些調整。因為我們重點討論的是互聯網金融環境下的資訊如何被匯聚起來，所以不對理性預期均衡做深入分析。

$$\max_{\theta_i} E_i[U(w_{i2})]$$

$$\text{s.t. } w_{i2} = w_{i1} - \theta_i \cdot s + \theta_i \cdot l \cdot 1_{\{\text{default}\}} \quad (2\text{-}4)$$

式中，E_i 表示基於第 i 個參與者掌握的資訊求期望。

一階條件是

$$P_i \cdot \exp(-\alpha(w_{i1} - \theta_i \cdot s + \theta_i \cdot l) \cdot (l - s) - (1 - P_i) \cdot \exp(-\alpha(w_{i1} - \theta_i \cdot s)) \cdot s = 0$$

由此解出

$$\theta_i = \frac{1}{\alpha l} 1\text{n}\left(\frac{P_i}{1 - P_i}\left(\frac{1}{s} - 1\right)\right) \quad (2—5)$$

引入單調遞增變換 $S = -1\text{n}\left(\frac{l}{s} - 1\right)$（或等價的 $s = l\frac{\exp(S)}{1 + \exp(S)}$，因為 S 與 s 有相同的資訊內涵 [25]，以下分析針對 S 進行），並根據式（2-3），θ_i 可以等價地表述為：

$$\theta_i = \frac{X + Z_i - S}{\alpha l} \quad (2\text{-}6)$$

(2) 模型均衡。均衡條件是市場出清，即金融產品的買賣金額正好相抵，

$$\sum_{i=1}^{n} \theta_i = 0 \quad (2\text{-}7)$$

根據式 (2-6) 和式 (2-7) 解出金融產品的均衡價格是

$$\text{S} = \text{X} + \frac{1}{n}\sum_{i=1}^{n} Z_i \quad (2\text{-}8)$$

---

[25] 嚴謹的說法是，因為 S 和 s 之間存在確定的一一對應關係，所以 S 和 s 引致的 σ 効代數是相同的。

$$dv_t = \lambda v_t(1 - v_t)dt \tag{2-10}$$

即單位時間內新增知情者比例等於知情者比例、不知情者比例與反映社群網路聯繫緊密程度的參數 λ 的乘積。給定其他條件，社群網路聯繫越緊密（λ 越大），資訊傳播速率越高。由式 (2–10) 可以解出

$$v_t = \frac{v_0 \exp(\lambda t)}{1 - v_0 + v_0 \exp(\lambda t)} \tag{2-11}$$

其中 v_0 為初始時刻的知情者比例。在 $t \to \infty$ 時，$v_t \to 1$，即足夠長時間後，幾乎所有人都會變成知情者。

根據式 (2–8) 和式 (2–11)，均衡價格隨時間變化的規律是

$$S_t = X + Z_i \cdot v_t + \frac{1}{n}\sum_{i=1}^{n} Z_i \tag{2-12}$$

顯然，$t \to \infty$ 時，$S_t \to X + Z_i + \frac{1}{n}\sum_{i=1}^{n} Z_i$ 。即資訊在網路中的傳播本質上是私人資訊變為公共資訊的過程。這刻畫了資訊藉由社群網路的自願分享和共用機制傳播。

資源配置

互聯網金融中資源配置的特點是：資金供需資訊直接在網上發佈並匹配，供需雙方直接聯繫和交易，不需要經過銀行、證券公司和交易所等金融中介和市場。未來可能的情景是：股票、債券等的發行和交易以及資金的融通在社群網路上進行，也就是去中介化、去中心化、「脫媒」。㉖

典型例子是P2P網路貸款（第八章將專門討論）。比如美國二〇〇七年成立的Lending Club公司，到二〇一二年年中已經促成會員間貸款六億九千萬美元，利息收入約六千萬美元，美國前財長拉里・薩默斯和摩根史坦利前董事長約翰・麥克均為該公司的董事會成員。Lending Club公司對符合要求的貸款申請，根據借款者的FICO信用評分、貸款金額、過去六個月借款次數、信用記錄長度、帳戶數量、循環信用額度使用率和貸款期限等進行內部信用評級，分成A到G共七個等級，每個等級又細分成五檔。不同信用評級對應著不同的貸款利率，從百分之六到百分之二十五不等，而且信用評級越低，貸款利率越高。Lending Club公司把每份貸款「鏡像」為一個票據，提供貸款金額、待認購金額、期限、評級、利率、用途以及借款者就業、收入、信用歷史等資訊，公示於網上供投資者選

㉖可以設想，如果每一個資金供給者、需求者都可以進行「一對多」的交易，那麼資金供需匹配的組合會無窮大，進而就會形成「網上金融市場」。

擇。對單個票據，投資者的最小認購金額是二十五美元，這樣兩萬美元最多可投資八百個票據，能實現風險的充分分散。Lending Club公司為投資者提供了構建票據組合的工具。比如，投資者只要說明自己的收益目標、投資金額和擬認購票據數目，Lending Club公司就會推薦一個票據組合。Lending Club公司還提供了投資者之間交易票據的平台。在貸款存續過程中，Lending Club公司負責從借款者處收取貸款本息，轉交給投資者，並處理可能的延付或違約情況。

又比如群眾募資替代傳統證券業務。其代表是美國二〇〇九年四月成立的Kickstarter公司，透過網上平台為創意項目融資，到二〇一二年年中已為二萬四千個項目籌資二億五千萬美元，共吸引了二百萬名投資者。投資回報以項目產品為主，比如音樂CD、電影海報等。對每個項目，第一批投資者多為項目負責人的朋友、粉絲和熟人，投資者可以藉由Facebook推薦自己認為不錯的項目。二〇一二年四月，美國通過《JOBS法案》（*Jumpstart Our Business Startups Act*），允許小企業藉由群眾募資的方式獲得股權融資。

又比如，Facebook這一平台擁有九億網民，已經發行自己的貨幣，網民之間的資料、商品、股票、債券的發行和交易以及資金的融通均可以透過網路處理，同時保留完整的信用違約記錄（淘寶網、騰訊已經有類似做法），形成最優價格。Facebook上市估值達九百六十億美元，正是因為大家看中了其中隱含的巨大價值。

為了更好地說明互聯網金融環境下的資源配置，接下來以輪轉儲蓄與信貸協會（Rotating

Savings and Credit Association, ROSCA）[27]為參照，對以Lending Club公司為代表的P2P網路貸款進行分析。

輪轉儲蓄與信貸協會（下簡稱互助會）是一種在世界廣泛存在的民間金融組織。一般由發起人邀請若干親友參加（在中國東南沿海，參與者總數多在三十人左右），約定每月或每季舉會一次。各參與者繳一定數量的會款，輪流交其中一人使用，藉以互助。按收款次序的決定方法，分成輪會、標會等類型。互助會可視為先收款的參與者與後收款的參與者兩兩之間借貸關係的集合（見第八章）。儘管有大量文獻表明互助會在提高信貸可獲得性和促進經濟發展方面有重要作用，但是互助會的崩盤時有發生。互助會主要依靠熟人間的信用網絡（特別是發起人的信用擔保），存在安全邊界，一旦拓展到相互熟悉的親友之外，就很難控制參與者的道德風險（主要是在不同的互助會之間進行套利）；互助會有多輪、分期的契約形式，參與者的份額很難轉讓，退出成本（實際是交易成本的一部分）很高，在互助會出現問題時，參與者的「擠兌」等自利行為容易在集體層面形成囚徒困境，從而放大風險。

由此可以得出兩個結論。

---

[27] 這裡關於輪轉儲蓄與信貸協會（互助會）的觀點引自張翔、鄒傳偉（2007）。〈標會會案的發生機制〉，《金融研究》，北京：中國金融學會，十一月；鄒傳偉、張翔（2011）。〈標會套利與系統性標會違約〉，《金融研究》。北京：中國金融學會，十二月。

第一，P2P網路貸款和輪轉儲蓄與信貸協會本質上都是個人之間的借貸。實際上，據Smart Money雜誌報導[27]，最早開展P2P網路貸款的美國Prosper公司的商業模式就深受互助會啟發。因此，P2P網路貸款可以看成是現代資訊科技與民間金融組織形式相結合的產物。

第二，在P2P網路貸款中，一個投資者可以向成百個借款者發放金額小到幾十美元的貸款，這對於包括互助會在內的民間借貸來說是不可想像的。主要有兩個因素保證P2P網路貸款能做到這一點：首先，對借款者的信用評估採取了標準、高效和由獨立第三方負責的形式，大大降低了借款者和投資者之間的資訊不對稱程度，從而拓展了交易邊界，使得現實生活中毫無交集的兩個人之間能發生借貸關係。其次，貸款（票據）的認購、交易和本息清收充分利用了現代資訊科技，並借鑒了證券市場的一些做法，大大降低了交易成本，便利了資金供需的匹配，還能獲得分散風險的好處。

推而廣之，我們認為，在行動支付和第三方支付、大數據、社群網路、搜尋引擎和雲計算等現代資訊科技的推動下，個體之間直接金融交易這一人類最早的金融模式會突破傳統的安全邊界和商業可行邊界，煥發出新的活力。在供需資訊幾乎完全對稱、交易成本極低的條件下，互聯網金融形成了「充分交易可能性集合」，雙方或多方交易可以同時進行，資訊充分透明，定價完全競爭（比如拍賣式）。各種金融產品均可如此交易。這種資源配置方式最有效率，社會福利最大，也最公平，供需方均有透明、公平的機會，諸如中小企業融資、民間借貸、個人投資管道等問題就容易得到解決。不認識的人（企業）可以藉由「借貸」而形成社群網路關係，成為「熟人」，進而拓展了其他合作的可能性，如投資入股、買賣產品等。

這裡面的核心概念是「交易可能性集合」，專欄2-2對此概念進行了說明，並分析了資訊不對稱程度、交易成本的影響。

---

[28] SmartMoney, Nov 18 2011, "Global Lessons for Better Savings Habits".

者 i 之間存在交易成本和資訊不對稱問題。交易成本主要來自支付清算和信用評估。假設交易成本等於貸款金額的 c_{ij} 倍，其中 $c_{ij} > 0$，c_{ij} 越大，交易成本越高。假設即使在付出信用評估成本後，儲蓄者 j 仍不能準確評估融資者 i 的成功機率，而是將融資者 i 的成功機率低估成 $(1-\lambda_{ij})\theta i$，其中 $\lambda_{ij} \in (0,1)$，λ_{ij} 越大，資訊不對稱程度越高。

儲蓄者放貸的條件是，違約調整後的放貸收益率高於機會成本，即 $(1-\lambda_{ij})\theta_i(1+f_i) - c_{ij} \geq 1 + r_j$，等價於

$$1 + f_i \geq \frac{c_{ij} + 1 + r_j}{(1-\lambda_{ij})\theta_i} \tag{2-14}$$

式 (2–14) 給出了儲蓄者能接受的最低貸款利率，要補償資金成本、交易成本和融資者的風險，並且有針對資訊不對稱的溢價。

▶交易可能性集合

一對融資者和儲蓄者之間發生交易的必要條件是：融資者能承受的最高融資成本高於儲蓄者能接受的最低投資收益率。根據式 (2–13) 和式 (2–14)，等價於

$$c_{ij} + (1 + \mu_i + \mu_i/l_i)\lambda_{ij} \leq \mu_i + \mu_i/l_i - r_j \tag{2-15}$$

式 (2–15) 中只有 c_{ij} 和 λ_{ij} 與融資者和儲蓄者之間的關係有關，是重點關注對象。在其他參數不變的情況下，交易成本（c_{ij}）越小或資訊不對稱程度（λ_{ij}）越低，式 (2–14) 就越可能得到滿足，即融資者與儲蓄者之間越可能發生交易。

綜合以上分析，交易可能性集合為

$$\{(i,j) \mid i \in I, j \in J, c_{ij} + (1 + \mu_i + \mu_i/l_i)\lambda_{ij} \leq \mu_i + \mu_i/l_i - r_j\} \tag{2-16}$$

交易可能性集合有三個主要特點：

第一，交易可能性集合取決於融資者群體和儲蓄者群體之間的交易成本和資訊不對稱程度，不同的交易成本和資訊不對稱程度對應著不同的交易可能性集合。

第二，在其他條件不變時，融資者群體和儲蓄者群體之間的交易成本或資訊不對稱程度越低，交易可能性集合就越大，越來越多的融資者

專欄2-2交易可能性集合

交易可能性集合可定義為：一對或多對融資者和儲蓄者的集合，其中每對融資者和儲蓄者中，融資者能承受的最高融資成本高於儲蓄者能接受的最低投資收益率。交易可能性集合強調的是，根據融資者和儲蓄者對融資價格的考量，雙方在理論上有達成交易的可能性。而在現實中，儲蓄者往往面臨預算約束和多個融資者，要在不同融資者之間配置資產，是否與某一融資者交易取決於非常複雜的條件，這就不屬於交易可能性集合關注的內容。

▶融資者能承受的最高貸款利率

用 I 表示融資者的集合。假設融資者均為風險中性。考慮某一個融資者 $i \in I$。假設融資者 i 的自有資本金為 E_i，需貸款 [29] L_i 才能啟動一個規模為 $E_i + L_i$ 的項目，項目預期收益率為 μ_i，成功機率為 θ_i，成功時收入為 $\frac{(1+\mu_i)(E_i+L_i)}{\theta_i}$，而失敗時收入為 0。假設融資者不貸款時，財富仍會保持在 E_i。用 f_i 表示貸款利率，$l_i = \frac{L_i}{E_i}$ 表示融資者 i 的債務 / 權益比或槓桿率。

融資者進行貸款的條件是，項目投資收入扣除貸款本息後的期望淨利潤不低於 E_i，即$(1+\mu_i)(E_i+L_i) - \theta_i(1+f_i)L_i \geq E_i$，等價於

$$1 + f_i \leq \frac{1+\mu_i+\mu_i/l_i}{\theta_i} \tag{2–13}$$

式 (2–13) 給出了融資者能承受的最高貸款利率，說明：預期收益率越高（μ_i 越大）、項目風險越大（θ_i 越小）、槓桿率越低或自有資本金比重越高（l_i越小），融資者能承受的貸款利率就越高。

▶儲蓄者能接受的最低貸款利率

用 J 表示儲蓄者的集合。假設儲蓄者均為風險中性。考慮某一個儲蓄者 $j \in J$。假設儲蓄者 j 的資金成本（或機會成本）是 r_j。假設儲蓄者 j 與融資

---

[29] 即融資採取貸款形式，實際上相關的經濟學邏輯也適用於其他融資形式，比如優先股、普通股和可轉債等。

和儲蓄者之間就有發生交易的可能，從一定意義上説，這就是「金融深化」。

第三，假設交易成本和資訊不對稱程度均趨近於不存在（即 $c_{ij} \to 0$, $\lambda_{ij} \to 0$），交易可能性集合趨近於

$$\{(i,j) \mid i \in I, j \in J, \mu_i + \mu_i/l_i \geq r_j\} \tag{2-17}$$

即在資訊幾乎完全對稱、交易成本極低的情景下，只要融資者的（經槓桿調整的）期望收益率超過儲蓄者的機會成本，理論上兩者就有發生交易的可能，稱為「充分交易可能性集合」。

CHAPTER 3
金融互聯網化

金融互聯網化（即金融活動從線下向線上轉移）是一個必然趨勢。一方面，越來越多的人習慣於使用網路，而且隨著生活節奏的加快，很多人沒有時間去櫃檯辦理業務，金融機構要藉由網路化來滿足客戶需求。另一方面，網路技術的快速發展，有助於金融機構降低交易成本。本章依次討論網路銀行和手機銀行、網路證券公司、網路保險公司、互聯網金融交易平台和金融產品的網路銷售。

網路銀行和手機銀行

網路銀行

對網路銀行，尹龍認為有兩種含義[1]：第一種含義涉及對「網路」一詞的理解和對網路銀行性質的認定。網路並不僅指區域網路（LAN）、網際網路（Internet）等開放型電子網路，還包括各類銀行的內部網路、資金轉移網路、支付清算網路，甚至電信網路，只要能作為銀行資訊產品和服務的載體都被視為一種新的銀行業務通道，統一劃歸網路銀行的範疇。第二種含義涉及對網路銀行的業務認定和銀行職能。網路銀行被認為是在網路中擁有獨立的網站並為客戶提供一定服務的銀行（這裡的「網路」是指網際網路）。網路銀行的產生不僅僅是業務模式演變的結果，同時也是金融機構網路化的結果。

在大致經歷了業務處理電子化、經營管理電子化、銀行再造等三個階段（關鍵技術創新的發展見**表一**）後，網路銀行得以產生。

在第一階段，銀行主要運用資訊通信技術來輔助和支援業務發展，比如資料保存、財務集中處理等，主要是進行辦公自動化，即由手工操作向電腦處理轉變，但當時資訊通信技術還不夠發達，銀行資訊系統分散而封閉。

表一　資訊技術與商業銀行創新

時間	創新主題	相關技術
20世紀50年代	信用卡	磁條
60年代初	自動轉帳	電話
60年代	支票處理機	磁記錄
1969年	自動櫃員機	機電一體化技術
70年代	銷售點終端機	電腦和通信
70年代	信用評分模型	資料庫技術
1970年	CHIPS	通信
1973年	自動付款技術	通信、微型計算機
1977年	SWIFT系統	通信
80年代	衍生產品	高速運算電腦和資訊通信技術
1982年	家庭銀行	電腦和資訊通信技術
80年代中期	企業銀行	電腦和資訊通信技術
1988年	EDI	通信、安全控制
1990年	客戶關係管理	資料庫技術
1990年	信用評分模型	資料庫技術
20世紀90年代	網路銀行	資訊通信技術和網際網路

資料來源：姜建清（2000）。《金融高科技的發展及深層次影響研究》。北京：中國金融出版社。

在第二階段，資訊技術的快速發展與成本的大幅降低，為銀行業廣泛應用網路資訊技術提供了有利的條件。這一階段銀行實現了聯網即時交易，同時內部網路電子銀行開始興起，出現了銷售點終端機、自動櫃員機等。

在第三階段，隨著一九九五年十月美國第一家網路銀行——安全第一網路銀行（Security First Network Bank，SFNB）的誕生，出現了網路銀行、電話銀行、手機銀行和電視銀行等新型服務管道，客戶可以在任何時間、任何地點，以任何方式獲得銀行

❶尹龍（2002）。《網絡銀行與電子貨幣——網絡金融理論初探》。成都：西南財經大學博士論文。

服務。這一階段的創新使銀行業務發生了革命性變革，突破了銀行、保險、證券之間的分業限制，使金融業不斷融合。銀行業務的發展，反過來又增加了對資訊通信技術的需求，出現了大量資訊技術（IT）的委外處理。

手機銀行

手機銀行也稱行動銀行（移動銀行）、行動金融服務（移動金融服務），指利用手機、PDA和其他行動設備等來實現客戶與金融機構的對接。手機銀行在二十世紀九〇年代末誕生於捷克，由該國的Expandia Bank與行動通訊公司Radiomobile打造，目前已經出現了多種模式和大量案例。二〇一三年十二月，中國人民銀行行長周小川在接受《財經》雜誌專訪時也表示，應該借鑒國際經驗，透過手機銀行為農村地區、邊遠地區和貧困地區提供基本金融服務。

▼手機銀行的主要模式

表二歸納了手機銀行的四種主要模式。這裡需要說明兩點：

第一，多數手機銀行屬於銀行主導模式，行動通訊公司只提供營運平台。這也是手機銀行最早的模式，至今在已開發國家仍是主流。

第二，非洲國家出現了大量手機銀行創新，而且行動通訊公司、第三方支付公司等非銀行機構在手機銀行中扮演了重要角色。比如，肯亞的手機銀行M-PESA由行動通訊公司主導，已經成為全

表二　手機銀行的主要模式

	銀行主導	合夥企業	非銀行主導	非銀行發起
帳戶或存款的持有者	銀行	銀行	銀行	運營商或者其他非銀行機構
提現機構	銀行	銀行	銀行或者代理商	運營商或者其他非銀行機構
支付指令的執行者	任何運營商	特定運營商	特定運營商	特定運營商
典型例子	多數手機銀行	MTN Mobile Money，Smart	M-PESA，Wizzit	Globe，Celpay

球接受度最高的手機支付系統，在肯亞的匯款業務已超過該國所有金融機構的匯款業務的總和。非洲國家金融系統不發達，難以滿足人們對金融服務的基本需求，特別是經營據點不足，給這些新興的手機銀行模式帶來了巨大的發展空間（見表三）。

▼手機銀行的存在條件

手機銀行得以存在的條件很多，如手機終端和資訊通信技術等物理條件，更重要的則是經濟條件，包括現實約束下的條件和未來約束改變下的條件。

表三　非洲國家手機銀行概覽

	Celpay	M-PESA	MTN Mobile Money	Wizzit
是否針對金融空白	否	是	部分是	是
安全性	資金存放在銀行	資金存放在銀行	需要銀行帳戶	需要銀行帳戶
提現方式	不能提現	代理商	自動櫃員機；銀行分支機構	自動櫃員機；銀行分支機構
是否可以轉帳	是	是	是，任何銀行帳戶	是，任何銀行帳戶
特殊硬體要求	是	否	32k SIM卡	否

資料來源：David Porteous, 2006, “The Enabling Environment for Mobile Banking in Africa”，working paper.

在現實約束下，手機銀行主要在非洲等未開發國家。為什麼呢？因為手機銀行在目前條件下，更多地是作為網路銀行、銀行經營據點等的替代品，而不是互補品。非洲國家大多數人沒有獲得基本的金融服務，金融需求強烈。手機銀行的無網點性，既使非洲人民能獲得基本的金融服務，也使手機銀行供應商能大幅降低交易成本，實現盈利。這為手機銀行解決金融包容問題提供了可能性（即必要條件）。此外，非洲國家金融監管的容許也為手機銀行的存在提供了充分條件，即具有比較優勢的行動通訊公司能提供手機銀行的服務。總之，供給和需求的雙重耦合，是手機銀行存在的基本條件。

為什麼在歐美等已開發國家，手機銀行的普及率不高呢？主要是因為已開發國家銀行網點（包括經營據點和網路銀行）星羅棋佈，人們可以隨時獲得金融服務，而手機銀行由於螢幕小等固有缺陷，因此普及率較低。

為什麼在中國等部分國家的農村地區，手機銀行發展緩慢呢？這是因為在較落後地區發展手機銀行，需要「可口可樂化」模式，即需要設計一個可大規模推廣的業務模式，以進行低成本和高密度銷售。銀行和行動通訊機構等的市場化水準越高，就愈能主動適應客戶需求，而不是讓客戶來適應供給者。但如果供給者處於絕對壟斷地位，則沒有動力來構建和推廣這種「可口可樂化」模式。

當下大多數人認為，推廣手機銀行的主要障礙是其安全性，比如手機銀行在已開發國家不普及的主要原因是人們對安全的擔憂，而未開發國家的人們可能壓根沒有意識到手機銀行的安全性可能存在問題，所以手機銀行在較落後地區普遍存在。該觀點貌似有道理，其實不然。實際上窮人對安全性更關心，因為窮人的存款是其命根子，同時他們對新事物也存在更多的敬畏。在未來，隨著約束條件的改變，金融模式變革更多地是無網點服務，資金供求雙方藉由手機等行動終端可以直接匹配，產品定價、風險管理和資訊處理，完全可以在每個人的手上來完成，不再需要銀行等金融中介。在那時，手機銀行會取代實體金融機構而單獨存在。手機銀行在落後地區和發達地區都具備存在的條件，而不僅僅在落後地區。

▼國外手機銀行案例

○肯亞M-PESA❷

M-PESA是伏德風集團股份有限公司（Vodafone）❸在肯亞的合作夥伴Safaricom於二〇〇七年推出的。一開始主要為解決窮人的匯款問題，後來發展到可以藉由手機完成轉帳、匯款、提取現金、話費充值、付帳、薪資發放和償還貸款等業務。不僅在國內可以向M-PESA用戶匯款，在國外也可以向M-PESA用戶匯款。M-PESA成功的一個重要因素是可以完成存取現金業務。M-PESA引入郵局、藥店、超市等代理商，透過它們來提供現金業務服務，但客戶不直接與代理商發生契約關係，代理商僅僅是代理而已，這一切都在M-PESA的控制下完成。

---

❷資料來源：http://www.safaricom.co.ke/.

❸跨國行動通訊公司。總部設在英國波克夏郡的紐伯里及德國杜塞道夫，是全球最大的行動通訊公司之一，其網路直接覆蓋二十六個國家，並在另外三十一個國家與其合作夥伴一起提供網路服務。

M-PESA藉由收取一定的轉帳費用來實現自身的可持續發展。帳戶查詢和更換PIN號碼要收費，但帳戶註冊、存款和藉由M-PESA進行話費充值都是免手續費（見表四）。M-PESA還打通了行動通訊公司和銀行之間的管道，可以進行M-PESA帳戶和銀行帳戶之間的轉帳，同時也可以透過銀行的自動櫃員機提款。

根據肯亞法律，M-PESA虛擬帳戶的設計不屬於銀行活動，因此，Safaricom可以根據自己的商業判斷選擇代理商，Safaricom和Vodafone不對代理商的經營負責。M-PESA客戶協定規定，Safaricom對代理商提供的M-PESA服務項目中出現的問題不承擔任何責任。對M-PESA這種由非銀行機構主導的無網點銀行服務，監管部門除了要求把客戶儲值的資金存入多家銀行外，基本上沒有什麼嚴格的監管措施。

M-PESA最早只有約五萬兩千個使用者，三百五十五家代理商。到二〇一一年四月，M-PESA增長到約一千四百萬的用戶，代理商增加到近三萬家。M-PESA的成功引起了很多新興市場國家的興趣，比如坦尚尼亞、南非、阿富汗、印度、埃及，它們已經或正在試圖複製M-PESA的成功經驗。

○南非Wizzit❹

Wizzit是由MTN行動通訊公司和標準銀行（Standard Bank）合辦的MTN金融公司於二〇〇四年十一月推出的。Wizzit定位為虛擬銀行，沒有經營據點或分支機構，目標使用者是一千六百萬南非低收入群體（佔全國成年人口的百分之四十八）。除了透過手機完成轉帳、支付、話費充值、薪資

❹資料來源：http://www.wizzit.co.za/.

表四　M-PESA收費（單位：肯亞先令）

(a)

金額區間	向其他M-PESA用戶轉帳	向非M-PESA用戶轉帳	從M-PESA代理商提現
10~49	3	N/A	N/A
50~100	5	N/A	10
101~500	25	60	25
501~1000	30	60	25
1001~1500	30	60	25
1501~2500	30	60	25
2501~3500	30	80	45
3501~5000	30	95	60
5001~7500	50	130	75
7501~10000	50	155	100
10001~15000	50	200	145
15001~20000	50	215	160
20001~25000	75	250	170
25001~30000	75	250	170
30001~35000	75	250	170
35001~40000	75	N/A	250
40001~45000	75	N/A	250
45001~50000	100	N/A	250
50001~70000	100	N/A	300

(b)

金額區間	自動櫃員機提款收費
200~2500	30
2501~5000	60
5001~10000	100
10001~20000	175

說明：二〇一三年十二月底，一元人民幣約兌十四肯亞先令。
M-PESA帳戶最大餘額為十萬先令，每天轉帳不能超過十四萬先令，且每次不能超過七萬先令，M-PESA的代理商不受理五十先令以下的提款申請。

發放和帳單查詢等金融業務外，Wizzit還給每位用戶發放一張帶有Mae-stro標誌的借記卡（簽帳金融卡）。用戶可以使用該卡在銀行的自動櫃員機取款，也可以在銀行的分支機構存款。Wizzit不是藉由媒體來宣傳，而是重點培訓二千多名WIZZ Kids[5]，藉由他們來宣傳Wizzit，同時他們也起到了類似代理商的作用。但WIZZ Kids不負責存取款業務，只是方便用戶註冊Wizzit。用戶也可以透過四百多個Dunn's stores[6]註冊。

考慮到金融包容的需要，Wizzit對最低帳戶餘額沒有要求，也沒有固定費用，具體交易費用取決於交易類型。與南非的其他交易方式相比，Wizzit的交易費用較低，這是其最大優勢。但因為Wizzit的使用者群體規模大，所以Wizzit可以實現商業可持續性。

Wizzit與所有行動通訊公司都相容，這大大拓展了其使用範圍。為保證客戶資金安全，Wizzit設置了強制性暫停交易（但能提供合理證明的除外）。比如，二十四小時內借記卡交易超過五千南特[7]，帳戶餘額超過二萬五千萬南特，會強制性暫停交易。Wizzit只對客戶資金安全提供基本保障，客戶要謹慎保管好Wizzit卡和密碼，除非Wizzit有重大過失，否則客戶要對自己的資金安全負全責。

○菲律賓G-Cash[8]

G-Cash由菲律賓Globe Telecom行動通訊公司 於二〇〇四年推出。用戶經由手機短訊（短信）即可完成G-Cash的註冊。透過G-Cash，用戶可以完成存取款、轉帳、國內匯款、支付、話費充值、發放薪資、跨國匯款和償還小額貸款等業務。G-Cash引入了代理商，主要是藥店、郵局、便利商店、加油站、彩券投注點和雜貨店等，經由它們來完成存取款業務。存取款也可以在Globe Telecom的營業廳或銀行據點辦理。G-Cash還實現了銀行帳戶之間的轉帳，但G-Cash屬於非銀行主導模式，銀行等金融機構只是代理商。

目前，G-Cash用戶已超過一百二十萬，G-Cash的資金流通量已超過六百億菲律賓披索❾。G-Cash使用者無須支付在代理商處存取款的手續費，手續費由G-Cash供應商支付。G-Cash還發給每位用戶一張G-Cash卡。該卡沒有年費，可以在三萬三千萬家合作商家免費刷卡，也可以在九千個自動櫃員機上取款，但取款要按次收取二十披索的手續費。

菲律賓央行對G-Cash主要有以下監管：第一，用戶註冊手機銀行帳戶時，必須出示身份證件，提供姓名和住址等資訊。第二，為保護存款人利益，Globe Telecom要按照一比一的比例在其專用銀行帳戶中保持與手機銀行帳戶相等的資金。第三，G-Cash對每日和每月的交易額設置上限。比如，單筆交易額不得超過一萬披索，日交易額不超過四萬披索，月交易額不超過十萬披索。第四，Globe Telecom每月必須向菲律賓央行提交業務報告，並且參加由菲律賓央行組織的反洗錢培訓。第五，所

---

❺WIZZ Kids 主要由年輕人構成，是Wizzit的代銷商。

❻服裝店名，是Wizzit的代理商。

❼二〇一四年一月十八日，1南特＝0.55683元人民幣。

❽資料來源：http://gcash.globe.com.ph/.

❾二〇一三年十二月底，1元人民幣約兌6.6披索。

有代理商都必須向菲律賓央行提出註冊申請[10]，代理商必須保留五年之內的交易記錄。

▼手機銀行的風險與監管

在非洲等貧窮地區使用手機銀行面臨兩類風險：第一類是與代理相關的風險，手機銀行與零售代理商的合作，由於零售代理商缺乏經過專門培訓的員工和保全系統，因此面臨一定風險，如現金被盜、身份盜用、操作錯誤、代理商欺詐以及第三方欺詐等，零售代理商的引入使得政策制定者和監管部門必須認真考慮新的和更大的風險。[11]第二類是電子貨幣風險，如行動通訊公司等非銀行主體挪用客戶預先存儲的資金，進行高風險投資。

針對與代理相關的風險，不同國家制定了不同的監管辦法。巴西中央銀行發佈的監管條例允許各種實體擔任代理商，這使得巴西成為銀行代理商最多的國家，包括小型超市、藥店、郵局以及彩券銷售點，銀行透過代理商向客戶提供各種金融服務。在巴西，零售商只要擁有銷售點終端機，幾乎都能成為銀行代理。巴西的銀行代理商在快速發展的同時，也帶來了一定的風險。因此，該國中央銀行對代理做出了一些限制性規定，如銀行應對代理行為負責，可辦理開戶或處理存款取款的代理商必須得到中央銀行的批准，規定代理商的作用只能是銀行的中介，中央銀行可以直接透過代理商提取關於代理的一切資料，銀行與代理商必須在四十八小時之內清算所有交易。

與巴西相比，印度中央銀行只允許少數合作社、非營利實體和郵局擔任代理商。印度中央銀行認為社區的非政府組織和郵局聲譽較好，而許多地方企業名聲較差（過去印度一些地方企業在作為銀行的代理商進行小規模儲蓄動員時，曾出現過許多欺詐事件）。基於以上考慮，印度中央銀行只允許少數聲譽較好的實體擔任代理商。正因為印度中央銀行對代理商實施了嚴格的管控，所以無網點銀行服務在印度發展緩慢。

在肯亞，M-PESA不屬於該國法律所稱的銀行活動，因此，M-PESA提供商可以完全根據自己的商業判斷選擇代理商。對於M-PESA這種由非銀行機構主導的無網點銀行服務，監管機構除了要求把客戶儲值的資金存入多家銀行外，基本上沒有什麼嚴格規定。由於M-PESA供應商不需要承擔由代理而產生的相關責任，因此在出現欺詐或管理不良的情況下，這些公司幾乎沒有任何損失。

關於電子貨幣風險的監管。如果電子貨幣由銀行發行，通行的做法是，監管機構需要對與儲值相應的資金或未支付資金進行監測，這屬於銀行審慎監管的一項重要內容。如菲律賓的Smart Money，在其合作銀行的帳面上被記為應付帳款，而不是儲蓄，這樣便降低了銀行的監管成本，而客戶也只能得到較低程度的保障。然而，在非銀行主導的模式下，行動通訊公司為客戶開立虛擬帳戶，客戶與行動通訊公司之間直接建立契約關係，與銀行則沒有契約關係。在這種情況下，電子貨幣受到的監管較少。一旦發生風險，客戶可以向提供商索賠，但不能向銀行索賠。因此，針對上述問題需要制定專門

---

⑩ 二〇一〇年後允許 Globe Telecom 批量向菲律賓央行進行代理商註冊，但 Globe Telecom 需承擔由代理商所引起的全部責任。

⑪ CGAP（Consultative Group to Assist the Poor）, 2006, “”Use of Agents in Branchless Banking for the Poor: Rewards, Risks, and Regulation”.

的監管規定，保證提供商有足夠的資金來應對客戶的索賠，保證客戶具有優先索賠權。

▼中國的手機銀行

○手機銀行發展概況

中國國內銀行中已經推出手機銀行業務的包括：中國工商銀行、中國農業銀行、中國銀行、中國建設銀行、交通銀行等大型國有銀行、全國性股份制銀行、部分城商銀行和農商銀行以及極少數農合銀行、新型農村金融機構和農信社。區域性銀行的手機銀行基本上是網路銀行的手機化。有特色且與中國農村金融相關的手機銀行包括無卡取現、手機銀行—農戶小額貸款、手機銀行按址匯款和手機金融等。

手機銀行無卡取現首先由交通銀行推出，此後廣發銀行、深圳發展銀行、中國工商銀行等也推出了類似業務。持卡人先要經由手機銀行預約自動櫃員機取款。預約後，憑預約手機號碼、預約號及預約銀行金融卡的取款密碼，即可實現無卡取款，而無須向自動櫃員機插入銀行金融卡。持卡人不僅可以在本人忘記帶卡（或銀行金融卡遺失）時應急取現，而且可以為遠方急需現金的親友提供便利的取款服務。更重要的是，這項服務可以使持卡人避免因不法分子在自動櫃員機上設置盜卡裝置等帶來的潛在安全威脅。但無卡取現需要有自動櫃員機配合，目前主要在城市應用，農村推廣得比較少。

手機銀行—農戶小額貸款由中國農業銀行推出，於二〇〇九年十二月起在廣西、河南分行所屬轄區內先行試點，目前僅針對廣西、河南惠農卡客戶提供專項服務。手機銀行—農戶小額貸款提供自助借款、自助還款、還款試算、合約資訊查詢、貸款資訊查詢、還款明細查詢等六個基本功能。這項服務有多贏效果：農民足不出戶就能貸款，中國農業銀行在降低交易成本的同時拓展了農村市場，政府則解決了金融包容問題。

手機銀行按址匯款由中國郵政儲蓄銀行推出。透過此功能，農戶可以按匯款人提供的收款人姓名、地址等資訊，以投遞取款通知單的方式完成匯款。這項服務的意義在於，對於有些偏遠地區沒有銀行金融卡的農民來說，按址匯款是適用的。

手機銀行還可以融合其他金融服務。重慶農村商業銀行的手機銀行將基礎金融服務、多領域行動支付應用以及跨行業行動支付運用高度整合。比如自助銀行，客戶足不出戶即可自助辦理各項非現金業務；遠端支付，幫助客戶在網路購物、繳費、充值遊戲點卡、訂購機票、預訂酒店等；近場支付，客戶用手機刷銷售點終端機和持手機就可搭公車、乘地鐵、看電影等。

◯藉由手機銀行提高金融普惠性的前景

目前，中國農村金融機構據點還遠遠不能滿足對農村金融服務日益增長的需求，監管層已經意識到手機銀行在解決金融空白鄉鎮方面的重要性。二〇一一年，中國銀監會在《關於繼續做好空白鄉鎮基礎金融服務全覆蓋工作的通知》中指出，要積極發展電話銀行、手機銀行等現代金融服務方式。

手機銀行解決金融普惠的關鍵是現金存取。要完成現金業務，一般需引入代理商。具體運行機制如下：手機銀行用戶可使用銀行發放的銀行金融卡，也可以由行動通訊公司提供手機銀行虛擬帳戶；代理商可安裝銷售點終端機，或者持有具有手機銀行功能的手機。如果客戶想在代理商處存款，只要刷一下手機，銀行就會自動從代理商的帳戶中扣除等量金額，作為客戶的存款資金。客戶存入的現金則由代理商保留，以抵消其在銀行或行動通訊公司帳戶中的扣款。如果客戶希望提取現金，則流程相反。代理商先在收銀台提供現金，銀行則會向代理商帳戶中補入相等金額。藉由手機銀行，客戶在獲得相關金融服務的同時，免去了頻繁往返銀行經營據點的勞頓之苦。

在中國農村推廣手機銀行，行動通訊公司具有獨特的優勢。行動通訊公司可以透過手機、行動網路、通信服務站、手機銷售網站等提供存款、提款、貸款、匯款等基本的銀行服務（肯亞、尚比亞就如此）。因此，為建立中國金融包容體系，監管部門可以考慮向行動通訊公司頒發手機銀行牌照。即使不能直接頒發給行動通訊公司，也可以向行動通訊公司和銀行組建的合夥企業頒發牌照（參考南非的Wizzit）。

隨著手機逐步走向實名制，手機號碼具有身份識別功能。用戶可以在手機中儲值，儲值後的手機號碼相當於存款帳戶，而且可以移動，任何時間、地點都能接通。藉由手機通訊錄和通話、短訊記錄，行動通訊公司實際上掌握了使用者的核心人際關係網路。此外，隨著行動網路的發展和智慧型手機的普及，大量消費行為在手機上發生。這些相關資訊有助於評估借款人的信用，進而服務貸款業務。行動通訊公司還可以透過人際關係網絡進行「社會懲罰」（比如暫停通信服務），以控制借款人的違約及道德風險行為。

中國農村推廣手機銀行的條件已經成熟。

一是手機銀行的硬體條件已經具備。截至二〇一二年十月，中國的手機普及率為百分之八十．六。截至二〇一一年底，行動通訊網路加速發展，3G基地台達八十一萬四千個，覆蓋中國所有縣城以及多數鄉鎮。目前，3G網路傳送速率高達2M，並且能夠在傳輸資訊的過程中進行加密保護。

二是手機銀行由於不需要設立據點，不需要另外的設備與人員等，與其他管道相比，交易成本較低。據統計，國外銀行櫃檯每筆業務的交易成本為一．〇七美元，而手機銀行每筆業務的交易成本則為〇．一六美元；中國國內銀行櫃檯每筆業務的交易成本約為四元人民幣，手機銀行每筆業務的交易成本則只有〇．六元人民幣。

三是農村金融機構存在空白，已有的農村金融機構據點不能覆蓋廣闊的農村地區，為手機銀行發展提供了市場需求和空間。

此外，在中國農村推廣手機銀行，還受到農村收入水準、受教育水準和消費習慣等方面的影響，具體如下：

一是農村收入水準。中國改革開放以來，農村居民收入水準有了大幅提高，從一九七八年的人均純收入一百三十三．六元人民幣上升到二〇〇九年的五千一百五十三．二元人民幣，增加了近三十八倍。農民收入的提升，為手機銀行的推行奠定了堅實的經濟基礎。

二是農村教育水準。一般來說，文化水準達到中學程度就足以熟練使用手機銀行了。農村初中和高中程度者所佔比例已從一九八五年的百分之三十四．七穩步上升到二〇〇九年的百分之六十四．四。⓬

三是農村消費習慣。中國農村要由目前的現金交易模式轉變為手機支付模式，還需要時間來檢驗。影響農民消費習慣的主要因素除收入水準、受教育水準、年齡以及觀念等之外，還包括文化、相關群體的購買行為、政治經濟法律以及手機銀行本身等。現有相對固化的現金消費習慣並不可怕，手機銀行推行的過程本身就是對人們的消費習慣加以改變的過程。

網路證券公司

網路證券業務指投資者利用網際網路資源（包括網際網路、區域網路、專網、無線網路等）傳送交易資訊和數據資料並進行與證券交易相關的活動，包括獲取即時行情及市場資訊、投資諮詢和網上委託等一系列服務。⓭網路證券公司是證券公司運用網路的一種表現形式。

曾幾何時，穿著紅馬甲的交易員做著各種手勢，爭分奪秒地打電話和下訂單，是證券交易所裡的一道風景線。但資訊通信技術的發展使得這一切成為歷史，以前經由電話和傳真委託的交易，現在都可以透過線上交易系統來完成。證券公司的交易大廳也逐漸被線上交易取代。一九九二年美國E-Trade公司推出了網路證券交易，此後網路證券交易業務蓬勃發展。現在大多數客戶都習慣於線上交易，開戶後下載一個交易軟體，就可以在家買賣股票。手機交易也在快速發展，手機交易所具有的可移動的特點，能使其隨時滿足客戶的需求。

雖然中國的證券業起步較晚，但因資訊通信技術而受到的影響非常深遠，先後經歷了集中交易、網路交易、手機證券等階段。一九九〇年上海證券交易所和一九九一年七月深圳證券交易所的成立，標誌著中國證券交易進入集中交易階段；一九九七年三月華融信託投資公司湛江營業部推出的網路交易系統則標誌著中國證券交易進入線上交易階段；在手機證券階段，證券交易進入了可移動時代，人們可以在任何時間、任何地點獲得證券服務。

國外模式

根據利用網路的深度，我們把國外網路證券的模式分為三種：一是以E-Trade、TD Ameritrade為代表的純粹網路證券經紀公司（即E-Trade模式）；二是以嘉信理財、Fidelity為代表的綜合型證

⑫資料來源：中國國家統計局農村社會經濟調查司（2010）。《中國農村住戶調查年鑒二〇一〇》。北京：中國統計出版社。

⑬張進、姚志國（2002）。《網絡金融學》。北京：北京大學出版社。

券經紀公司（即嘉信模式）；三是以美林證券、A.G.Edwards為代表的傳統證券經紀公司（即美林模式）。

▼E-Trade模式

一九九二年E-Trade公司正式成立，一開始就透過美國線上向投資者提供一些網路證券服務，一九九六年建立了www.etrade.com線上交易網站，完成了證券交易的電子化革命。目前，E-Trade已經成為全球最大的個人線上投資服務站點，客戶遍及全球一百多個國家。E-Trade模式的最大優勢就是交易成本低。E-Trade有較強的技術開發能力、便捷的線上交易，同時未設立實體營業據點，平均每筆佣金僅約十美元。E-Trade的缺點在於缺乏長期積累的投資顧問和客戶群體。

▼嘉信模式

一九七一年成立的嘉信理財（Charles Schwab）是一家總部設在舊金山的金融服務公司，如今已成為美國個人金融服務市場的領導者。二十世紀九〇年代中期，嘉信理財實現重大突破，推出了基於網路的線上理財服務。公司主要經由電話、傳真、線上交易向投資者提供相對廉價的服務。與E-Trade模式不同的是，嘉信理財不僅是純粹的網路證券公司，還透過店面向投資者提供服務。嘉信模式的優點是成本低廉，缺點是資訊研發方面的能力較弱。

▼美林模式

成立於一八八五年的美林證券，是世界領先的財務管理和顧問公司之一，總部位於美國紐約。

與嘉信模式不同，美林模式主要定位於高端客戶，為客戶提供面對面、全方位的資產投資諮詢服務，擁有強大的投資研究能力和資產組合諮詢能力，但是其高端定位也使得客戶群體存在局限性。此外，由於高端客戶大多需要個性化的服務，導致其利用網路的深度不及前兩種模式。

中國模式

中國證券公司的網路形態，主要是提供資訊和資金服務（主要是經紀業務）。我們根據提供主體不同，將中國證券公司涉足網路的模式分為三種：券商自建網站模式、獨立第三方網站模式以及券商與銀行合作模式。

▼券商自建網站模式

這種模式在證券公司中普遍存在，其中較有代表性的是廣發證券、國泰君安、中信證券、海通證券等。這些證券公司的交易和服務網站屬於公司內部的一個服務部門（中心）。隨著互聯網金融的興起，廣發證券推出了易淘金平台，這一平台不限於傳統經紀業務，客戶在該平台上還可以購買資管產品、基金等。這一模式的優點在於，證券公司可以直接將其在傳統市場上的服務藉由網站提供給網路用戶端，券商的服務優勢可以充分地發揮出來。缺點則在於網站的建設需要大量的資金投入，這是中小券商力所不能及的。

▼獨立第三方網站模式

在這種模式下，線上服務公司、資訊公司和軟體系統開發商等負責開設網站，為客戶提供資訊服務，券商則在後臺為客戶提供線上證券交易服務。這種模式是一種開放的平台，如果需要證券交易，則需要在其提供的軟體上經由「添加券商」這一功能來實現，典型代表如同花順、大智慧等。有些則只提供資訊服務，如東方財富網。這一模式的優點在於可以充分發揮技術優勢和資訊優勢，缺點在於證券服務的內容和專業水準要得到客戶認同需要一段時間。

▼券商與銀行合作模式

在銀行、保險和證券分業經營的情況下，券商與銀行合作的典型模式是銀證通。銀證通指在銀行與券商聯網的基礎上，投資者直接利用在銀行各網點開立的活期儲蓄存款帳戶作為證券保證金帳戶，透過銀行的委託系統（如電話銀行、銀行櫃檯系統、銀行網路交易系統、手機銀行等），或透過證券商的委託系統（如電話委託、手機證券委託、線上委託等）進行證券買賣的一種新型金融服務業務。這一模式為商業銀行直接參與證券市場業務創造了條件。其優點在於方便快捷且手續費低，同時還能規避保證金被券商挪用的風險。缺點在於存在法律風險，二〇〇六年銀證通被全面叫停就是明證。

對網路證券公司，理論上可以設想，在資訊技術足夠發達時，所有股民可以不經過證券公司，直接在交易所開戶、交易，傳統的證券經紀業務將不存在（或佣金變為零）。

網路保險公司

網上保險指保險公司或者其他中介機構利用網路來開展保險業務的行為，有狹義和廣義兩種口徑。狹義的網上保險指保險公司或其他中介機構藉由網路為客戶提供有關保險產品和服務的資訊，並實現線上投保，直接完成保險產品和服務的銷售。廣義的網上保險還包括保險公司內部基於網路的經營管理活動，以及在此基礎上的保險公司之間，保險公司與股東、保險監管、稅務、工商管理等機構之間的交易和資訊交流活動。[14] 網路保險公司則是保險公司運用網際網路的一種表現形式。

發展概況

在保險業，資訊通信技術最初主要用於保險產品電子化（即電子保單）。同時銷售也部分實現了電子化，主要是網路行銷和電話銷售等。比如，在英國，十家最大的車險公司都有自己的電話銷售系統，三分之一的私人汽車保險業務是藉由電話系統完成的。隨著資訊技術的發展，逐漸開發出了保險產品的電子商務平台，提高了客戶的自助能力，同時也加強了保險公司與客戶之間的聯繫，如保險產品的線上報價與交易、個人之間的資訊共用等。

[14] 張勁松主編（2007）。《互聯網金融理論與實務》。杭州：浙江科學技術出版社。

目前，一些保險公司線上保險的業務量已經達到一定規模，還出現了一些純粹的網路保險公司。一九九九年七月，日本出現首家完全經由網路推銷保險業務的保險公司。這家保險公司由美國家庭人壽保險公司（American Family Life Assurace Company,AFLAC）和日本電信共同投資設立並管理，服務對象定位於四十歲以下的客戶。美國INSWEB公司是目前全球最大的保險電子商務網站，在業界有著很高的聲譽，被福布斯稱為「最優秀網站」。該網站涵蓋了汽車、房屋、醫療、人壽、寵物等方面的保險業務。

中國的網上保險尚處於初級階段。大多數保險公司只是建立了自己的門戶網站，而線上銷售和線上交易基本上還沒形成氣候。雖然二〇〇〇年中國平安保險公司推出了貨運險線上交易系統，但中國保險業的資訊化水準還很低。二〇一二年六月十九日放心保成功上線，兼具B2B（business to business，企業對企業的電子商務模式）和B2C(business to customer，企業對顧客的電子商務模式）交易模式，屬於網上保險的一種，同時也是保險產品的第三方銷售平台。二〇一三年，阿里巴巴、中國平安和騰訊聯合設立的眾安在線財產保險公司突破了中國現有的保險行銷模式，不設實體分支機構，代之以網路銷售和理賠。

主要模式

網路開展保險業務的模式主要有三種：一是保險公司提供線上保險服務；二是專門公司經營的

線上保險服務業務；三是多家保險機構共建的線上保險業務。[15]我們借鑒上述分類方法，並結合目前網路保險公司的服務內容，將網路保險公司的運作模式分為如下幾種：

▼保險公司網站模式

在這種模式下，各家保險公司透過自己的門戶網站，向客戶展示保險產品，提供聯繫方式，拓展銷售管道等。可以起到如下作用：第一，宣傳公司及產品；第二，在網上推銷保險，拓展產品銷售管道；第三，保險公司藉由電子商務對客戶資料進行管理；第四，提供其他增值服務，如免費短信俱樂部活動、個性化郵件訂閱等。這種模式的缺點是內容訊息量不足（因為只展示了自己公司的產品，沒有融合其他保險公司的產品），對公司的資訊技術水準要求高。在美國，Ecoverage是第一家透過網路向客戶提供從報價到理賠服務的公司，在該公司的網站上，客戶可以在比過去短的時間內瞭解報價、購買方法以及理賠等資訊，並且可獲得全天候的服務。

▼網路保險超市模式

在這種模式下，網路平台把有關聯的所有保險公司的保險產品資訊放在一個網站上介紹，讓使用者根據自身實際情況自主選擇所需要的保險產品，將使用者與保險公司聯繫起來，只在交易完成後收取較低的佣金或手續費。在該模式下，客戶可以快速尋找到自己需要的各種保險產品資訊，可以針

[15] 張勁松編著（2010）。《網絡金融》。北京：機械工業出版社。

對多家保險公司的產品進行對比選購。中國的代表是慧擇網，系中國首家集產品對比、保險垂直交易與預約購買、保險專業諮詢互動於一體的綜合型第三方保險電子商務平台，聯合十幾家大型保險公司共同實現了線上保險即時投保。國外比較典型的是美國的INSWEB，已經與世界上五十多家著名保險公司簽署了業務協定，同時還藉由與其他一百八十多個著名網站連接進行合作的方式，吸引源源不斷的客戶訪問該網站。客戶只需在網上輸入需求資訊，網站就會根據相關資訊自動對各家會員保險公司的產品進行比較分析，然後將結果回饋給客戶。

這種模式的盈利點主要有三個：一是供求匹配的中介費，一般向消費者收取；二是為代理人提供消費者資訊和需求，向代理人收取費用；三是廣告費等其他費用。

▼網路保險淘寶模式

在這種模式下，網路保險網站既不提供保險產品，也不提供專業的保險資訊，只是提供平台，由保險供求雙方自行匹配。這個網站的核心是為供求雙方提供平台，由供求雙方自主選擇，同時供需雙方的相互交流可以為保險市場提供一些軟資訊，有利於客戶進行決策。目前，很多保險公司已經入駐淘寶，包括中國平安、中國人保在內的幾家公司已在淘寶商城開設了自己的網路旗艦店，線上銷售意外險、車險、健康險等保險產品。

▼網路保險支援平台

這類平台不直接提供網路保險產品的買賣，而是為網路保險提供資訊和技術支援。資訊平台一般由非保險類機構創辦，這些機構通常有很深的保險業背景，有強大的資訊優勢和社會公信力。典型代表比如中國保險網，為保險從業者和消費者提供保險理論與政策、會員交流與溝通、保險業即時新聞、數據資料、培訓資訊以及有關保險公司、保險代理人、保險經紀人的諸多資訊。而網路保險的技術支援，則專門為保險公司提供資訊技術。典型代表比如易保網，它不是買方和賣方之間的中介機構，既不承保，也不做網路保險代理人，不向客戶推薦任何一個具體公司的產品，而是為保險公司提供技術保證與服務。

互聯網金融交易平台[16]

互聯網金融交易平台的出現，源於資本市場多層次化發展的內在需求。在股票、債券、衍生品、大宗商品等主流交易場所之外，還有大量的金融產品，因為條款標準化程度、風險收益特徵、資訊披露等方面的原因，適合不同的個人、機構的差異化融資和風險管理需求，適用於不同的託管、交易和清算機制，也適合具有不同風險識別和承受能力的投資者。很多投資者的風險收益偏好，也需要經由這些金融產品來滿足。這就是各種金融交易平台大量出現的原因[17]，不僅中國如此（而且屢禁不

[16] 劉鵬（2013）。《資本的涅槃——美國場外市場發展與我國新三板啟示》。北京：中國金融出版社。

[17] 用一個不太恰當的比喻，這就好比在大商場、大超市周邊，仍然會有社區市場、跳蚤市場、路邊攤一樣。

止），在已開發國家也出現了機構投資者之間的大量「黑池交易」（dark pool trading）[18]。網路的介入，主要是為了拓展這些金融交易平台的交易可能性邊界，並提高交易效率。接下來，重點介紹SecondMarket和SharesPost兩個案例。

SecondMarket簡介

SecondMarket創建於二〇〇四年，主要提供非上市公司的私募股權、固定收益證券、破產債權、認股權證等另類資產的線上交易服務。

▼基本情況

SecondMarket的創始人巴里曾在華爾街的一家投資銀行工作，專注於財務重整、併購重組和公司財務領域，曾參與安隆、世通等重大破產事件。在破產重整項目中，債權人往往能夠獲得新公司的股權，但缺乏高效率的轉讓管道，這就促使巴里產生了為另類資產交易開闢一個集中透明的市場的想法，並於二〇〇四年辭職創業。

SecondMarket最初交易的是公眾公司的限制性股票、認股權證和可轉債等，隨後逐漸擴展到固定收益債券、破產債權和非公眾公司股票。投資者人數也隨之增長，二〇〇九年初僅二千五百人，到二〇一一年已達七萬五千人。目前交易標的超過五十家公司，包括了Facebook和Twitter這樣的網路明星。二〇〇八年，SecondMarket全年交易額達三千萬美元；二〇〇九年為一億美元；二〇一一年為五億五千八百萬美元。截至二〇一一年，SecondMarket市場上的非公眾公司股權交易累計金額已達十億美元。基於其廣闊的發展前景，SecondMarket已經吸引了恩熙投資（New Enterprise Associates）、李嘉誠基金會和淡馬錫等的風險投資，市場估值約二億美元。

目前，SecondMarket已向美國證監會（SEC）註冊成為交易經紀商，而且成為美國金融業監管局（FINRA）會員，並作為另類交易系統（ATS）運營。

▼主要制度

1. 以公司同意轉讓為前提

非公眾公司千差萬別，有的看重控制權和經營靈活性，有的看重流動性和公司價值。因此，SecondMarket只有在獲得非公眾公司同意後才提供該公司股票的轉讓服務，並允許公司對買賣雙方的資格、交易股數或比例、交易頻率做出限制。有的公司僅允許離職員工轉讓，有的僅允許現有股東購買，大部分公司都反對過於頻繁的交易。

2. 要求局部範圍的資訊披露

SecondMarket要求非公眾公司對其線上交易平台的註冊會員披露財務資訊，包括近兩年經審計的年報、風險因素揭露等，而SecondMarket會嚴格監控資料庫，防止資訊外洩。

⓲資料來源：http://en.wikipedia.org/wiki/Dark_liquidity.

3. 投資者適當性管理

參照私募發行中的合格投資者標準對投資者資質提出了一定的要求：個人投資者必須具有一百萬美元以上的淨資產或年收入超過二十萬美元。

4. 交易方式

賣方將欲出售的資產張貼在網站公佈欄上，系統自動在資料庫中搜索，根據會員興趣或以往交易記錄尋找到合適的買家，SecondMarket電話通知雙方，待買賣雙方達成一致後，SecondMarket隨即處理交易的法律、結算和支付等問題，並按成交價格收取百分之二至百分之四的佣金。

▼統計資料

在二〇一一年完成的交易中，從購買方來看，約百分之二十七．二的股份由個人投資者購買，百分之七十二．八的股份由機構投資者購買。而機構投資者中，包括了資產管理機構、對沖基金、二級市場私募基金、風險投資、共同基金、私募股權投資（private equity,PE）等機構，其中以資產管理機構為主。從銷售方來看，股票的主要來源為公司的前員工所持股份，佔整個交易金額的百分之七十九．三，其次為公司員工所持股份，佔比為百分之十一．一。投資者和創始人及其他所持股份的合計佔比約為百分之十。

SharesPost簡介

SharesPost創立於二〇〇九年，定位為非上市公司股權交易市場。SharesPost市場還提供私募融資、編制指數以及提供第三方研究報告等服務。

▼創立背景

二〇〇九年，布洛格和斯科特創立了SharesPost網站，旨在建立一個非上市公司股權交易市場。網站創始人布洛格畢業於華頓商學院法律系，畢業後擔任了證券律師。另一位創始人斯科特一九九三年大學畢業後即開始創業。一九九八年，兩人開始合作並成功創立了一個名叫zag.com的線上購車平台，改變了傳統的汽車銷售模式，很快風靡全美。隨後，兩人發現私人股本交易仍在沿襲二十世紀三〇年代的電話、經紀人等傳統方式，認為這其中蘊藏著巨大的機會，於是創立了SharesPost網站。

目前，SharesPost市場聚集了八萬三千名投資人，交易股票達一百五十多支，涉及資本高達十億美元。而其間買賣頻繁的都是最炙手可熱的股票，比如bloom-energy、Facebook、Yelp等等。僅僅二〇一一年第四季度，SharesPost二級市場交易額即達一億八千萬美元，顯示出迅猛的發展和巨大的增長潛力。

▼主要制度

1. 投資者准入

雖然SharesPost是一個開放市場，但為防止觸及證券監管法律的禁區，SharesPost仍參照私募發行中的合格投資者標準對投資者資質提出了一定的要求：機構投資者必須有至少一億美元的資產；個人投資者需有一百萬美元以上的淨資產或在過去兩年裡年薪超過二十萬美元。

2. 私人股權轉讓

SharesPost類似一個BBS或論壇，買賣雙方在SharesPost上註冊為會員，然後透過網站平台進行股權交易。雙方約定洽談交易的時間，進行議價。最後，將雙方達成的最終交易提交給SharesPost的註冊經紀人進行審核。與SecondMarket不同的是，在SharesPost進行的私人股權交易，無須獲得該股權所在公司的批准或授權。

3. 私募融資

在私人股權轉讓之外，SharesPost又增設了私募市場服務。初創公司及為其服務的投資銀行可以在SharesPost特設的公佈欄上張貼出條件，然後雙方展開直接接觸。

4. 編制指數

SharesPost自行編制了美國歷史上第一個私人公司股價指數——SharesPost Index。該指數的樣本包括三十家在SharesPost交易的代表性公司，可實現交易時段的即時發佈。

5. 提供第三方研究報告

為揭示市場交易的股票內在價值，SharesPost提供由九家第三方研究機構提供的四百五十份報告，其中包括Twitter、Yelp、Facebook、Zynga等知名創業企業的報告。

6. 提供交易資訊

目前，透過彭博終端已可即時瀏覽SharesPost的報價及成交資訊，並可查詢歷史交易資料。

7. 收費模式

SharesPost每月向完成交易的雙方收取三十四美元的服務費，不區分私人還是機構。

金融產品的網路銷售

金融產品的網路銷售，本質上是藉由網路管道匹配金融產品的供給者和需求者。金融產品需求者在匹配過程中起主導作用。他們根據自己的預算約束、風險收益偏好、融資需求等搜索合意的金融產品，並在不同的金融產品之間分配額度。[19]金融產品供給者的目標是，針對金融產品需求者的偏好，透過揭示自己產品的風險收益特徵和一定的推廣活動，最大化產品進入金融產品需求者「配置籃

[19] 關於資產配置和證券投資的原理性討論請見第十一章的Markowitz均值方差模型和第十二章的大數據在證券投資中的應用。

子」（即交易可能性集合）的機率和金額。[20]

目前，網路銷售的金融產品主要分成五類：一、投資型產品，比如銀行理財、股票型和債券型基金；二、融資型產品，比如貸款；三、風險保障型產品，比如保險產品；四、「投資＋支付」複合型產品，比如餘額寶；五、社群型產品，比如微信紅包。主要模式有以下四種（餘額寶和微信紅包因為與支付有緊密聯繫，故放到第四章討論）：

第一，自建平台，銷售金融產品。隨著互聯網金融熱的興起，各大商業銀行逐步設立了自己的電子商務平台，不僅提供支付業務，也提供一攬子金融服務。比如，中國建設銀行的「善融商務（http://buy.ccb.com）」，不僅是B2B平台，也是B2C平台，是電子商務與金融服務的深度合作。「善融商務」突破了封閉的服務模式，被業內戲稱為「銀行搭台，商戶唱戲」。自建平台銷售產品，主要是培養客戶，但由於自建平台的封閉性和產品的單一性，同時又不具備價格優勢，導致平台上的客戶不夠活躍，興業銀行網上商城的關閉就是明證。

第二，利用第三方管道，銷售金融產品。這種模式主要有五種方式：一是在電子商務平台上開店來銷售產品，如淘寶旗艦店等；二是以餘額寶為代表的第三方金融產品，主要是與基金公司合作，推出符合網路特性的基金產品；三是基金超市，用戶可以藉由比價選擇不同的基金產品，以「好買基金網（http://www.howbuy.com）」為代表；四是貸款超市，人們在該平台上可以對比選擇全國不同銀行的各種貸款產品；五是保險超市，在該平台上，人們可以對比選擇不同的保險產品。

第三，利用社群網路，銷售金融產品。這種模式指金融機構透過社會化平台，連接金融機構和用戶，並以此來銷售金融產品。這種模式充分利用了社群網路平台的大數據分析、數據流、雲計算和社群關係，能夠獲得一些軟資訊。同時透過建立虛擬的線上貴賓室，可以享受到類似於在金融機構櫃檯辦理業務的服務。社群網路平台銷售金融產品，可以從根本上改變金融機構與顧客的關係，進行與金融機構的即時對話。對話機會越多，資訊共用就越多，金融機構也就越能準確判斷客戶的需求。

第四，利用連帶關係與網際網路的融合，推出網路供應鏈金融。在這種模式下，銷售的不僅僅是某一種金融產品，而是一攬子金融服務，同時客戶也不僅僅是單一客戶，而是與某一核心企業有關係的客戶群。供應鏈金融藉由「轉移」目標客戶的方式，可以有效解決資訊不對稱的問題。網路供應鏈融資由於實現了資訊流、物流和資金流的高度融合和線上控制，貸款效率和安全性大大提高。比較典型的有京東供應鏈金融，京東為商家從金融機構貸款提供擔保，而透過擔保，商家可以順利地從金融機構獲得貸款。

最後需要說明的是，不是所有金融產品都適合網路行銷，特別是複雜程度高、條款個性化、風險高、需要投資者做大量研判的金融產品。

⑳這是一個典型的行銷問題。在大數據分析的幫助下，金融行銷會走向精準化。但目前我們還沒有看到特別有說服力的案例（第七章將介紹阿里小貸基於水文交易預測模型的主動行銷），所以在此不深入討論。大數據下精準行銷的一般介紹可以參考：Provost, Foster, and Tom Fawcett, 2013, Data Science for Business: What You Need to Know about Data Mining and Data-Analytic Thinking, O' Reilly Media, Inc.

CHAPTER 4

行動支付與第三方支付

美國聯準會前主席沃爾克曾說：「這幾十年銀行創新唯一做對的是發明了自動櫃員機。」沃爾克的觀點在於強調技術的革命性作用，有人認為他的觀點過於保守。但如果我們說過去這幾十年，金融業最大的創新發生在支付領域，實不為過。

基本概念與發展概況

行動支付

行動支付主要指藉由行動通訊設備，利用無線通訊技術來轉移貨幣價值以清償債權債務關係。❶行動支付存在的基礎是行動終端的普及和行動網路的發展，可移動性是其最大的特色。隨著行動終端普及率的提高，在未來，行動支付完全有可能替代現金和銀行金融卡，在商品勞務交易和債權債務清償中被人們普遍接受，成為電子貨幣形態的一種主要表現形式。行動支付的特點如下：第一，以行動通訊設備為載體，主要表現為手機；第二，運用無線通訊技術；第三，電子貨幣是行動支付存在的基礎，電子貨幣與行動支付是一對孿生兄弟；第四，行動支付是貨幣形態的表現形式而非貨幣本質的改變；第五，行動支付的發展依賴於第三方支付。

在中國，近年來行動支付發展迅速。來自「艾瑞諮詢集團」的資料顯示，截至二〇一三年第三季度，行動支付交易規模達到二千九百六十五億一千萬元人民幣，行動支付呈爆發性增長，環比增長百分之一百八十五．三。此外，二〇一三年中國智慧型手機的保有量為五億八千萬台，同比增長百分之六十．三；二〇一三年手機購物在行動網路市場規模中佔比為百分之三十八．九；二〇一三年手機遊戲（俗稱「手遊」）也呈爆炸性增長，市場規模達到一百一十二億四千萬元人民幣，同比增長百分之二百四十六．九。行動網路市場的發展帶動了行動支付的發展，隨著行動網路市場的發展，行動支付自身也在變化，形式更加多樣化，出現了短訊支付、NFC❷近端支付、語音支付、二維碼掃描支付、手機銀行支付、刷臉支付等行動支付方式。

第三方支付

第三方支付指透過網路在客戶、第三方支付公司和銀行之間建立連接，幫助客戶快速實現貨幣支付、資金結算等功能，同時起到信用擔保和技術保障等作用。來自艾瑞諮詢的資料顯示，二〇一三年第三季度中國第三方網路支付市場交易規模達一兆四千二百零五億八千萬元，環比增速百分之二十六．七。其中，支付寶佔比達百分之四十九，財付通以百分之十九居第二位（見圖一）。

第三方支付行動支付

第三方支付行動支付主要指第三方支付公司經由行動終端完成的支付，提供行動支付的主體是第三方支付公司。二〇一三年中國第三方支付行動支付市場交易規模達一兆二千一百九十七億四千萬元人民幣，同比增長百分之七百零七。其中，遠端行動支付❸在整體行動支付中的佔比達到百分之

---

❶帥青紅主編（2011）。《電子支付與結算》。大連：東北財經大學出版社。
❷指近場通訊（near field communication）。
❸透過連線交易作業模式發送支付指令（如網路銀行、電話銀行、手機支付等）或借助支付工具（如通過郵寄、匯款）進行的支付方式。

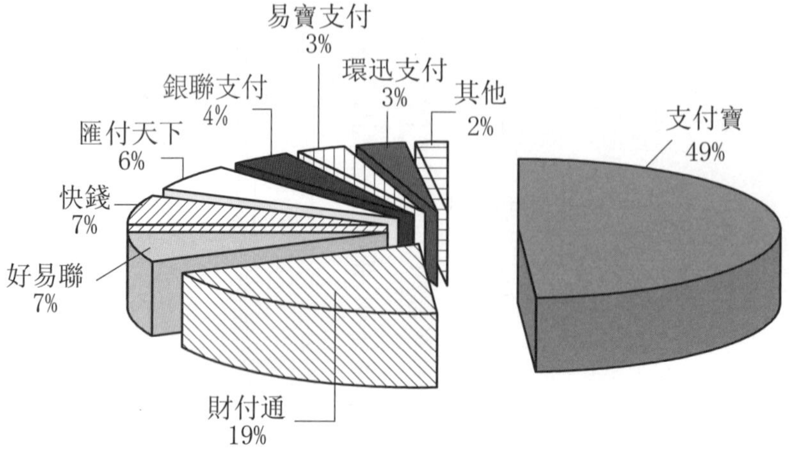

圖一　第三方網路支付市場格局

資料來源：艾瑞諮詢，截至二○一三年第三季度。

九十三·一，近端行動支付[4]佔比為百分之○·八。從中可以看到，近端行動支付的佔比還很低，存在很大的發展空間。隨著語音支付、二維碼掃描等支付方式的發展，以及個人帳戶的逐步統合，這一現狀將逐步得到改變。

二○一三年第三季度，從第三方支付行動支付業務的交易額情況看，支付寶、拉卡拉、財付通位於市場交易額規模的前三名，市場份額分別為百分之五十八、百分之二十一和百分之六（見圖二）。

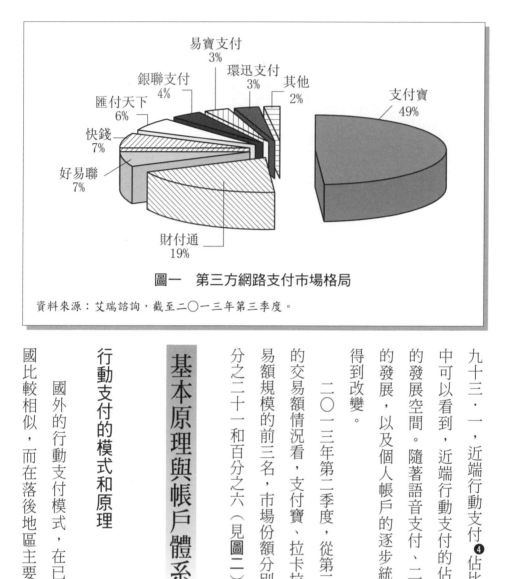

基本原理與帳戶體系

行動支付的模式和原理

國外的行動支付模式，在已開發國家的情況與中國比較相似，而在落後地區主要表現為手機銀行，一般不需要第三方支付來配合。中國的行動支付模式，如果是由銀行推出的，則需要開通手機銀行，同時為了配合近端支付，可能還需要手機具有NFC功能。如果是由三大公司推出的行動支付❺，一般是通過在SIM卡植入晶片來完成支付（如手機貼膜卡、翼支付的RFID-UIM卡❻等）。如果是由純粹的第三方支付公司推出的，則無須開通手機銀行就可直接進行支付，如支付寶的「碰碰刷」、微信支付等，其特點就是方便快捷，最大限度地滿足客戶對速度的要求。但第三方支付公司推出的行動支付，安全性不及手機銀行，多數情況下由保險公司來承保。

非洲地區的手機銀行在作為支付使用時一般需要事先儲

❹主要以手機為支付（載具）工具，透過實體商店端末網路，以連線或離線模式完成交易處理、消費款項支付。

❺實際上是由電信公司的子公司推出的，分別是天翼電子商務（中國電信）、聯通沃易付（中國聯通）、中移電子商務（中國移動）。

❻RFID-UIM卡是一種具有無線射頻功能的手機卡，RFID即射頻識別技術（radio frequency identification）。

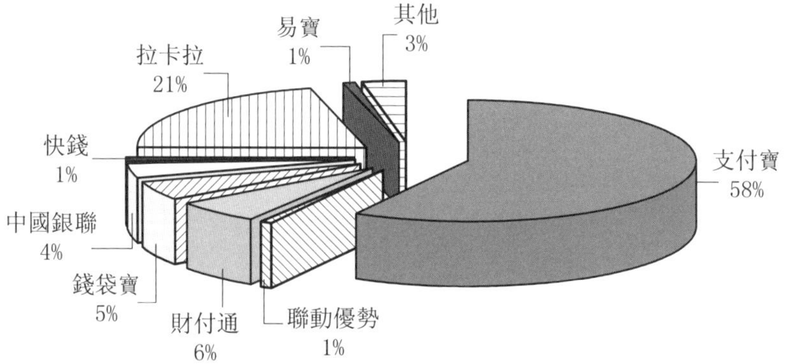

圖二　第三方支付行動支付市場格局

資料來源：易觀智庫，截至二〇一三年第二季度。

值（中國的手機銀行則有交易額的限制），而中國移動通訊公司推出的行動支付也需要事先儲值。如果是由第三方支付公司推出的行動支付，一般不需要事先儲值，如微信支付、支付寶的「碰碰刷」。事先儲值影響到了行動支付的便利性[7]，有被淘汰的趨勢，未來更多的是不需要事先儲值的行動支付。

手機銀行與行動支付的關係主要體現在如下兩個方面：一是手機銀行側重於銀行業務，同時也具有行動支付的功能，但由於手機銀行對設備和安全性的要求較高，需要事先在銀行經營據點（或者網路銀行）開通此項功能，並且支付時程序也比較煩瑣，需要輸入一大堆號碼，其支付的便捷性遠遠不如第三方支付行動支付（如微信支付）；二是行動支付側重於支付，正因為對支付的專注，使得其支付的便捷性大大提高，只需要綁定一張銀行金融卡就可進行支付，並且不需要頻繁地輸入銀行金融卡號等資訊，同時還可以具有金融商品的屬性。

第三方支付的原理

第三方支付的產生，使得客戶可以不直接與銀行進行支付清算，從而具有如下幾點好處：一是在電子商務中可以起到擔保作用；二是第三方支付可以統合眾多銀行，且不用開通網上銀行和手機銀行也能進行支付，方便快捷；三是可以節約交易成本；四是支付與購物、旅遊、投資等社會活動相連，具有社會性。

第三方支付行動支付的產生，更是大幅降低了交易成本。行動支付表面上是把支付終端從電腦端向手機端等轉移，但就是這一轉移，可能導致支付領域的巨大變革，因為支付是貨幣在不同帳號之間的轉移，支付本身就蘊含著移動的意思，而手機等終端最大的優勢也是可移動性，二者不謀而合，行動支付與第三方支付的融合，放大了這一優勢。

在第三方支付產生以前，支付清算體系是客戶與商業銀行建立聯繫，商業銀行與中央銀行建立聯繫，中央銀行是所有商業銀行支付清算的對手方，能夠藉由軋差（買賣雙方互相抵減）進行清算。在原有的支付清算模式下，由於客戶不能與中央銀行直接建立聯繫，而必須分別與每一家商業銀行建立聯繫，因此支付清算的效率較低。第三方支付誕生以後，客戶與第三方支付公司建立聯繫，第三方支付公司代替客戶與商業銀行建立聯繫。這時第三方支付公司成為客戶與商業銀行支付清算的對手方，第三方支付公司藉由在不同銀行開立的中間帳戶對大量交易資金完成軋差，少量的跨行支付則藉由中央銀行的支付清算系統來完成。第三方支付通過採用二次結算的方式，實現了大量小額交易在第三方支付公司的軋差後清算，在一定程度上承擔了類似中央銀行的支付清算功能，同時還能起到信用擔保的作用。而在行動支付產生以前，客戶與第三方支付公司主要通過電腦端建立聯繫，行動支付誕生以後，客戶與第三方支付公司的聯繫逐漸向手機端轉移。傳統支付模式與第三方支付模式之間的不同見**圖三**。

❼手機銀行支付在發達地區發展緩慢的原因就在於此。關於手機銀行的存在條件，見第三章。

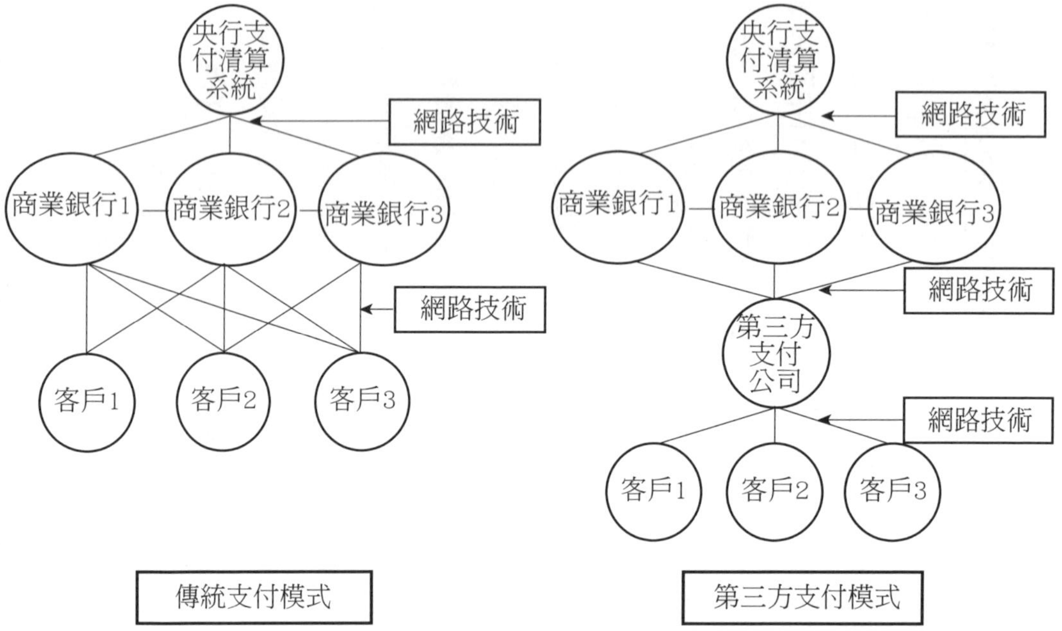

圖三　傳統支付模式與第三方支付模式的對比

帳戶功能與類別

支付與帳戶緊密相連，帳戶是支付的起點與歸屬，沒有帳戶也就沒有支付，在電子貨幣時代帳戶尤其重要。國泰君安證券公司董事長萬建華認為「未來金融業，得帳戶者得天下」[8]。支付是將貨幣從一個帳戶轉移到另一個帳戶，支付的過程就是貨幣在帳戶之間轉移的過程。在電子貨幣時代，要使貨幣同時具有支付與金融商品的屬性，個人帳戶不可或缺（如果是現金交易則可以不需要）。

我們把與金融相關的帳戶分為如下幾類：一是個人在傳統金融機構的帳戶，這類帳戶目前在支付中仍處於主導地位。在某家金融機構內部這類帳戶逐步統合（如中國招商銀行的一網通、國泰君安證券的君弘一戶通帳戶），在不同金融機構之間這類帳戶目前還沒有完全統合，但超級網銀的出現，使得客戶在不同銀行間的帳戶的部分功能進行了統合，如帳戶餘額查詢等。同時證券公司的帳戶也在一定程度上實現了統合，個人在證券公司開戶，實際上是在中國證券登記結算有限公司開戶，客戶的證券帳戶可以在不同的證券公司使用，但前提是需要辦理轉託管。

二是客戶在第三方支付公司、金融服務公司的帳戶，如支付寶帳戶等。從二〇一三年七月起，支付寶逐漸向第三方應用開放帳戶體系，如丁丁優惠（http://mobile.ddmap.com）、iReader（http://ireader.softonic.cn）等。開放帳戶體系後，客戶通過登錄內置的第三方應用可以直接調用支付寶帳戶，免去了註冊的煩瑣。同時當使用者需要在這些應用內進行支付時，也可直接使用支付寶帳戶進行快捷支付，方便又安全。

三是各種社群網路平台帳戶，可以使用電子貨幣購買各種虛擬商品，如QQ帳戶等，目前QQ的帳戶體系也逐漸向第三方應用開放。

綜上所述，目前各類帳戶只是在類別內完成了部分功能的統合，還沒有實現不同類別帳戶的統合，這大大限制了行動支付與第三方支付的發展。而隨著資訊技術的發展，個人帳戶將逐步統合，未來的個人帳戶將是一個綜合類帳戶，能夠統合個人的所有業務和所有資產負債。這個帳戶將成為個人

❽萬建華（2013）。《金融e時代》。北京：中信出版社。

金融活動，乃至日常生活的出發點和歸屬點（帳戶還有身份認證功能，能歸攏資訊，既有助於信用評估，也是金融行銷的「抓手」）。帳戶的統合反過來又促進了行動支付與第三方支付的發展，這是因為帳戶統合後，人們可以在可能進行行動支付的任何地方使用行動支付。

隨著互聯網金融的興起，個人的金融帳戶不再專屬於傳統的金融機構，一些網路公司也可以提供，如支付寶帳戶、QQ帳戶等。一段時間內，帳戶提供主體將呈現多元化的態勢。而隨著個人帳戶的逐步統合，個人帳戶最終可能由中央銀行這類機構來提供（具體見第二章），因為統合後的個人帳戶具有公共產品的屬性。

金融商品屬性與貨幣控制

支付與電子貨幣

行動支付、第三方支付的實質就是電子貨幣的流轉。雖然人們對電子貨幣有不同的定義，但一般來說電子貨幣具有如下特點：一是以虛擬帳戶代表貨幣價值；二是儲存於電子裝置，通常是電子貨幣發行機構的伺服器，但有時也存於客戶的卡片或晶片上；三是電子貨幣具有通用性，是發行機構及與其密切的商業夥伴以外的實體可接受的支付手段。我們認為，電子貨幣是貨幣的一種形態，不僅是支付手段，同時也具有交易手段和價值儲藏的功能（金融商品屬性）。根據電子貨幣是否與傳統的商業銀行有關，可將電子貨幣分為兩類：第一類是基於銀行金融卡的電子貨幣，發行者是商業銀行，如存款和數位支票；或者是需要銀行存款或現金與電子貨幣之間進行轉換，如電話卡、飯卡、數位現金等，靳超、冷燕華又把這種類型的電子貨幣稱為「電子化貨幣」[9]。第二類是基於虛擬帳戶的電子貨幣，如**M-PESA**、電子貨幣等（第五章將專門討論電子貨幣）。

電子貨幣不僅可以與中央銀行發行的信用貨幣進行轉化，還可能脫離中央銀行的信用貨幣而單獨存在（比如電子貨幣），可能會出現追求利潤最大化的企業和中央銀行並行發行貨幣的狀態。

這種由社會約定的貨幣形式和支付方式（第三方支付行動支付）要逐漸上升為法律規定的貨幣形式和支付方式，其前提是使用範圍逐漸擴大（具有網路規模效應），在社會經濟中的作用不可替代。到那時，可能迫使法律規定其為貨幣的一種形態和支付方式。

[9] 參見靳超、冷燕華（2004）：《電子化貨幣、電子貨幣與貨幣供給》，載《上海金融》，2004(9)。

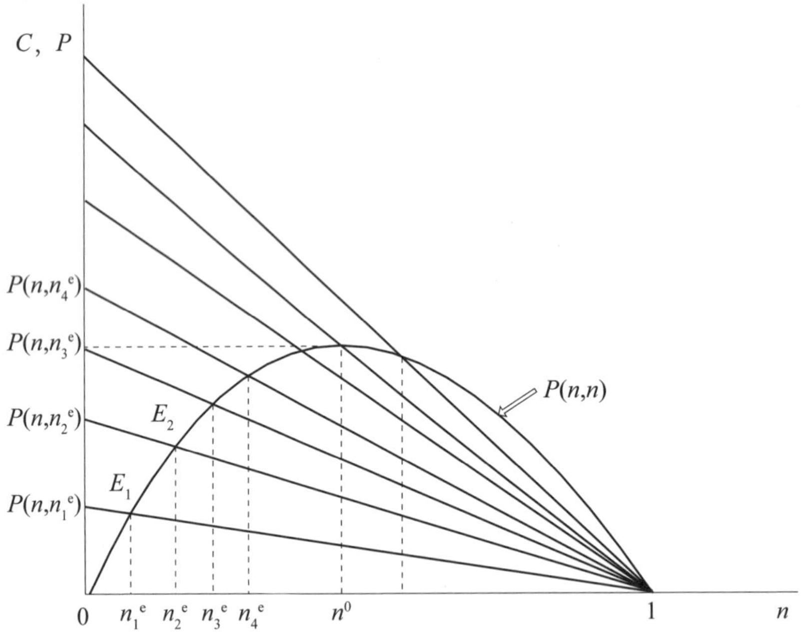

圖四　行動支付的需求曲線

者收入水準越高就越有能力參與到行動支付中來。(2)a 表示行動支付的基礎用戶群為零時，行動支付的內在價值。如果沒有其他用戶使用行動支付，行動支付就沒有存在的必要，所以 $a = 0$。(3)n 為使用行動支付的人數佔總人數的比例，$0 \leq n \leq 1$。$b(n^e)$ 用來衡量消費者從行動支付的網路規模效應中獲得的益處，$b(n^e)$ 是 n^e 的增函數且 $b(0)=0$，n^e 為人們預期使用行動支付的人數佔總人數的比例。

給定價格 p⓬ 和基礎用戶群 n^e，有$u(y,n^e) = y\big(a + b(n^e)\big) > P$。行動支付的總需求函數表示為$n = f(n^e,p)$。對於給定的基礎用戶群 ne，行動支付的總需求與價格呈反向變動。但是如果預期基礎用戶群 n^e 增加，行動支付的總需求與價格呈正向變動。上述總需求函數也可表示成$p = p(n,n^e)$，均衡

⓬ 這裡的 p 可以理解為行動支付的交易成本。

專欄4-1行動支付的網路規模效應[10]

行動支付（當然也包括第三方支付行動支付）受限於網路規模效應，要達到普及的程度還有較長的一段路要走，而行動支付與第三方支付的融合，可以加速這一進程。行動支付的網路規模效應問題類似「蛋生雞還是雞生蛋」的問題，在初期，由於行動支付沒有足夠多的使用者，供給者不願意提供，同時消費者也不願意使用。要打破行動支付「蛋生雞還是雞生蛋」的困境，需要各參與主體採取切實有效的措施，如大力宣傳行動終端的優勢和行動支付的前景，進而推廣行動支付。在初期，政府可以對參與者給予某種意義上的補貼，也可以由政府來推動行動支付相關基礎設施的建設，同時供給者也需要採取各種優惠措施，以此激勵消費者參與到行動支付中來。

行動支付具有網路外部性，並且是正的外部性。消費者從消費某種商品（如行動支付）中得到的效用，取決於其他消費者對該種商品消費的數量。行動支付網路規模效應的核心是基礎用戶群的確立。根據經濟學理性人的假設，消費者使用行動支付這種支付手段，其前提是從行動支付中得到的收益大於其成本。要使這一前提成立，行動支付的使用人數就必須達到足夠大的規模，才有可能使得消費者的收益大於成本。而要使行動支付的使用人數達到足夠大的規模，消費者的預期就非常重要。只有消費者預期未來會有很多人使用行動支付，行動支付的使用人數才有可能達到一定規模。

我們借助尼古拉斯・伊科諾米季斯（Nicholas Economides）和查理斯・希默爾伯格（Charles Himmelberg）的分析框架來分析行動支付（見**圖四**）。[11] 該框架主要分析電信業的網路規模效應，而行動支付和電信業有諸多相似之處，比如電話和行動支付的使用都依賴於其他人，如果只有一個人使用，則失去了意義。鑒於此，我們運用該框架來分析行動支付的網路規模效應具有一定的適用性。

假設消費者的效應函數為$u(y,n^e) = y\big(a + b(n^e)\big)$。其中，(1)$y$ 為消費者的收入，效用函數表明消費者從行動支付中得到的效用與收入有關，消費

[10] Economides, Nicholas, and Charles Himmelberg, 1994,「Critical Mass and Network Evolution in Telecommunications」，Working paper

[11] 謝平、劉海二（2013）。〈ICT、行動支付與電子貨幣〉，《金融研究》。北京：中國金融學會，十月。

時有 $n=n^e$，這時我們稱之為完全預期的需求曲線，表示為$p = p(n,n)$。曲線$p = p(n,n_1^e)$和$p = p(n,n_1^e)$分別表示消費者對行動支付的支付意願，其中$n_2^e > n_1^e$，消費者預期使用行動支付的人數越多，其願意支付的價格就越高，從而實際使用行動支付的人數也就越多。

完全預期的總需求函數並不是單調的，這是因為使用行動支付的人數達到某一值時，使用行動支付的邊際成本變得相當低，這時消費者實際支付的價格也就越低，即在 n_0 之前，消費者使用行動支付的價格與行動支付的使用人數呈正向變動，在 n_0 之後，二者就變為反向變動了，當 n 足夠大時，有$\lim_{n\to 1} p(n,n) = 0$。

理解行動支付網路規模效應的關鍵在於消費者對行動支付基礎用戶群的預期。當預期行動支付基礎用戶群很大，即行動支付前景一片光明時，人們就願意參與到行動支付中來，同時也願意為之支付更高的價格，因為當行動支付使用人數足夠多時，其成本變得非常低，價格也就低了，甚至逼近零。為了使人們預期未來行動支付的基礎使用者群會很大，需要供給者和政府的共同努力，如由政府來推動行動支付相關基礎設施的建設和行動支付相關法律法規的制定，給出一個正面的訊息，使人們相信行動支付的前景，同時供給者在初期可以給予消費者更多的優惠，提供更便利的體驗，使消費者切身感受到行動支付的好處。

總之，隨著行動支付和電子貨幣網路規模效應的凸顯，私人企業發行的電子貨幣使用範圍越來越大，不僅可以購買網路上的虛擬商品，也可以購買現實生活中的實體商品。因此，行動支付和電子貨幣網路規模效應的凸顯，使得電子貨幣有取代中央銀行發行的信用貨幣的趨勢，或者在某種程度上與信用貨幣並存，這將會對貨幣控制造成衝擊。

支付與金融商品屬性

在電子貨幣時代，資訊技術發展使得行動支付與第三方支付具有金融商品的屬性，這是它區別於其他支付手段的典型特徵。支付的金融商品屬性不僅增加了行動支付與第三方支付的吸引力，也加大了貨幣控制的難度。金融商品屬性指商品能夠給客戶帶來盈利的可能性，同時作為金融商品，對貨幣的變化必須十分敏感。支付的金融商品屬性具有一個典型特點，即作為支付手段的貨幣要麼本身就是金融商品，要麼能夠自動在金融商品與支付手段之間進行轉換，通過轉換來實現價值。

在貴金屬貨幣時代與電子貨幣時代，貨幣在沒有進行支付時，都可以成為金融商品。而二者不同之處在於：在進行支付時，貨幣與金融商品相互轉化的交易成本不同，在貴金屬時代貨幣與金融商品相互轉化的交易成本較電子貨幣時代要高。此外，在電子貨幣時代，行動支付的可移動性與支付的移動性特徵不謀而合，這本身就大大降低了貨幣與金融商品相互轉化的交易成本。

在電子貨幣時代，只需要擁有一個帳戶（如支付寶帳戶），通過電腦或者行動終端動動手指，就可以把貨幣與金融商品連接起來。不進行支付時，個人帳戶上的數位是金融商品；進行支付時，個人帳戶上的數字是貨幣。轉換的過程在瞬間完成，這一切在以前根本無法想像，而在處於網路時代的今天則輕而易舉。這就是技術的力量，但也給貨幣控制帶來了挑戰。

支付與貨幣控制⑬

透過以上分析可以發現，行動支付與第三方支付的興起，從以下幾種途徑影響貨幣控制：一是行動支付與第三方支付的低交易成本（支付本身的交易成本低，並且金融商品屬性間接降低了交易成本），減少了人們對現金貨幣的需求；二是行動支付與第三方支付的金融商品屬性，模糊了貨幣層次，會影響基礎貨幣與貨幣乘數，從而影響貨幣供給；三是行動支付、第三方支付的快速發展，同與之相伴隨的電子貨幣的私人供給一道，在某種程度上改變了由中央銀行和商業銀行構成的貨幣供給體系，這將對貨幣供給產生一定的影響。

隨著金融創新和技術進步，第三方支付與行動支付的興起，其他收益率較高的資產很容易轉化為可以作為支付手段的貨幣，這種現象在電子貨幣時代尤其明顯。這種低轉換成本減少了人們對不付息電子貨幣的需求，而不僅僅是對不付息現金的需求，使得人們可以真正做到在任何時間、任何地點，以任何方式獲得金融服務，當然也包括將其他收益率高的資產轉化為電子貨幣，用於交易。人們將電子貨幣存放在享有利息收入的銀行帳戶／虛擬帳戶中，只有在交易發生時才會通過簡單的電腦或手機操作（當然這一過程完全有可能是自動完成的）將所需的資金從相應帳戶中兌換成電子貨幣，然後經由網路傳送給對方完成交易。行動支付、第三方支付的產生，將減少人們對貨幣的需求，同時會加快貨幣流通速度。

行動支付、第三方支付的出現，模糊了貨幣各層次之間的界限，客戶利用行動終端發送指令，可以快速地實現流動性差的貨幣與流動性強的貨幣之間的相互轉換。這使得不同層次的貨幣差別正在日益縮小，模糊了貨幣界限，使人們很難分辨貨幣是現金，還是活期存款或者儲蓄存款。更有甚者，一些非銀行機構也在發行電子貨幣，並且幾乎可以不與銀行發生任何關係，如行動通訊公司使用虛擬帳戶發行電子貨幣、電子貨幣等，這種電子貨幣甚至不在原來的貨幣統計範圍之內。這一切使得貨幣控制的難度增加。

隨著行動支付和第三方支付的出現，電子貨幣的私人供給問題（即私人貨幣問題）也隨之產生。一些非銀行機構可以自主發行電子貨幣，現實中發行主體主要是行動通訊公司和網路企業。由於其發行不受過多的監管，發行電子貨幣的儲備更多地由企業自主決定，也即企業在發行電子貨幣時，考慮到自己的聲譽，可能會事先把一定量的貨幣作為儲備，但這只是軟約束。中央銀行與追求利潤最大化的企業並行發行貨幣，特別是不受監管的企業發行電子貨幣，出於利潤最大化的衝動，可能把發行電子貨幣的儲備降到最低，抑或根本就沒有儲備，這對貨幣供給的衝擊將是巨大的。

總之，雖然電子貨幣的私人供給（私人貨幣）在現階段不會結束中央銀行統一發行信用貨幣的基礎制度，但貨幣需求形式的改變、貨幣層次的模糊以及貨幣供給主體的多元化，必然會對中央銀行的貨幣控制構成挑戰。

⓭ 謝平、劉海二（2013）。〈ICT、行動支付與電子貨幣〉，《金融研究》。北京：中國金融學會，十月。

對微信支付的分析

發展概況

微信支付自二〇一三年誕生以來，迅速席捲全中國。目前支持微信支付的有QQ充值、騰訊充值中心、廣東聯通、印美圖、麥當勞、微團購等。銀行理財業務也正在與微信合作，財付通已經和多家銀行協商展開合作，前期將嘗試以風險較小的固定收益類產品為主。除此之外，微信支付還延伸至民生支付領域，如由深圳市供電局正式上線的「深圳供電」服務，不僅能為客戶提供業務辦理指南，還能方便客戶快速查詢電費、電價等各類訊息，並可以直接繳納電費。雖然小額民生支付相對於信用卡還款、電子商務支付等利潤微薄，但這可以增加用戶黏性。

為了增加支付的便利性，微信逐漸與一些商家合作推廣語音支付，使用者可以直接對著手機說出自己想要的商品，並可直接進行支付。此外，使用者還可以透過微信掃描來購物，即使用者掃描商店裡商品的二維碼，直接付款購物。在微信支付的過程中，用戶不用退出微信再進入其他網頁或程式，只要擁有一張與微信綁定的銀行金融卡，就能通過財付通購買公共帳號所提供的商品，整個過程不到一分鐘。

然而相對於其他行業而言，金融機構在微信支付上的進展較慢。截至二〇一三年十二月，已有超過四十家基金公司開通微信帳戶，但主要停留在餘額查詢和業務諮詢階段，多數不涉及支付，如需購買理財產品則仍需要跳轉至基金公司的手機頁面。銀行業也是同樣的情況。此外，微信支付的上線商戶基本上是中國國內的商戶，暫時只能接受中國國內使用者的支付交易，尚未覆蓋海外地區，也就是說，目前還不能利用微信進行跨國購買產品。

工作原理

微信支付有兩層含義：一是通過第三方支付平台財付通來完成的快捷支付，是一種行動創新產品；二是通過銀行開通的微信公眾號引導到手機銀行來完成的支付。我們通常所說的微信支付更多地指第一層含義上的微信支付。微信支付不僅整合了社群網路平台與第三方支付公司，同時也整合了手機銀行，能夠最大限度地滿足客戶的支付需求（見圖五）。

第一層意義上的微信支付的運作過程如下：微信使用者首先需要在

圖五　微信支付的過程

個人資料裡添加銀行金融卡，完成與銀行金融卡的綁定。綁定銀行金融卡時需要輸入銀行金融卡卡號、身份證號、姓名、手機號碼，並藉由手機號碼驗證身份，如果以上訊息準確無誤，即可完成綁定。一般情況下，使用者需要設定一個微信支付密碼，並且這個密碼必須與銀行支付密碼不同。完成與銀行金融卡的綁定之後，就可以進行支付了。

至於第二層含義上的微信支付，首先需要銀行開通微信公眾號，微信用戶與銀行通過微信進行互動，並利用微信平台把客戶引導到手機銀行來完成支付，但前提是客戶需要開通手機銀行。

微信支付的核心是融合了社群網路平台、第三方支付與手機銀行，充分利用了社群網路平台的客戶優勢、第三方支付的開放性以及手機銀行功能的多樣性。

風險與管理

微信支付面臨的主要風險是資訊科技風險（見第十章），指運用微信進行支付時，由於硬體癱瘓、軟體故障、網路病毒、人員操作失誤、資料傳輸和處理偏差以及網路欺詐等造成損失的風險，主要表現為客戶帳號和資金的風險。

對於微信支付的資訊科技風險，不能僅僅用單一的手段來管理，而是需要建立一整套風險監控策略（技術與非技術手段並用）。技術手段有：單獨設立微信支付密碼，短訊以及語音認證相結合，運用大數據分析來驗證身份等。此外，當資訊科技風險發生時，要能及時報警並對可疑行為做出合理處理，為用戶帳戶提供即時保護。比如，支付寶從二〇〇五年開始就自行研發了一套支付寶帳戶及交易的智慧風險即時監控系統。通過該系統，可以有效地識別資訊科技風險，及時提醒用戶防範相應風險。非技術手段有由保險公司提供保險等。目前微信支付已經由中國人保財險全額承保。

微信紅包

微信紅包是傳統紅包、行動通訊、社群網路與支付相結合的產物，是互聯網金融在社群中的應用。

微信紅包分為拼手氣群發紅包和普通紅包兩種，基本操作流程如下：填寫紅包資訊（金額、祝福語等）→微信支付→發送好友（群組）。收發紅包過程的背後則是財付通的充值功能、銀行金融卡的提款功能和銀行的支付結算功能的整合。

一個典型的微信搶發紅包的步驟如下：首先，建立一個微信群組⓮（這相當於「定向增發」）；其次，綁定自己的銀行金融卡，充入發紅包的金額（比如二千元人民幣）；最後，隨時發送紅包（也可以事先告訴群成員發送紅包的時間）。紅包一經發出，成員就可以在群組裡爭搶，並可以在群裡曬出各自搶到的金額，互相比拼「人品」和「運氣」（因為有紅包個數和紅包總金額的限制，並且每個紅包的金額也是由系統隨機生成的）。

⓮多數情況下微信群組已經存在，但有時為了把紅包發放給指定的人群（如近親屬），也可能會重新建立一個群組。

來自騰訊方面的數據顯示，二〇一四年，僅除夕到大年初一下午四點，參與搶紅包的用戶就超過五百萬，領取到的紅包總計超過二千萬個，平均每分鐘有超過九千個紅包被領取。⓯微信紅包之所以受到用戶追捧，主要原因如下：

一是微信紅包具有社群網路的屬性，貼近真實世界的人際關係，這是微信紅包走紅的主要原因。

二是拼手氣群發紅包的實質是搶紅包，「搶」字意味著競爭，競爭機制的引入增加了人氣，同時也增加了「年味」。

三是微信發紅包符合中國傳統的發紅包習俗，而討紅包則不符合中國人愛面子的心理，這也是支付寶的「新年討喜」不及微信紅包受歡迎的原因之一。

四是微信紅包擺脫了物理位置的限制，雖然相隔千里，同樣可以感受到「天涯若比鄰」的歡樂。

五是微信紅包展現了網際網路精神，即共用、平等、普惠、自由等，這裡沒有高低貴賤之分，也不是名利場，有的只是親情、友情。如各行各業的精英、企業家們，在搶發紅包的過程中也都表現出孩子氣的一面。

通過微信紅包活動，騰訊公司的潛在收益如下：

第一，微信紅包活動使微信支付功能得到了大範圍的推廣，大部分參與「搶紅包」的用戶都將微信帳戶與銀行帳戶進行了綁定；

第二，部分領到微信紅包的用戶不提現，使得紅包成為騰訊的沉澱資金，騰訊可以通過沉澱資金來獲益；

第三，用戶在領到微信紅包後不提現，使得微信支付帳戶變成了一個類似「支付寶餘額」的帳戶，倒讓騰訊植入更多的增值服務，如話費充值、銷售金融產品等。

對餘額寶的分析

發展概況

餘額寶是由支付寶為個人用戶打造的一項餘額增值服務，於二〇一三年六月十三日上線，在短短幾個月的時間內發展迅速。天弘基金公司的資料顯示，截至二〇一三年十二月，餘額寶的客戶數達四千三百零三萬人，基金規模達一千八百五十三億元人民幣。餘額寶的推出，使得天弘基金公司的資產排名從二〇一三年第一季度末的第四十六位躍居至二〇一三年底的第二位。[16]餘額寶以大多數人都

---

[15] 資料來源：http://news.xinhuanet.com/finance/2014-02/07/c_126093844.htm.

[16] 到二〇一四年二月，天弘基金公司的資產超過四千億元人民幣，為中國基金業第一。

沒有預料到的方式，顯著改變了中國基金業的格局。

餘額寶目前主要服務於低附加值的貨幣市場基金和海量的小額投資者，對銀行活期存款構成了挑戰。聚沙成塔原本是銀行特有的功能，但是餘額寶的產生弱化了銀行的這一功能。

基本原理

餘額寶的成功得益於實現了多贏：一是基金公司能夠通過支付寶這一平台擴大基金產品的銷量；二是支付寶作為連接中小散戶與基金公司的橋樑，可以賺取一定的中介費用；三是散戶也可以通過餘額寶進行碎片化理財，並且不影響客戶的流動性。餘額寶的創新主要顯現在申購與贖回兩方面。

在申購方面，由於支付寶不具備基金託管人資格，客戶資金必須及時從支付寶轉移到天弘基金公司在銀行開立的託管帳戶，這一過程必須即時完成，否則就會有違規嫌疑。客戶資金流動實際上分為購買與轉移兩個環節。在購買環節，首先是支付寶餘額轉入餘額寶；在資金轉移環節，則是在資金轉入餘額寶帳戶後，通過資訊技術自動把這筆資金從餘額寶轉入天弘基金公司的託管銀行帳戶。

在贖回方面，餘額寶的一大創新就是即時贖回。如果贖回是申購環節的逆操作，就不存在違規的問題，但這無法實現T＋0贖回。要實現即時贖回，還有其他兩種方式，不過有違規之嫌：一是支付寶利用自有資金為客戶墊付資金，事後天弘基金公司將資金劃轉給支付寶；二是天弘基金公司在支付寶的支付帳戶中預留部分資金，以備用戶即時贖回。

雖然餘額寶的銷售繞過了銀行，但在現階段還不能脫離銀行而單獨存在，第三方支付公司的客戶資訊還需要通過銀行來驗證，資金劃撥和清算仍需要通過銀行系統來完成。

有關餘額寶的運作原理，如下圖六所示：

餘額寶的宏觀影響，主要是改變了整個社會活期存款和定期存款的比重，可能使銀行存款的平均成本上升。但銀行貸款利率主要取決於貸款者的風險溢價和貸款供需力量的對比，不一定與存款成本同比例上升。總的效果可能是，銀行利差收窄，餘額寶的客戶分享了原來屬於銀行的一部分利差收入。

但是餘額寶不是存款，可能存在由於基金管理能力的下降，導致收益率下降，甚至本金損失的可

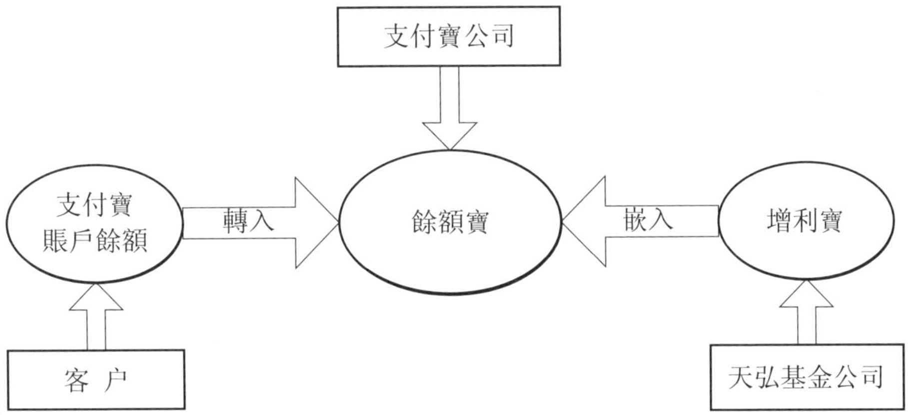

圖六　餘額寶的運作原理

說明：此圖根據《來自建行的危機解讀：餘額寶會怎樣衝擊銀行》一文中餘額寶的主體架構部分改編而成，見http://kd.hexun.com/news-28308202。

能性。需要指出的是，餘額寶於二〇一三年六月推出後，適逢銀行間市場資金緊張，利率高企（指價位持續停留在較高的位置不跌），甚至幾度出現「錢荒」的局面。這是餘額寶能取得較高收益的宏觀背景，但這種情況不可能一直持續下去。

餘額寶可能投資於非貨幣市場產品等高風險產品。當經濟處於下行期，餘額寶為實現高收益可能採取更加冒進的投資策略，使市場風險發生的可能性增加。

關於哪些金融產品適合作為支付工具的討論

餘額寶極大地刺激了中國基金業，出現了大量「第三方支付＋基金」合作的金融產品。這類金融產品試圖與支付掛鈎，平時作為投資品獲取收益（基準是活期存款利率），需要時（比如購物消費時）可以快速轉換為支付工具，從而打通了投資與支付的界線、金融產品與貨幣的界線。這說明，未來隨著支付的發展，資金利用效率會越來越高（甚至不會有閒置資金），在流動性趨於無限大的情況下，金融產品仍可以有正收益，不一定是0。

在利率市場化背景下，這類金融產品的規模預計在未來一到兩年內還會持續增長（特別考慮到銀行間市場資金持續緊張的局面），如果達到兆規模，將對中國金融體系產生不可忽視的影響。因此有必要討論，哪些金融產品適合作為支付工具，分別有什麼風險。

金融產品要作為支付工具，必須具有低波動率、高流動性的特點。這兩個特點之間有緊密的聯繫，但不存在直接因果關係。⑰同時，金融產品是否具有這兩個特點，除自身因素外（比如頭寸構成），還在很大程度上取決於市場環境。

首先，在統計學上，低波動率要求金融產品價格在時間序列上變化不大，特別是虧損的時候不多。這樣，金融產品就能起到保值作用，一定程度上接近貨幣的價值儲藏功能。有兩個途徑使金融產品具有低波動率。第一，金融產品本身是一個足夠分散的證券組合，從而單個或部分證券頭寸的價格波動不會對整個組合的價格產生顯著影響。第二，金融產品（或底層證券頭寸）的風險比較低，比如：(1)發行人或交易對手的資質比較好；(2)在資本結構中處於優先位置；(3)期限比較短；(4)條款比較標準。

其次，流動性主要指金融產品的變現能力⑱，也就是轉化為現金、在中央銀行儲備等能滿足支付要求的一般等價物的能力。市場流動性經常用二級市場的買賣價差（bid ask spread）來刻畫，買賣價差越小，市場流動性就越好。一般而言，證券的風險越低，二級市場越發達（比如成交量大），流動性就越好。

貨幣市場基金主要投資於現金、協定存款、定期存款、大額存單、國債和央行票據等，在通常情況下具有低波動率、高流動性的特點。特別是目前，提前支付不罰息的協定存款在中國貨幣市場基

⑰ 即有A不一定有B，反之亦然。

⑱ 在一些場合，金融產品的流動性也體現為在信貸市場上（比如向中央銀行和其他銀行融資）作為抵押品的品質。抵押品質量越高，估值折扣越小。

金的資產配置中佔了很高的比例。協定存款沒有二級市場交易，公允價值的變化來自應計利息的變化，因此波動率很低。協定存款的流動性，主要來自可以提前從銀行提取的權利（這相當於一個美式期權（American Options））。「提前支付不罰息」則使協定存款在提取時不會遭遇流動性折扣。

綜上所述，貨幣市場基金最適合與支付掛鈎。實際上，美國的M2統計中就包括能夠簽發支票的貨幣市場存款帳戶和貨幣市場基金份額。但貨幣市場基金不是無風險資產，也不像存款一樣受存款保險保護，不是在任何市場環境下都具有低波動率、高流動性的特點。實際上，二〇〇八年九月，全球貨幣市場基金行業就遭遇了很大的危機。這說明，要充分認識「第三方支付＋貨幣市場基金」合作的金融產品的風險，並制定相應的監管措施（見第十章）。

CHAPTER 5
電子貨幣

本章將討論互聯網金融環境下的貨幣形態，核心觀點是：未來，很多信譽良好、有支付功能的網路社群將發行自己的貨幣，稱為「電子貨幣」（Internet currency）；電子貨幣將被廣泛用於網路經濟活動，人類社會將重新回到中央銀行法定貨幣與私人貨幣並存的狀態。電子貨幣會挑戰目前的貨幣基礎理論、貨幣政策理論和中央銀行理論。

電子貨幣的概念

目前已經出現了電子貨幣的雛形——電子貨幣（virtual currency），典型的例子包括比特幣、Q幣（騰訊公司）、Facebook Credits（Facebook公司）、Amazon Coins（亞馬遜公司）、魔獸世界G幣（暴雪公司）、Linden Dollars（Linden實驗室）。在網路遊戲、社群網路和網路虛擬世界等網路社群中，這些電子貨幣被用於與應用程式、虛擬商品和服務（以下統稱為「虛擬商品」）有關的交易，已經發展出非常複雜的市場機制。

有些電子貨幣與法定貨幣之間不存在兌換關係，只能在網路社群中獲得和使用，比如魔獸世界G幣；有些電子貨幣可以通過法定貨幣來購買，也可以用來購買虛擬和真實的商品或服務，但不能兌換為法定貨幣，比如Amazon Coins；還有些電子貨幣能與法定貨幣相互兌換，還可以用來購買虛擬和真實的商品或服務，比如比特幣、Linden Dollars。歐洲央行的研究表明❶，二〇一一年美國電子貨幣交易量在二十億美元左右，已經超過一些非洲國家的GDP。傳統支付企業紛紛進入電子貨幣領域。二〇一一年，威士公司VISA斥資一億九千萬美元收購PlaySpan公司，該公司處理線上遊戲、電子媒體和社群網路中的電子商品交易；美國運通以三千萬美元收購電子貨幣支付平台Sometrics。行動支付發展起來後，電子貨幣的便利性、交易功能得到了更充分的展現。

以電子貨幣為藍本，我們用以下六個特徵來定義電子貨幣：

1. 由某個網路社群發行和管理，不受監管或很少受到監管，特別是不受或較少受到中央銀行的監管；
2. 以數位形式存在；
3. 網路社群建立了內部支付系統；
4. 被網路社群的成員普遍接受和使用；
5. 可以用來購買網路社群中的虛擬商品或實物商品；
6. 可以為虛擬商品或實物商品標價。

其中，第四個特徵指電子貨幣能用作一般等價物（一些網路社群的成員數超過了很多國家的人口數，比如Facebook每月的活躍用戶已超過十億，而且跨越了國界）；第五個特徵指電子貨幣有交易媒介的功能；第六個特徵指電子貨幣有計價功能。鑒於電子貨幣的購買能力以及所購買之物的價值，電子貨幣有價值儲藏功能。所以，電子貨幣滿足貨幣的標準定義（在商品或服務的支付或債務的清償中被普遍接受的任何東西），擁有貨幣的三大功能——交易媒介、計價單位、價值儲藏。不僅如此，因為網路沒有國界，所以電子貨幣天生就是國際性的、超越主權的。

到目前為止，大部分電子貨幣本質上都是信用貨幣，存在一個中心化的發行者，其價值取決於

❶ European Central Bank, 2012, “Virtual Currency Schemes”.

人們對發行者的信任。比特幣則比較特殊，沒有中心化的發行者，更接近貴金屬貨幣，後文將詳細討論。

電子貨幣的經濟學

與網路社群、網路經濟的關係

▼電子貨幣對網路社群的好處

電子貨幣可以給網路社群帶來如下好處：

1. 可以對資料產品實現獨立定價；
2. 可以存在網路帳戶，有「財富效用」；
3. 方便網路社群成員之間的交易和支付活動；
4. 增強成員對網路社群的黏性，網路社群有自己的管理規則，類似「俱樂部規則」，成員使用電子貨幣可以得到比法定貨幣更高的效用；
5. 擴充網路社群的收入來源，比如電子貨幣的「鑄幣稅」、與法定貨幣的兌換差價以及不活躍成員的電子貨幣殘值等；

6.促進網路社群中的經濟活動，比如應用程式開發和廣告活動；

7.沒有現金，不存在假幣。

▼電子貨幣與網路經濟發展相適應

首先，虛擬商品與實物商品之間的界限越來越模糊。虛擬商品與軟體、電子圖書、音樂、電影、新聞資訊等，在存在形式上沒有差別，都是數位化的資訊流，所引致的消費者真實效用也是相通的。人們（特別是年輕人）也越來越認可虛擬商品的價值。未來，很多不需要物流的商品和服務都可以在網路上生產、交易、消費（見第十一章），並且在人類經濟活動和消費序列中所佔的比重會越來越大（比如，在網上求醫看病；騰訊公司二〇一二年收入中，來自網路遊戲的收入約為二百二十八億元人民幣，佔比達百分之五十一）。在這些網路經濟活動中，不一定要有法定貨幣的使用。

其次，網路經濟活動和實體經濟活動之間的聯繫越來越緊密。設想一個可能的情景：某人生產數位產品（比如空氣品質監測軟體），在某個網路社群出售，獲得一定數量的電子貨幣；然後，他用電子貨幣去麥當勞買漢堡；麥當勞再用收到的電子貨幣去網路社群購買數位產品。在這個過程中，通過電子貨幣的媒介作用，網路經濟活動與實體經濟活動之間實現了完美分工和價值交換，法定貨幣則被排除在外。

網路支付促成的貨幣新形態

▼網路支付促進電子貨幣的發展

第四章指出，在互聯網金融環境下，網路支付將與行動支付、銀行金融卡等電子支付方式高度整合，真正做到隨時、隨地、以任何方式支付，會使電子貨幣的使用越來越便捷。實際上，在目前的電子貨幣案例中，網路社群成員的帳號就可以視為電子貨幣存款帳戶，通過手機上網，高效的行動支付網就形成了。

未來可能的情景是：每個人（企業）都同時擁有電子貨幣帳戶和（在中央銀行的）法定貨幣帳戶；不同網路社群的電子貨幣可以相互兌換，跨網路社群的交易和支付非常方便；電子貨幣與法定貨幣之間的兌換很靈活，趨於可相互交易；電子貨幣不僅用於網路經濟活動，也廣泛參與實體經濟活動；出現基於電子貨幣的金融產品和金融交易，比如針對電子貨幣的股票、債券、存貸款、信用透支等。

▼電子貨幣符合人類貨幣形態的發展規律

到目前為止，人類貨幣形態的發展大致可分為三個階段。

第一個是物物交換階段，不存在貨幣。

第二個是商品貨幣階段。貨幣本身就有價值，比如黃金、白銀等貴金屬，也包括可以兌換為硬幣或貴金屬的紙幣，貨幣創造主要取決於貴金屬的發現和冶煉。

第三個是信用貨幣階段。貨幣本身沒有價值，不一定能兌換為硬幣或貴金屬，其使用價值取決於人們對貨幣發行者的信任。

在信用貨幣的早期階段，貨幣發行者以私人機構為主，私人貨幣佔主導地位。法定貨幣直到引入中央銀行制度後才出現，是由國家通過法律確立的法定償還貨幣，具有強制性（即支付中必須用此貨幣，不能用其他載體）。中央銀行、商業銀行、存款者、借款者共同參與貨幣創造。中央銀行的貨幣性負債，比如流通中的現金、商業銀行在中央銀行的儲備，是基礎貨幣。商業銀行的信貸供給和證券投資導致存款的多倍擴張。不同貨幣按流動性從高到低可以劃分為M1、M2、M3等多個層次。因為中央銀行的信用很好，並且負責管理支付清算系統，所以法定貨幣替代了私人貨幣。

但目前這種由法定貨幣主導的貨幣制度不是人類貨幣形態演變的終點。一方面，哈耶克、弗里德曼早在二十世紀五〇年代就對這種貨幣制度有過懷疑。哈耶克認為，十八世紀以來一直流行的那種認為發行貨幣是政府很重要的一項職能的傳統觀點並不正確。政府在發行貨幣上並沒有天然的優勢，相反，貨幣發行主體單一甚至是造成通貨膨脹、經濟週期性波動的重要原因。因此，他建議採用多貨幣發行主體互相競爭發行貨幣的方式，通過競爭機制維持貨幣發行的穩定，增加人民福利。弗里德曼則設想廢除美國聯準會，用一個自動化系統取代中央銀行，以穩定的速度增加貨幣供應量。

另一方面，儘管私人貨幣已不再在大範圍內流通，但一些「準私人貨幣」仍普遍存在。比如，中國二十世紀大學食堂的菜票就是典型的「準私人貨幣」，可以在各食堂買飯菜，也可以在小賣部買日用品，同學之間可以相互借貸。在現代社會，各種商品和服務優惠券、信用卡積分、航空里程積分等「準私人貨幣」更是層出不窮。

電子貨幣由網路社群發行和管理，屬於「信用貨幣＋私人貨幣」。我們認為，電子貨幣不會被法定貨幣所替代，主要有兩個原因：第一，在網路經濟活動的很多環節，用戶不一定接受法定貨幣。第二，網路技術的發展，使支付活動可以在中央銀行支付清算系統之外發生。而支付從來就是與貨幣緊密聯繫、一同演變的。因此，未來法定信用貨幣將與電子貨幣並存，成為人類貨幣形態的第四個發展階段。

電子貨幣的風險

▼電子貨幣的內在風險

首先，電子貨幣發行者的信用比不上中央銀行，相關支付功能也比不上中央銀行管理的支付清算系統（比特幣的內在風險主要來自演算法缺乏可靠性）。電子貨幣在交易和支付中不可避免地會遭遇信用風險、流動性風險、操作風險和支付安全問題。

其次，電子貨幣有很強的匿名特徵，監管難度大，可能被用於非法活動（比如洗錢），造成法律風險和聲譽風險。

▼電子貨幣對物價穩定的影響

在針對電子貨幣的存貸款活動出現之前，在電子貨幣的創造過程中不存在中央銀行和商業銀行的分工（即二級銀行體系），也不會產生多個貨幣層次，但電子貨幣的過量發行會造成虛擬商品的通貨膨脹。而未來，虛擬商品會進入CPI籃子。但總的來說，虛擬商品價格實際上是不同數位產品之間的比價（交換比率），會有均衡價格，不會有很大的價格風險。

電子貨幣會通過多種管道影響實物商品的價格，包括：電子貨幣介入實體經濟活動，甚至在一些場合替代法定貨幣，產生「擠出效應」；電子貨幣影響法定貨幣的流動速度，中央銀行不一定知道電子貨幣的發行和流通情況。在這些情況下，中央銀行的貨幣統計和貨幣政策都會受到影響。

▼電子貨幣對金融穩定的影響

電子貨幣對金融穩定的影響，主要來自電子貨幣兌法定貨幣的匯率波動，這在比特幣上表現得尤為明顯。

比特幣

比特幣是世界上第一種基於P2P分佈技術在網路發行和交易的電子貨幣，由中本聰❷在二〇〇八

❷ Satoshi Nakamoto, 2008, "Bitcoin: A Peer-to-Peer Electronic Cash System".

年發明，二〇〇九年一月三日正式運行。截至二〇一三年十二月底，已發行約一千二百萬個比特幣[3]，按一比特幣可兌換九百美元計算[4]，總市值超過一百億美元，已經超過了六十多個國家的GDP總量[5]。

比特幣的技術基礎是密碼學的發展和網路的普及，最大的特點是不通過中央銀行或第三方機構發行和交易，並因運用現代數位簽章技術而具有較好的匿名性。比特幣在發展早期，得到了技術狂熱分子、反政府主義者和非法交易者的支援。這些人認為比特幣體現了自由精神，是對主權貨幣、銀行體系的挑戰，特別是可以對抗政府在貨幣發行上的壟斷地位以及由濫發貨幣引發的通貨膨脹。隨著比特幣逐步實現與現實貨幣的自由兌換，並涉足現實商品和服務的購買，比特幣越來越受到媒體、政府、學者和民眾的重視，同時也引起了很多爭議。

此外，已經從比特幣衍生出來多種電子貨幣[6]，包括Litecoin、Peercoin、Primecoin等。這些電子貨幣保留了比特幣的主要思想，僅在個別特徵上可以與比特幣區分開來。

工作機制

早在一九九八年，Dai Wei就在一個密碼學郵件群裡提出了關於一種新型電子貨幣的思想，「這種貨幣將有無法追蹤的匿名特徵」並且「政府的作用被排除在外」[7]比特幣實際上就體現了這種思想的延續和發展，最突出的創新就是分散式支付系統（見**圖一**），而不是集中式的支付清算系統。

在整個分散式支付網路中，可以有數量不定的支付節點，用於交易確認和整個網路帳戶系統的維護。交易確認分為兩步：第一步，由某個支付節點通過競爭完成對交易有效性的初步確認；第二步，初步確認的消息被廣播到全網路，被全網路認可後，交易的有效性得到最終確認。

作為一種新型貨幣，理論上，比特幣需要解決兩個突出問題：第一，如何保護交易雙方的隱私；第二，如何避免同一貨幣被多次使用。對這兩個問題，比特幣均設計了非常巧妙的解決方案。

比特幣通過公開金鑰密碼原理來確保交易雙方的

❸資料來源：http://blockchain.info/charts/total-bitcoins.

❹資料來源：http://www.mtgox.com/.

❺Gross domestic product, 2013, World Bank.

❻Sprankel, Simon, 2013, “Technical Basis of Digital Currencies”, Technische Universitat Darmstadt.

❼資料來源：http://weidai.com/bmoney.txt.。

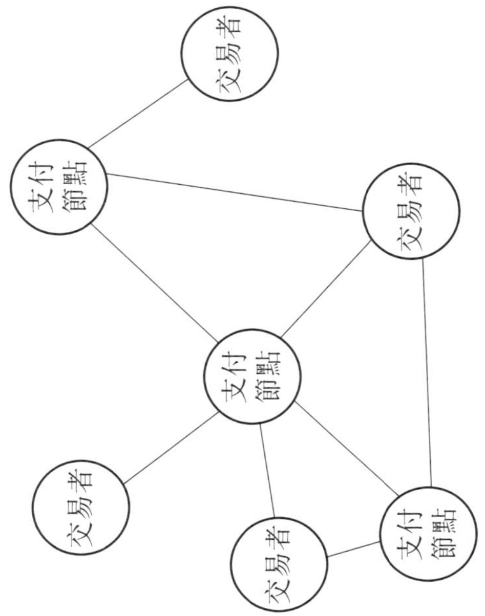

圖一　分散式支付系統示意圖

隱秘性。公開金鑰密碼技術可以產生兩把對應的密碼鑰：一把是公開金鑰，作為貨幣持有者的位址或帳號（類似於銀行帳號）；另一把是私密金鑰，由貨幣持有者保留。公開金鑰帳戶可以作為比特幣的接受位址。公開金鑰帳戶裡的電子貨幣只能通過對應的私密金鑰來訪問。私密金鑰被用來確認帳戶中貨幣的轉移支付。公開金鑰帳戶與電子郵寄地址相似，是公開的，為所有用戶所知；私密金鑰則與電子郵件的密碼相當，需要通過它來進行對訊息的訪問和處理。

圖二展示了公私密金鑰如何用於比特幣交易。假設在第N個交易

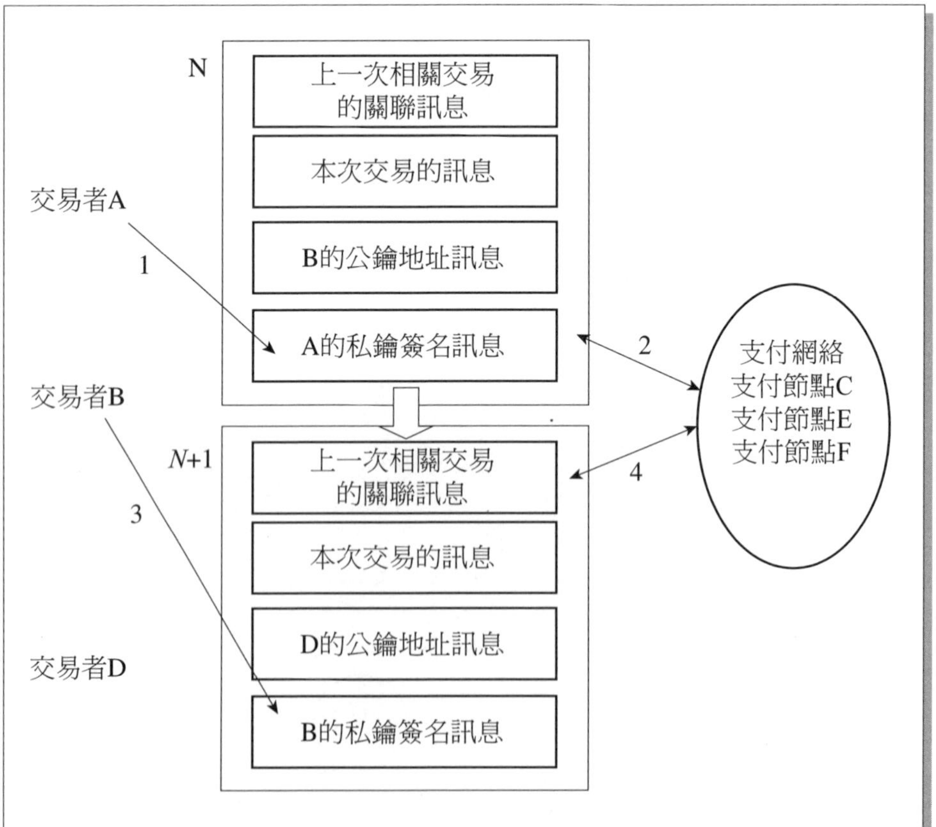

圖二　比特幣交易示意圖

中，交易者A希望向交易者B支付若干比特幣，而在第N＋1個交易中，交易者B希望將他從交易N中獲取的比特幣支付給交易者D。這兩個交易分四步進行。

第一步：交易者A生成第N個交易的訊息，包括上一次相關交易的關聯訊息、本次交易的訊息（包括需要支付的數額）、交易者B的公開金鑰位址訊息。最後，交易者A會使用他擁有的私密金鑰對第N個交易訊息進行數位簽章，並發出關於該交易的訊息。

第二步：支付網路中的支付節點獲取交易者A發出的關於第N個交易的訊息後，對交易的有效性進行確認，包括該訊息是否由A發出、A是否擁有所交易比特幣的所有權以及該比特幣有沒有被多次使用等。在該節點完成對交易有效性的確認後，將該確認訊息在支付網路中廣播，最終完成交易訊息在全網路中的確認。

第三步：交易者B生成第N＋1個交易的訊息，並使用他的私密金鑰對訊息進行簽名（具體做法與第一步類似）。

第四步：支付網路會完成對第N＋1個交易訊息的確認（具體做法與第二步類似），交易者B成功地將他從交易者A處獲取的比特幣支付給交易者D。

以上是比特幣交易支付的全過程。可以看出，支付系統需要防止同一比特幣被用戶惡意地多次使用。在傳統經濟中，重複支付的問題由一個中央結算機構來解決。中央結算機構會對每一筆交易進行確認，並通過集中帳戶來保證交易的連續性，避免同一貨幣被重複用於支付。比特幣則使用分散式時間戳記技術來解決該問題。在比特幣網路中，每一台電腦都有一份關於所有歷史交易的明細清單，稱作交易鏈。新產生的交易必須與交易鏈中的歷史交易進行一致性檢驗，只有通過檢驗的交易才可能作為正常的交易被接受。事實上，新產生的交易會被負責進行交易驗證的程式打包產生新的交易模組，加入到原有的交易鏈後面，構成新的交易鏈。在比特幣網路中，只有一個全域有效的交易鏈，並被分散式存儲在支付網路的每一個節點中（見圖三）。

為避免交易網路中無效訊息的氾濫，同時防範針對比特幣網路的惡意攻擊，對支付節點產生的新交易模組需要進行複雜的計算，這被視為支付節點的工作證明。這樣的計算本質上是一種機率很低的隨機碰撞試驗，需要消耗支付節點大量的計算資源。因此，率先完成工作證明的節點會得到一定的獎勵，這個過程被稱為「挖礦」。「挖礦」是新比特幣產生的過程，同時也保證了比特幣支付平台能夠高效運行。

除了前面提到的核心特徵外，比特幣及其支付機制還有以下特點：第一，比特幣依託於網路，因此可以輕易地跨越國界。第二，分散式支付系統擁有數量不限的支付節點，因此不容易受到攻擊。換言之，關閉若干支付節點，基本不會對支付體系造成影響。第三，比特幣帳戶具有匿名性，是一串沒有規律的字元，不表現帳戶擁有者的任何特徵。一個人可以擁有無限多的帳戶。第四，低費用。比特幣屬於新型貨幣，尚無監管，持有和交易都無須繳納稅費。即使通過比特幣交易平台進行貨幣兌換，也只需支付很低的交易費。第五，交易不可逆。與大多數電子貨幣交易不同，比特幣交易無

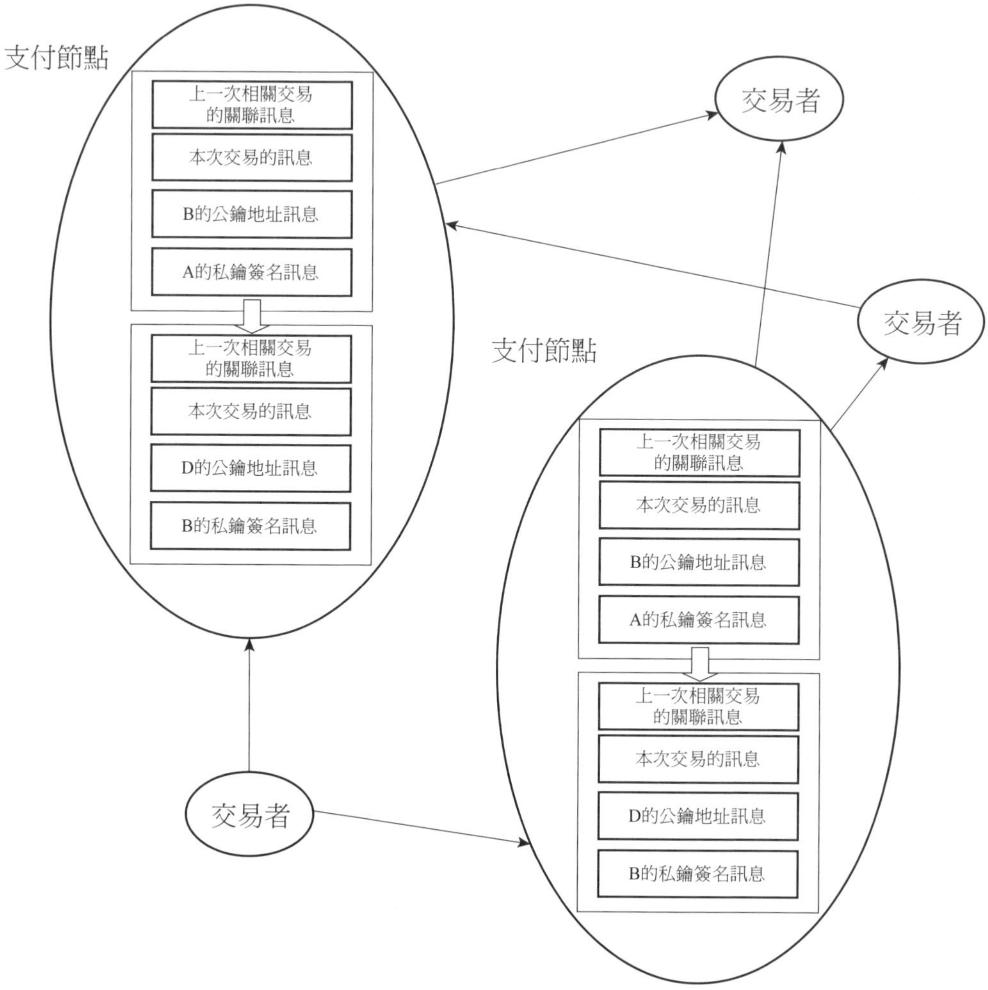

圖三　比特幣的全域交易鏈

法通過「回滾」機制來取消交易。一旦交易確認，只能通過新的交易來進行帳戶的修復。第六，公開、透明。支援比特幣交易的電腦程式代碼、比特幣的交易歷史資料都在網路上公開，使得比特幣的發行和交易具有很高的透明度。第七，是可分的電子貨幣。比特幣適合一些小、微型交易需求，一個比特幣可以被分到八位小數，〇．〇〇〇〇〇〇〇一比特幣是最小單位。

儘管如此，比特幣的工作機制並非完美。產生新交易模組所需的計算，被認為消耗了網路的很多資源而沒有太多實際價值。微軟的莫舍・巴巴奧夫（Moshe Babaioff）與合作者的研究表明，比特幣「挖礦」的激勵機制可能存在「紅氣球現象」，不利於交易訊息在分散式網路中傳播。❽比如，有些「挖礦」程式可能修改消息分發代碼，使得其他節點無法收到新的交易訊息。

發行機制

前面已經指出，新產生的比特幣由完成交易確認的支付節點獲取。因此，比特幣的發行不需要中央機構，完全點對點、去中心化。比特幣生成機制將發行總量預設在二千一百萬個。一開始，每完成一個新的交易模組可以獲得五十個比特幣。這個獎勵每四年將減少一半（見圖四），使得比特幣發行總量在二〇四〇年接近最大。這種可預期的貨幣供給使比特幣具有了一定的稀缺性，但會造成兩方面的問題：

第一，控制發行總量會使比特幣出現通貨緊縮效應，也就是以比特幣標價的商品或服務的價格

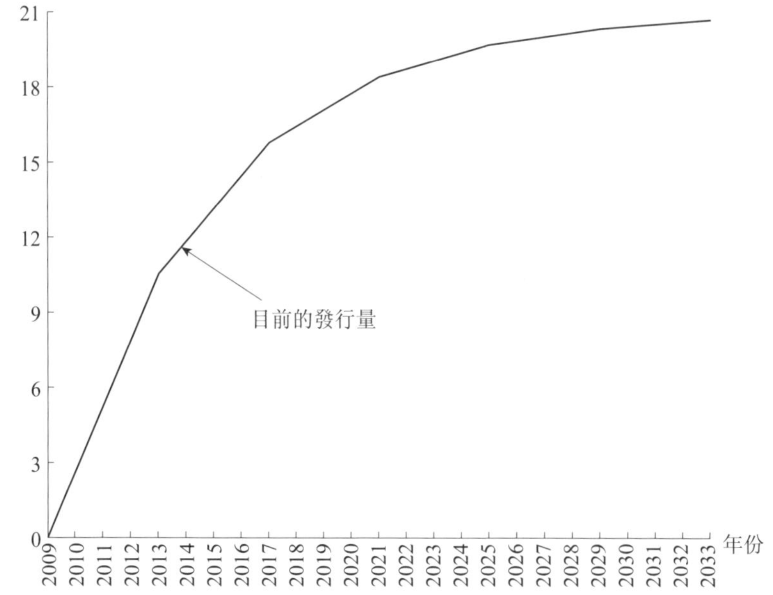

圖四　比特幣發行量（截至二〇一四年一月，單位：百萬）

會下降，也體現為以美元標價的比特幣價格的上升。這會產生兩個消極影響：一是在比特幣價格上升的過程中，比特幣持有者傾向於將比特幣儲存起來（形象的說法是「把錢藏在毯子下」），而不是用於流通領域。這樣會減少比特幣的流通量，進一步加劇通貨緊縮效應。二是通貨緊縮效應使比特幣的跨期交易很難進行。比如，在一個以比特幣為標的的貸款合約中，因為比特幣價格上升，債務人的實際負擔是隨時間的推移而增加的。這就使得基於比特幣的金融產品和金融交易很難出現。這說明，對任何貨幣而言，幣值穩定都很重要，比特幣也不例外。比特幣儘管通過預設貨幣總量上限的方式，避免了中央銀行法定貨幣經常出現的

❽ Babaioff, Moshe, Shahar Dobzinski, Sigal Oren, and Aviv Zohar, 2012, "On Bitcoin and Red Balloons".「紅氣球」是美國國防部以前的一個研究項目，參與者需搶先找到隨機拴在美國各地的十個紅色氣象氣球，以獲取四萬美元的獎金。「紅氣球現象」的核心問題是競爭和協作。

通貨膨脹問題，但通貨緊縮會對比特幣的發展產生消極影響。

當然，因為比特幣是基於網路上的電腦程式而產生的，可以通過修改電腦代碼來重新設定比特幣的發行數量，也可以讓它遵守一定的增長規則。相關建議已經在一些研究中呈現，感興趣的讀者可以參閱**Palo Alto** 研究中心西蒙·巴伯（**Simon Barber**）與合作者的報告。[9]

第二，控制發行總量使「挖礦」收益不斷下降。早期，通過在個人電腦上運行「挖礦」程式可以獲得相應的比特幣。目前，因為「挖礦」所需的計算量越來越大，參與「挖礦」競爭的電腦越來越多，個人「挖礦」的難度也越來越大，出現了「礦池」模式（見**圖五**），即由多台個人電腦聯合「挖礦」，「挖礦」問題被分解成若干子問題，由各電腦分別承擔，「挖礦」收益也在參與的個人之間分配。

「礦池」支付模式使比特幣的支付體系出現了一定程度的壟斷。如果只有有限可用的支付節點，那麼比特幣與由某一中央機構發行和交易的貨幣就區別不大，從而違背了比特幣支持

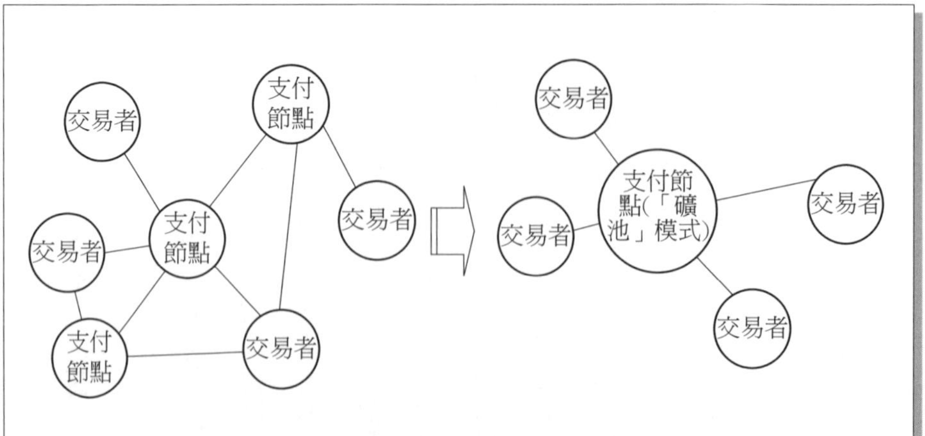

圖五　比特幣的「礦池」支付模式

者鼓吹的純粹自由的初衷。

從長期看，當「挖礦」的獎勵越來越少，以至於沒有新的比特幣產生時，比特幣的支付體系如何有效運行是一個大問題。比特幣的創始人中本聰設想由交易雙方交一定費用來保證支付體系的有效性。目前比特幣協定裡也有交易費用的設計，交易者可以為進行支付確認的節點（「挖礦」機）提供一些費用，但沒有具體規定。實際情況是，無須交易費用也可進行交易確認。

應用概況

目前已經形成了相當規模的比特幣線上交易所。在交易所，比特幣可以與大多數主權貨幣進行兌換，兌換價格多數根據需求自由浮動（即實行浮動匯率制）。**Mt.Gox**是全球最大的比特幣交易所，承擔了超過百分之八十的比特幣兌換交易，每天都會公佈比特幣與主要主權貨幣的報價。此外，有些網站也為使用者直接交易提供服務，比如**Bitcoin.local**工具支援雙方直接聯繫，並自行完成貨幣交易。

比特幣的一個顯著特點是價格不穩定。二〇一一年六到七月間，比特幣的價格和用戶數出現指數型增加。比特幣價格從二〇一一年初的不足一美元，短時間攀升到三十美元左右，其後在波動中持

❾ Barber, Simon, Xavier Boyen, Elaine Shi, and Ersin Uzun, 2012, "Bitter to Better — How to Make Bitcoin a Better Currency".

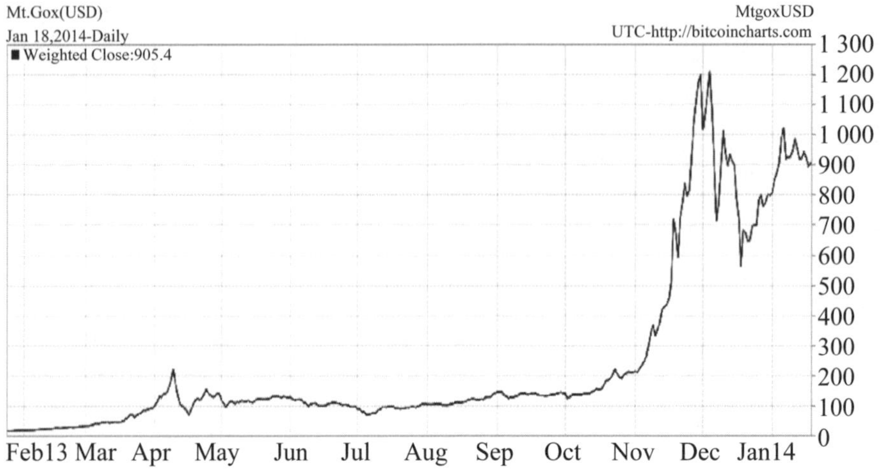

圖六　比特幣價格波動（二〇一三年一月—二〇一四年一月，單位：美元）

續上升。**圖六**顯示了比特幣與美元比價近一年內的波動情況。二〇一三年比特幣價格呈現大幅波動，價格一度攀升至一千二百美元，之後迅速回落，持續波動。

現實中，比特幣的使用並不多見，但一些服務商已經接受使用者用比特幣購買諸如電腦軟體、服裝等商品。比特幣的匿名性產生了一些頗有爭議的應用。比如，維基解密（WikiLeaks）在Visa、MasterCard、美國銀行、Paypal等不提供支付服務後，宣稱將接受比特幣捐贈。又比如，絲綢之路（Silk Road）以買賣毒品和槍支而臭名昭著，只接受比特幣支付。卡內基梅隆大學的尼古拉斯・克莉絲汀（Nicolas Christin）在二〇一二年的一篇文章中指出，絲綢之路每月大概發生一百二十萬美元交易。❿二〇一三年五月，美國FBI關閉了絲綢之路，並獲取了交易的比特幣。

以色列魏茨曼科學研究所的多里特・羅恩（Dorit Ron）和阿迪・沙米爾（Adi Shamir）比較系統地研究

了比特幣的交易特徵[11]，包括真實交易者數量、每個帳戶持有比特幣的情況、帳戶變動情況、比特幣持有的分佈情況、比特幣交易和儲蓄特徵等，得出了兩個重要結論：

第一，從比特幣產生至今，大部分比特幣沒有參與流通，它們被轉入特定帳戶後，就從流通中消失了。顯然，它們被早期持有者丟失了，或者被持有者儲蓄下來，而不是用於交易。另外，百分之九十以上的帳戶交易次數少於十次，並不活躍。

第二，大多數人只持有數量很少的比特幣，比特幣分佈高度集中。**表一**給出了每個帳戶和持有人（可以擁有多個帳戶）比特幣餘額的統計情況。可以看到，百分之九十七的帳戶只持有少於十個的比特幣。

表一印證了前面對比特幣通貨緊縮效應的分析，即受

[10] Christin, Nicolas, 2012, "Traveling the Silk Road: a Measurement Analysis of a Large Anonymous Online Marketplace".

[11] Ron, Dorit and Adi Shamir, 2013, "Quantitative Analysis of the Full Bitcoin Transaction Graph".

表一　比特幣帳戶餘額情況

餘額大於或等於	餘額小於	持有人（可以有多個帳戶）	帳戶
0	0.01	2097245	3399539
0.01	0.1	192931	152890
0.1	10	95396	101186
10	100	67579	68907
100	1000	6746	6778
1000	10000	841	848
10000	50000	74	65
50000	100000	5	3
100000	200000	1	1
200000	400000	1	1
400000		0	0

說明：此為二〇一二年五月三日的數據。

比特幣的稀缺性、升值預期等因素影響，比特幣擁有者更多選擇持有，而不是使用。該種行為可能會限制比特幣的推廣和應用。

創新和不足

比特幣引起了很多爭議，涉及貨幣理論的一些核心問題，包括貨幣本質、非主權貨幣發行、新技術對貨幣供給理論的挑戰等。尹龍對這些爭議有過闡述。⑫同時，比特幣也給人們帶來了一些新的思考。比如，相對於現有貨幣，比特幣的創新體現在哪裡？比特幣是不是一個完整的貨幣方案？對設計新貨幣（甚至新的世界貨幣）有哪些借鑒意義？我們認為，比特幣可以視為網路條件下貨幣的一次變異，為我們設計新貨幣提供了一些有益的參考。

比特幣是世界上第一種數字加密貨幣。它由電腦程式產生，在網路上發行和流通。比特幣的最大創新是構建了一個不依賴於現有銀行體系的分散式電子支付系統。使用者可以點對點地完成交易，支付便捷、及時，交易費用較低。同時，比特幣作為一種基於網際網路的貨幣，很容易跨境流動，適合跨國支付。以比特幣為代表的數字加密貨幣，未來有可能在眾多貨幣形態中佔據一席之地。**JP摩根**最近也在申請一種類似電子貨幣的專利。

比特幣為規範貨幣發行紀律提供了新思路。從貴金屬貨幣過渡到信用貨幣以來，貨幣發行紀律一直為人們所詬病。嚴重的通貨膨脹一直在吞噬人們的財富。主流解決方案是強化中央銀行獨立性，增強貨幣政策透明度。哈耶克的解決方案是發行私人貨幣，通過競爭約束貨幣發行。比特幣代表了一種新思路：一是不需要中央銀行，通過電腦程式建立透明的貨幣發行機制；二是通過分散式支付特徵將貨幣發行和支付中介相分離，強化貨幣發行紀律。

但比特幣不是一個完整的貨幣方案，最大的問題是缺乏穩定的購買力。由於沒有特定的發行主體，也不像貴金屬貨幣那樣有內在價值，比特幣的價格穩定性缺乏有力支撐。在價格不穩定的情況下，比特幣的跨期交易很難進行，基於比特幣的金融產品和交易很難出現。此外，比特幣的分佈是高度集中的。價格穩定性以及持有者的交易和儲蓄行為將對比特幣的未來發展產生重大影響。這說明，比特幣還需要新的機制設計。

風險與監管

在討論比特幣的風險和監管之前，需要先認識清楚比特幣的性質。

比特幣不是現代意義上的信用貨幣。對信用貨幣而言，不管由私人機構發行，還是由中央銀行發行，貨幣和信用是聯繫在一起的。現鈔和存款準備金等基礎貨幣是中央銀行的負債，存款是銀行的負債。貨幣的發行同時伴隨著信用的擴張，典型過程就是存款的多倍擴張。而關於比特幣不存在債權債務關係，也就是說，貨幣和信用是脫鉤的。從這個意義上講，比特幣更接近於一種貴金屬貨幣，只

⑫尹龍（2002）。《網絡銀行與電子貨幣——網絡金融理論初探》。成都：西南財經大學博士論文。

不過這種「貴金屬」是人類通過密碼學和網路技術製造出來的。為理解與比特幣有關的很多貨幣現象，可以把比特幣類比成一種人造黃金。比如，比特幣的貨幣總量有限，相當於地球上黃金儲量有限（人類至今都不能利用其他元素大規模合成黃金）；比特幣的「挖礦」過程，與黃金的開採冶煉也是可類比的，都是越往後成本越高。

比特幣的價格受哪些因素影響？信用貨幣的價值由發行者的信用來支撐，當然貨幣發行數量也有很大的影響。貴金屬有內在價值（比如用於裝飾、加工），這對其價格有一定支撐。在金本位時期，如果黃金價格偏低，一些黃金就會退出流通領域，被收藏、熔化或輸出國外，對價格起到提升作用；如果黃金價格偏高，一些黃金就會重新回到流通領域，對價格起到平抑作用。比特幣的價格決定，兼有信用貨幣和貴金屬貨幣的特徵。從根本上講，比特幣的價值取決於人們對比特幣演算法可靠性的信任。如果人們發現比特幣的工作機制有漏洞，或者容易被操縱，或者容易出現偽造貨幣，或者容易被駭客攻擊，那麼比特幣的價格會下跌。比特幣「挖礦」消耗的計算資源，相當於比特幣的獲取成本，會影響比特幣價格。最後，比特幣和貴金屬貨幣一樣，價格都受用來標價的信用貨幣的影響。比如，美元貶值時，比特幣和黃金價格上升，反之亦然。

比特幣的技術風險已經凸顯。二〇一四年二月，全球最大的比特幣交易所Mt.Gox受到駭客攻擊，暫停了取現服務，這導致比特幣價格暴跌百分之五十。Mt.Gox因此次攻擊損失慘重，已申請破產。另外，與比特幣類似的電子貨幣層出不窮，比如Litecoin、Peercoin和Primecoin等，將與比特幣競爭。

比特幣處於法律的灰色地帶，這使得比特幣使用者對其廣泛應用存在疑問，主要有以下幾個問題：(1)比特幣是不是一種財富，是否受到法律保護？(2)比特幣是否與現行法律存在衝突？(3)立法者或監管者應該對比特幣採取怎樣的行動？(4)現行法律可以怎樣調整以適應網路電子貨幣的發展趨勢？此外，比特幣的匿名和分散式支付特徵，使它游離於監管之外，常常被用來洗錢、購買毒品或槍支等，針對這些非法活動也需要採取應對措施。比如，對比特幣交易徵稅的問題就成為一個焦點。由於缺乏有效的監管，目前比特幣交易無須繳納相應稅費，這促進了比特幣的交易和流通，也迫使監管當局考慮如何制定有關比特幣等電子貨幣的稅法。有報導稱，英國當局可能考慮將比特幣當作一種代金幣，徵收百分之二十的增值稅。[13]而挪威、德國、新加坡已經頒佈了相應的稅收條款。

耶魯大學的魯本・格林伯格（**Reuben Grinberg**）在美國法律體系下對比特幣進行了研究[14]，包括與美國聯準會貨幣發行權、證券法以及反洗錢相關法律的關係。在貨幣發行方面，《郵戳支付法案》和《聯邦偽造法案》對比特幣有實質性影響。如果不對這兩個法案加以修改，它們將無法適用於比特幣。由於缺少發行機構，比特幣與證券法界定的證券概念也有很大差異。而反洗錢法案對比特幣的發展可能有較大的制約。美國天普大學的尼科萊・卡普拉諾夫（**Nikolei Kaplanov**）研究了使用比特幣的法律問題[15]，並分析了美國聯準會在監管比特幣交易過程中的主要障礙。二〇一三年八月，美

[13] The Wall Street journal, 2014, "U.K.Weighs How to Tax Dealings in Bitcoin".
[14] Grinberg, Reuben, 2011, "Bitcoin: an Innovative Alternative Digital Currency".
[15] Kaplanov, Nikolei, 2012, "Nerdy Money: Bitcoin, the Private Digital Currency, and the Case Against Its Regulation".

國得州聯邦法官裁定比特幣應受《聯邦證券法》的監管。

在對金融穩定的影響方面，國際貨幣基金組織（IMF）的尼古拉斯・普拉薩拉斯（Nicholas Plassaras）從國際貨幣基金組織的角度研究了如何應對比特幣對全球貨幣市場的衝擊。[16]比特幣在貨幣交換中的優勢（比如匿名性和去中心化特性）可能使其在國際貨幣交換體系中扮演越來越重要的角色。這將與國際貨幣基金組織負責平衡匯率和應對國際貨幣危機的職能產生矛盾。因此，國際貨幣基金組織有必要對比特幣採取行動，防止貨幣投機。

監管的不確定性是比特幣發展面臨的最大風險。比特幣的「野蠻生長」引起了各國貨幣監管當局的關注。[17]在歐洲，監管機構聲稱正在密切關注比特幣的發展，並對比特幣等電子貨幣可能挑戰中央銀行的貨幣掌控能力提出警告，但尚未對比特幣採取特別的管制措施。

其中，德國財政部承認比特幣為「記帳單位」，具有結算功能，但不能充當法定支付手段。在亞洲，中國、印度等國家不認可比特幣具有貨幣的法律地位，但認為比特幣可以作為特殊虛擬商品進行交易。中國政府二〇一三年十二月宣佈禁止比特幣作為流通貨幣使用，金融機構和支付公司不能從事比特幣等電子貨幣業務。[18]這導致零售商停止接受比特幣支付，並促使比特幣價格大幅下跌。但同時，中國政府表示，個人在風險自負的前提下可以從事比特幣交易。印度是比特幣的一個潛在的大規模市場，印度央行二〇一三年十二月也就比特幣被用於違法活動以及駭客攻擊的風險發出了警告。在此之後，印度開展了一系列針對比特幣交易所的突擊搜查，該國最大的比特幣交易平台BuySellBitCo.

in已經暫停運營。香港金管局警示了比特幣可能具有較高的洗錢或者被恐怖分子用於集資的風險。[19]俄羅斯政府二〇一四年二月宣佈，禁止比特幣作為盧布的並行貨幣在境內交易。

美國的態度值得關注。美國聯準會前主席伯南克宣稱，雖然電子貨幣會帶來法律和監管上的問題，但電子貨幣在長期看來或許是有希望的，特別是如果它能建立更快、更安全、更有效的支付系統的話。二〇一四年二月，美國加州眾議院通過《AB129法案》，提出：各種形式的另類貨幣，比如電子貨幣、積分、優惠券或其他有貨幣價值的事物，在用於商品和勞務購買或支付時，不屬於違法。此法案若生效[20]，將為比特幣在加州的合法化鋪平道路。

比特幣邁向成熟還有很長的路要走。在此，我們提出兩點建議。第一，在很長的一段時間內，中國無須認可比特幣具有貨幣的法律地位[21]。一個新貨幣形態要成熟，需要滿足最低技術要求、有好的機制設計，市場要發展到相當的程度，法律、稅收等方面制度要完善。比特幣還不是一個完整的貨幣方案，面臨很多風險。判斷比特幣的未來可能還為時過早。第二，加強對比特幣的監管和消費者保

[16] Plassaras, Nicholas, 2013, "Regulating Digital Currencies: Bringing Bitcoin within the Reach of the IMF".

[17] 參見史蒂芬・福利、喬治・諾布林、阿瓦提卡・切爾科蒂、克雷爾・鐘斯（2014）：《分析：全球各地如何看待比特幣？》，載《金融時報》，2014-01-16。

[18] 參見中國人民銀行等五部委發佈的《關於防範比特幣風險的通知》，二〇一三年十二月五日。

[19] 參見香港金管局發佈的《虛擬商品的相關風險》，二〇一四年一月。

[20] 截至二〇一四年二月底，該法案還需加州參議院通過後，經加州州長簽署才能生效。

[21] 截至二〇一四年二月底，還沒有國家認可比特幣具有貨幣的法律地位。

護。比特幣的匿名性使其容易用於非法活動，而且容易進行跨國交易，所以應該對其實施反洗錢監管。由於比特幣的分佈高度集中，其價格容易被炒作，已經出現了嚴重的投機問題，因此應該研究比特幣作為特殊虛擬商品的法律問題，切實保護消費者權益。

最後，電子貨幣的流行說明了，點對點、去中心化的私人貨幣（根據密碼學和網路技術設計），在純粹競爭環境下（假設沒有政府監管或干預），不一定比不上中央銀行的法定貨幣（根據貨幣政策來發行和調控）。而且電子貨幣天生的國際性、超越主權性，豐富了對貨幣可兌換的認識。未來，隨著電子貨幣的進一步完善，有可能出現「自我調整」電子貨幣。這種電子貨幣內生於實體經濟，根據規則自動調整發行量（設想貨幣政策委員會變成行動應用程式），而不是像比特幣那樣事先限定發行量（從而產生通貨緊縮效應），以保持幣值穩定。在這種電子貨幣環境下，貨幣政策既不是數量控制，也不是價格控制，而是對經濟體中總的風險承擔水準的控制，更接近宏觀審慎監管。[22]

[22] 謝平、鄒傳偉（2013）。《銀行宏觀審慎監管的基礎理論研究》。北京：中國金融出版社。

CHAPTER 6

對大數據的一般性討論

大數據是一個新概念，英文中至少有三個相關名稱：大數據（big data）、大尺度數據（big scale data）和大規模數據（massive data），至今未形成統一定義。但一般認為大數據具有四個基本特徵（即4V特徵）❶：數據體量龐大（volume）、價值密度低（value）、來源廣泛和特徵多樣（variety）、增長速度快（velocity）。

大數據產生的背景是整個社會走向數位化，特別是社群網路和各種傳輸感應設備的發展。雲計算和搜尋引擎的發展，使得對大數據的高效分析成為可能，但核心問題是如何在種類繁多、數量龐大的數據中快速獲取有價值的資訊。大數據在社會分析、科學發現和商業決策中的作用越來越大，金融只是其中的一個應用領域（所以本章是對大數據的「一般性討論」）。

目前，「大數據」已經成為一個流行詞語，各種觀點層出不窮。有的討論者認為大數據與礦產、油氣一樣，是國家資源的重要組成部分，甚至是戰略性的。我們不想對這些觀點一一進行辨析，只想指出一點：關於大數據的很多討論基本停留在理念的層面，沒有從技術上說清楚大數據分析是如何進行的。在這種情況下，對大數據的討論必須進入實際操作層面。

我們基於數據科學和數據採擷文獻❷，先綜述大數據的主要類型，再綜述大數據分析的主要任務，最後以計量經濟學為參照，比較大數據分析與計量經濟學的異同。第七章將討論基於大數據的徵信和網路貸款，第十二章將討論大數據在證券投資和保險精算中的應用。

---

❶ 也有人將 value 理解成應用價值巨大，將 velocity 理解成需要高速分析能力。

❷ 本章涉及大數據的內容主要參考：Provost, Foster, and Tom Fawcett, 2013, *Data Science for Business: What You Need to Know about Data Mining and Data-Analytic Thinking*, O'Reilly Media, Inc.；Tan, Pang-Ning, Michael Steinbach, and Vipin Kumar：《數據採擷導論》，北京，人民郵電出版社，2011； Rajaraman, Anand, and Jeffrey David Ullman：《大數據：互聯網大規模數據採擷與分散式處理》，北京，人民郵電出版社，2012；Ricci, Francesco, Lior Rokach, Bracha Shapira, and Paul Kantor, (eds.), 2011, *Recommender Systems Handbook, Springer.*

大數據的概念與主要類型

大數據在作為分析對象時，其基本單位是數據集。我們先給出與數據集有關的兩個基本概念——數據對象和屬性，再討論數據集的主要類型——記錄數據、基於圖形的數據和有序數據。

基本概念

數據集是數據對象的集合，相應地，數據對象可以被視為數據集的組成元素。數據對象相當於統計學中的統計單位或樣本點概念，有時也叫作記錄、點、向量、模式、事件、案例、樣本、觀測或實體。數據對象用一組刻畫對象基本特性的屬性來描述。

數據對象屬性的數量稱為數據集的維度。分析高維數據的一個常見問題是維度災難。數據對象的數量與數據集的維度之差被稱為自由度。自由度越小，一些數據分析方法就越不適用，或者分析結果越不可靠。這一問題的應對方法是維歸約，即通過創建新屬性，將一些舊屬性合併在一起來降低數據集的維度。在這方面，人們經常使用線性代數技術將數據由高維空間投影到低維空間，比如主成分分析和奇異值分解。

在有的數據集中，一些數據對象在大部分屬性上取值為0；在許多情況下，非零項佔比不到百分之一。這種數據集的特徵被稱為稀疏性。對稀疏數據集有專門的處理手段。

屬性相當於統計學中的變數概念，是數據對象的性質或特性，因對象而異，或隨事件變化。屬性有時也被稱為特性、欄位、特徵或維。將數值或符號值與數據對象的特徵相關聯的規則稱為測量標度。比如，成績是學生的屬性之一，通過考試確定學生的具體分數就是測量。

根據屬性適用的運算類型（包括比較異同、排序、加減法、乘除法），可以將屬性分成四類：第一類是標稱屬性。標稱屬性的值僅僅是不同的名字，只提供了足夠的資訊以區分不同的數據對象，比如各種ID、性別等。第二類是序數屬性。序數屬性的值只提供了足夠的資訊以對不同的數據對象進行排序，比如門牌號碼。第三類是區間屬性。區間屬性存在測量單位，其值之間的差是有意義的，比如溫度。第四類是比例屬性。比例屬性的差和比例都是有意義的，比如長度、重量等。標稱屬性和序數屬性被稱為定性屬性，區間屬性和比例屬性被稱為定量屬性。

按屬性可能取值的個數，可以將屬性分成兩類：第一類是離散屬性，具有有限個值或無限可數❸個值；第二類是連續變數，在實數範圍內取值。一般情況下，標稱屬性和序數屬性是離散的，區間屬性和比例屬性是連續的。

記錄數據

記錄數據是記錄（即數據對象）的匯集，其中每個記錄包含固定的數據欄位（即屬性）。對於

❸無限可數是一個比較抽象的數學概念，整數、有理數就是無限可數的。

記錄數據的大部分基本形式，記錄之間或者數據欄位之間沒有明顯的聯繫。記錄數據通常存放在平展檔或關聯式數據庫中。記錄數據屬於結構型數據的範疇，可以表述成數據矩陣的形式，存在兩種情形。

情形一：如果所有數據對象都具有相同的數值屬性集，則數據對象可以看作多維空間中的點（向量），其中每個維代表數據對象的一個不同屬性。計量經濟學中使用的橫截面數據就是數據矩陣，相關分析方法就是用矩陣符號和運算來表述的（見後文）。

情形二：一些記錄數據經過轉換後可以用數據矩陣來表述，比如文件數據。如果忽略文件中詞的出現次序，那麼文件就可以用詞向量來表示，其中每個詞是向量的一個分量（屬性），而每個分量的值對應著詞在文件中出現的次數，由此構建的數據矩陣稱為文件—詞矩陣。又比如交易數據或購物籃數據。考慮在一個超市，顧客一次購物所購買的商品的集合就構成一個事務，而購買的商品是項。每個顧客購買的商品類型不一樣，同類商品的數量也可以不一樣。但購物籃都可以用商品向量來表示，其中每個商品是向量的一個分量（屬性），而每個分量的值對應著購物籃中是否包含該商品、商品數量或花費。需要說明的是，在第二種情況下，得到的數據矩陣往往具有稀疏性。

基於圖形的數據

基於圖形的數據有兩類：

一是帶有數據對象之間聯繫的數據。數據對象之間的聯繫往往攜帶著重要訊息。比如網路上的網頁，頁面上包含文字和指向其他頁面的連結，指向或出自每個頁面的連結中包含了與該頁面重要性有關的資訊，Google的PageRank演算法就是基於對連結的分析而形成的（見後文）。這類數據可以用圖形來表示。一般把數據對象映射到圖的結點，數據對象之間的聯繫則用結點之間的鏈和方向、權重等鏈性質來表示。

二是具有圖形對象的數據。如果數據對象具有結構，即對象包含具有聯繫的子對象，則這樣的對象常常用圖形表示。比如，化合物的結構可以用圖形表示，其中結點是原子，結點之間的鏈是化學鍵。

有序數據

有序數據有三類：

一是時序數據，可以看作記錄數據的擴充，其中每個記錄包含一個與之關聯的時間。比如，超市收銀台按時間順序記錄的每個顧客的購物籃資訊，就屬於時序數據。又比如，宏觀經濟指標序列數據、金融價格序列數據等，也屬於時序數據。

二是序列數據，是各個實體的序列，除沒有時間戳記外，與時序數據非常相似。典型的序列數據的例子有基因組序列、詞或字母的序列。

三是空間數據，也可以看成記錄數據的擴充，只不過每個記錄包含一個與之關聯的位置或區域。典型的空間數據的例子有在同一時點上從不同的地理位置收集的氣象數據（溫度、濕度、氣壓等）。

大數據分析的主要任務

大數據分析的主要任務可分為兩類：第一類是預測任務，目標是根據某些屬性的值，預測另外一些特定屬性的值。被預測的屬性一般稱為目標變數或因變數，被用來做預測的屬性稱為解釋變數和引數。第二類是描述任務，目標是匯出概括數據中潛在聯繫的模式，包括相關、趨勢、聚類、軌跡和異常等。描述任務通常是探查性的，常常需要後處理技術來驗證和解釋結果。這兩類任務又可以細分成七種：分類、回歸、關聯分析、聚類分析、推薦系統、異常檢測、連結分析。

分類

分類的目標是確定數據對象屬於哪個預定義的目標類。通常情況下，這些目標類是相斥的，即目標類之間不存在重疊的情況。比如，信用評級機構將公司信用分成AAA、AA、A、BBB、BB、B、CCC、CC等級別，就是典型的分類任務。

分類任務的輸入數據是記錄的集合。每條記錄用元組x,y來表示，其中x是屬性的集合，而y是一個特殊的屬性，指出記錄的類標號（也稱為分類屬性或目標屬性）。分類任務的核心是通過學習得到一個目標函數，把每個屬性集x映射到一個預先定義的類編號y。有時，屬性集x不是確定地映射到某一個類編號y，而是有可能映射到所有目標類，只是要服從一定的機率分佈。

分類任務一般分兩步驟進行：第一步，需要一個訓練集，由類標號已知的記錄組成，使用訓練集建立分類模型。常用的分類模型包括Logit模型、Probit模型、決策樹分類法、基於規則的分類法、人工神經網路、支援向量機和貝葉斯判別法等（其中部分模型將在第七章詳細介紹）。第二步，將分類模型運用於檢驗集，檢驗集由類標號未知的記錄組成。根據分類模型正確和錯誤預測的檢驗記錄數量來評估分類模型的性能。這方面的常用工具是混淆矩陣。

圖一是二元分類問題的混淆矩陣。共有正負兩類（一般情況下，正類表示稀有類，負類表示多數類），每個表項f_{ij}表示實際類編號為i但被預測為類j的記錄數量，具體分成四種情況：

√真正（true positive，TP）或f_{++}，對應著被分類模型正確預測的正樣本數；

		預測的類	
		類＝＋	類＝－
實際的類	類＝＋	f_{++} (TP)	f_{+-} (FN)
	類＝－	f_{-+} (FP)	f_{--} (TN)

圖一　混淆矩陣

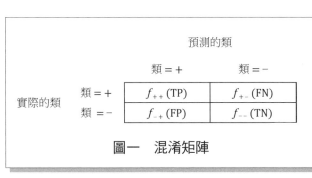

√假負（false negative，FN）或f_{+-}，對應著被分類模型錯誤預測為負類的正樣本數；

√假正（false positive，FP）或f_{-+}，對應著被分類模型錯誤預測為正類的負樣本數；

√真負（true negative，TN）或f_{--}，對應著被分類模型正確預測的負樣本數。

根據混淆矩陣中的表項，被分類模型正確預測的樣本總數為$f_{++}+f_{--}$，被錯誤預測的樣本總數為$f_{+-}+f_{-+}$。分類模型的性能度量主要使用準確率和錯誤率兩個指標。準確率等於正確預測數佔比，即$\frac{f_{++}+f_{--}}{f_{++}+f_{+-}+f_{-+}+f_{--}}$，錯誤率等於錯誤預測數佔比，即$\frac{f_{+-}+f_{-+}}{f_{++}+f_{+-}+f_{-+}+f_{--}}$。

另一個衡量分類模型性能的常用工具是ROC（receiver operating characteristic）曲線，其基礎是真正率和假正率兩個指標。真正率（true positive rate）是指被模型正確預測的正樣本比例，即$TPR=\frac{TP}{TP+FN}$，假正率（false positive rate）是指被預測為正類的負樣本比例，即$FPR=\frac{FP}{TN+FP}$。ROC曲線適用於能夠產生連續值輸出的分類模型（比如Logit模型、Probit模型、人工神經網路、貝葉斯判別法等），這些輸出值可以將檢驗集中的樣本按照從最有可能為正類到最不可能為正類的規則進行排序，具體按以下五步進行：

第一步（假定為正類定義了連續值輸出）：對檢驗集中的樣本按它們的輸出值排序，並且輸出值越高，樣本越有可能是正類。

第二步：選擇輸出值最低的樣本，將該樣本以及那些輸出值高於它的樣本指派為正類。這種情形相當於把檢驗集中的樣本都分為正類。因為所有的正樣本都被正確分類，而所有的負樣本都被錯誤分類，所以$TPR = FPR = 1$。

第三步：從排序列表中選擇下一個樣本，把該樣本以及那些輸出值高於它的樣本指派為正類，而把那些輸出值低於它的樣本指派為負類，並重新計算TPR和FPR。

第四步：重複第三步，直到輸出值最高的樣本被選擇。

第五步：將所有得到的FPR，TPR連線，即為ROC曲線（見圖二）。

有兩個分類模型的ROC曲線比較特殊：一是完美分類，$TPR = 1, FPR = 0$，ROC曲線是最上面的那條橫線；二是隨機分類，即以固定的

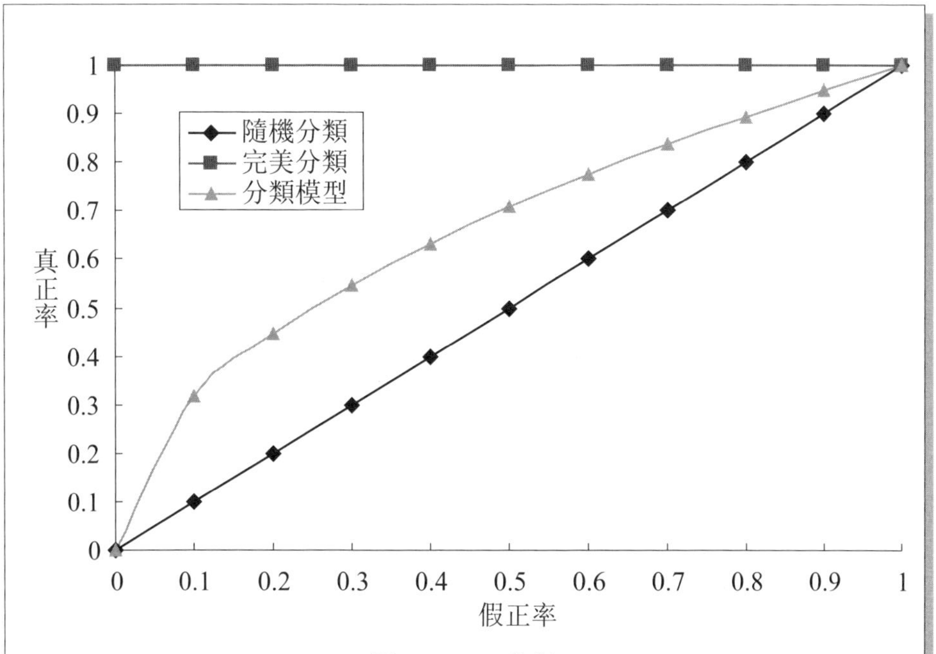

圖二　ROC曲線

機率隨機地將樣本分成正類，ROC曲線是對角線。其餘分類模型的ROC曲線處在完美分類和隨機分類之間，而且越靠近左上角，分類模型的性能越好。因此，ROC曲線下方的面積也是分類模型性能的一個度量指標。

回歸

回歸與分類非常接近，關鍵差異在於：在回歸中，目標屬性y是連續的；而在分類中，目標屬性y則是離散的。可以簡單理解為，分類是預測某事是否發生，回歸則是預測某事以多大的力度發生。

回歸是最常用的計量經濟學分析方法（見後文），其中又以線性回歸模型最為常見，即：

$$y = a+\beta_1 x_1+\beta_2 x_2+\cdots+\beta_p x_p+\varepsilon \qquad (6—1)$$

式中，y為因變數，$x_1, x_2, \ldots, x_p$為引數，$\beta_1, \beta_2, \cdots, \beta_p$為待估計參數，$\varepsilon$為隨機擾動項。

回歸模型的主要性能度量指標是均方誤差（mean squared error，MSE）。假設有n個樣本，第i個樣本的因變數取值為y_i，而回歸模型的預測為$\hat{y}_i$，則定義MSE為

$$\mathrm{MSE} = \frac{1}{n}\sum_{i=1}^{n}(y_i-\hat{y}_i)^2 \qquad (6—2)$$

在線性回歸模型中，最小二乘法就是通過求解MSE的最小化問題得到參數估計。

關聯分析

關聯分析主要針對購物籃數據，目標是發現隱藏在大型數據集中的有意義聯繫。關聯分析的一個廣為人知的例子是零售商發現許多購買尿布的顧客也購買啤酒，因此可以將尿布和啤酒擺放在一起，以促進交叉銷售。關聯分析的目標是發現聯繫，而不是解釋聯繫。需要處理兩個關鍵問題：一是從大型交易數據集中發現聯繫可能需要在計算方面付出很高的代價；二是所發現的某些聯繫可能只是偶然發生。對這兩個問題的處理構成關聯分析演算法的核心，嚴謹表述如下：

用$I=\{i_1, i_2, \ldots, i_d\}$表示購物籃數據中所有項的集合，$T=\{t_1, t_2, \ldots, t_N\}$表示所有事務的集合。其中，每個事務$t_i$包含的項集都是$I$的子集。對項集$X$，定義它的支援度計數為：

$$\sigma(X) = \#\{t_i \mid X \subseteq t_i, t_i \in T\} \qquad (6—3)$$

式中，#表示集合中元素的個數。

關聯規則是形如$X \rightarrow Y$的蘊涵運算式，其中X和Y是不相交的項集，即$X \cap Y = \phi$。關聯規則的強度可以用它的支援度（support）和置信度（confidence）來度量。

支持度刻畫X和Y合在一起（即並集$X \cup Y$）在T中出現的頻繁程度。其計算公式為：

$$s(X \rightarrow Y) = \frac{\sigma(X \cup Y)}{\#T} \qquad (6—4)$$

支援度很低的規則可能只是偶然出現。從商業角度看，低支援度的規則多半也無意義。因此，支持度通常用來刪去那些無意義的規則。

置信度刻畫**Y**在包含**X**的事務中出現的頻繁程度，反映了通過規則進行推理的合理性。其計算公式為：

$$c\,(X \rightarrow Y) = \frac{\sigma(X \cup Y)}{\sigma(X)} \qquad (6—5)$$

關聯規則的挖掘問題是，對給定事務的集合*T*，找出支援度大於或等於minsup並且置信度大於或等於minconf的所有規則，其中minsup和minconf分別是支持度和置信度的閾值。通常分兩步進行：

第一步：產生頻繁項集，目標是發現滿足最小支援度閾值的所有項集。

第二步：產生規則，目標是從上一步發現的頻繁項集中提取所有高置信度的規則，這些規則被稱為強規則。

通常情況下，產生頻繁項集所需的計算量遠大於產生規則所需的計算量。產生頻繁項集經常使用Apriori演算法和FP增長演算法。

聚類分析

聚類分析是指根據在數據中發現的描述對象及其關係的資訊，將數據對象分組。其目標是，組內對象相互之間是相似的（相關的），而不同組中的對象是不同的（不相關的）。組內相似性（同質性）越大，組間差距越大，聚類效果就越好。

聚類分析與分類有相似之處。聚類得到的類（簇）也可以視為對數據對象的分類，但這些分類資訊只能從數據中匯出。而在分類中，是由類標號已知的對象開發模型，對新的、無標記的對象賦予類編號。因此，分類又稱為監督分類，而聚類分析又稱為非監督分類。

常見的聚類演算法包括K均值、凝聚層次聚類和DBSCAN等。按照它們使用的策略，可以分為兩類：第一類是層次或凝聚式演算法。這類演算法一開始就將每個數據對象都看成一簇。簇與簇之間按照接近度來組合，而接近度可以基於「接近」的不同含義採用不同的定義。當進一步的組合導致一些預先定義的非期望結果時，上述組合過程結束。比如，當達到預先給定的簇數目時可以停止聚類。第二類演算法涉及點分配過程，即按照某個順序依次考慮每個數據對象，並將它分配到最合適的簇中。該過程通常都有一個短暫的初始簇估計階段。一些演算法允許臨時的簇合併或分裂過程，或者當數據對象是離群點時不允許將其分配到任何簇中。

推薦系統

推薦系統的目標是預測使用者對選項的喜好。比如，線上報紙基於對用戶興趣的預測結果，為讀者提供新聞資訊；線上零售商基於顧客的購物和／或商品搜索歷史，向顧客推薦他們可能想買的商品。

推薦系統中存在兩類元素：使用者和選項。使用者會偏愛某些選項，這些偏好訊息可以用效用來表示。假設有N個選項，用$R(u, i)$來表示使用者u對選項i的效用。但$R(u, i)$是不可觀測的，推薦系統的任務就是通過數據對$R(u, i)$進行估計，估計值用$\hat{R}(u, i)$來表示。推薦系統在得到使用者u對N個選項的效用的估計值$\hat{R}(u, i_1), \hat{R}(u, i_2), \cdots, \hat{R}(u, i_n)$後，將向用戶推薦前$K$個效用最大的選項（一般情況下，$K$遠小於$N$）。常見的推薦系統可以分成六類：

第一，基於內容的推薦系統。這類推薦系統根據使用者曾經喜歡的選項來推薦類似選項。選項之間的相似度通過計算它們的屬性之間的相似度來確定。比如，當當網的「根據您的瀏覽歷史為您推薦」功能。

第二，協同過濾。這類推薦系統向使用者推薦有類似品位的其他使用者喜歡的選項。用戶品位之間的相似度通過他們的瀏覽、打分記錄來確定。比如，當當網的「買過本商品的還買了」功能就屬於協同過濾。協同過濾是目前最流行，也是應用最廣泛的推薦系統。

第三，基於人口學特徵的推薦系統。這類推薦系統根據使用者的人口學特徵（比如年齡、語言、所在國家等）推薦相應選項，其隱含假設是針對不同的人群應該推薦不同的東西。

第四，基於知識的推薦系統。這類推薦系統根據特定領域的知識，判斷某一選項是否符合使用者需求、偏好以及是否對用戶有用，在此基礎上進行推薦。這類推薦系統的核心是一個相似度函數，用來衡量使用者需求（即問題描述）與推薦（即問題解答）之間的匹配程度。

第五，基於社群的推薦系統。這類推薦系統根據使用者的朋友的偏好進行推薦，也就是通常所說的「告訴我你的朋友是誰，我就知道你是誰」。這類推薦系統的基礎是，人們傾向於接受朋友的推薦。社群網路的流行，也促進了這類推薦系統的發展。

第六，混合型推薦系統。這類推薦系統將上述五類推薦系統組合使用，以取長補短。比如，協同過濾中存在新選項問題，很難推薦使用者還沒有評分的新選項。在這種情況下，可以將基於內容的推薦系統結合起來用。

異常檢測

異常檢測的目標是識別特徵顯著不同於其他數據的觀測值。這樣的觀測值被稱為異常點或離群點。使用異常檢測演算法是為了發現真正的異常點，以避免錯誤地將正常對象標注為異常點。換言之，一個好的異常檢測器必須具有高檢測率和低誤報率。異常檢測的應用包括檢測欺詐（比如信用卡欺詐檢測）、網路攻擊、病毒的不尋常模式、生態系統擾動等。

異常點主要有三個來源：一是數據來源於不同的類。統計學家道格拉斯·霍金斯（Douglas Hawkins）對異常點的定義就是，它與其他觀測值的差別如此之大，以至於懷疑它是由不同的機制產生的。比如，進行信用卡欺詐的人所屬的信用卡用戶類型，不同於合法使用信用卡的用戶類型。二是自然變異。許多數據集可以用一個統計分佈建立模型（比如正態分佈），數據對象出現的機率隨對象到分佈中心距離的增加而急劇減小。[4]三是數據測量和收集誤差（見後文）。這類異常點會降低數據分析品質，應予以刪除。

異常檢測主要有三種方法：

第一，基於模型的技術。許多異常檢測技術首先建立一個數據模型，異常點是那些同模型不能完美擬合的對象。比如，數據分佈模型可以通過估計機率分佈的參數來創建。如果一個對象不能很好地同該模型擬合（也就是不服從該分佈），就是一個異常點。如果模型是簇的集合，則異常點是不顯著屬於任何簇的對象。在使用回歸模型時，異常點是相對遠離預測值的對象。

第二，基於鄰近性的技術。這種方法在對象之間定義鄰近性度量，也稱基於距離的離群點檢測技術。異常點是那些遠離大部分其他對象的對象。當數據能夠以二維或三維散佈圖顯示時，通過尋找與大部分其他點分離的點，可以從視覺上檢測出基於距離的離群點。

第三，基於密度的技術。對象的密度估計可以相對直接地計算，特別是當對象之間存在鄰近性度量時。低密度區域中的對象相對遠離近鄰，可能被看作異常點。更複雜的方法是考慮到數據集中可能有不同的密度區域，僅當一個點的局部密度顯著地低於它的大部分近鄰時才將其分類為異常點。

連結分析

Google的PageRank演算法是連結分析的代表。在Google之前出現過很多搜尋引擎，其中大部分都是利用網路爬蟲從網路上抓取數據，然後借助倒排索引方式列出每個頁面所包含的詞項。當用戶提交一個搜索查詢時，所有包含這些詞項的網頁都會從倒排索引中被抽取出來，並按照能夠反映頁面內詞項作用的某種方式排序。因此，如果詞項出現在網頁頂部，該網頁的相關性比詞項出現在普通正文中的網頁更高，而且詞項出現的次數越多，網頁的相關性就越高。在這種情況下，詞項作弊大量出現，一些人通過修改網頁的方式（比如大量重複某一關鍵字）欺騙搜尋引擎，讓它們相信一個本來不相關的頁面。PageRank演算法就是針對詞項作弊開發的，主要有兩項創新：

第一，模擬網路飆網者的行為。這些假想的飆網者從隨機網頁出發，每次從當前頁面隨機選擇出鏈前行，該過程可以反覆運算多步。最終，這些飆網者會在頁面上匯合。有較多飆網者訪問的頁面的重要性被認為高於那些只有較少飆網者訪問的頁面。網頁的這種重要性就用PageRank值來衡量。Google在確定查詢應答順序時，會將PageRank值較高的頁面排在前面。

第二，在判斷網頁內容時，不僅只考慮網頁上出現的詞項，還考慮指向該網頁的連結中或周圍

❹ 這裡面的理論依據是切比雪夫不等式：設 X 為隨機變數，期望值為 μ，標準差為 σ，則對任何實數 $k > 0$，均有 $P_r(|X - \mu| \geq k\sigma) \leq \frac{1}{k^2}$。

所使用的詞項。這裡面隱含的假設是：網頁的所有者傾向於連結他們認為較好或有用的網頁，而不願連結那些糟糕或無用的網頁；儘管作弊者很容易在他們控制的網頁中增加虛假詞項，但是要在指向當前網頁的網頁上添加虛假詞項卻不那麼容易。（針對連結分析出現了連結作弊，即為提高某個或者某些特定網頁的PageRank值而構建一個網頁集合，稱為垃圾農場。相應地，出現了一些反作弊的方法，比如TrustRank和垃圾品質等。）

在上述兩項創新下，PageRank演算法實際上把網路視為一個有向圖，其中網頁是圖中節點，如果兩個網頁之間存在一條或多條連結，那麼它們之間就存在一條有向邊。PageRank演算法為類比網路飆網者的行為，賦予這些有向邊以轉移機率的含義。比如，假設飆網者當前處在頁面A，而頁面A有3條出鏈分別指向頁面B、C和D。可以認為，飆網者下一步分別訪問B、C和D的機率各為1/3，但繼續訪問A的機率為0。這樣，飆網者在網路上的行為就可以用瑪律可夫過程（Markov process）來刻畫。

假設共有N個頁面，其集合記為$\{1,2,\ldots,N\}$，是瑪律可夫過程的狀態空間。用X_t表示飆網者在t時刻所處的頁面，X_t是一個隨機變數，取值在$\{1,2,\ldots,N\}$之中。隨機變數序列$\{X_t, t=0,1,2,\cdots\}$就是一個隨機過程。在PageRank演算法中，該隨機過程滿足瑪律可夫性質（直觀的描述是，給定現在，過去和未來不相關）：

$$\forall t,n \quad f(X_{t+1} \mid X_t, X_{t-1}, \cdots, X_{t-n}) = f(X_{t+1} \mid X_t) \tag{6—6}$$

式中，$f(X_{t+1} \mid \cdot)$表示X_{t+1}的條件機率分佈。

因此，$\{X_t, t = 0,1,2,\cdots\}$是一個瑪律可夫過程，可以用轉移機率矩陣來刻畫其動態變化。用$N \times N$矩陣P表示轉移機率矩陣，其第i行第j列元素p_{ij}的含義是：

$$P_{ij} = \Pr(X_{t+1} = j \mid X_t = i) \tag{6—7}$$

用$N \times 1$矩陣V^t表示t時刻飆網者在網路上的位置分佈，其第i個分量v_i^t的含義是：

$$v_i^t = \Pr(X_t = i) \tag{6—8}$$

那麼，$t+1$時刻飆網者在網路上的位置分佈V^{t+1}滿足

$$V^{t+1} = P \cdot V^t \tag{6—9}$$

如果網路對應的有向圖是強連通的，即從任一節點出發可到達其他節點，並且不存在終止點（即不存在沒有出鏈的節點），那麼不管飆網者初始時刻在網路上的位置如何分佈，足夠長的時間後，他的位置分佈將逼近一個穩態分佈π[5]。嚴謹的表述是：

[5] 參見錢敏平、龔光魯：《應用隨機過程》，北京，北京大學出版社，1998。

$$\forall V^0, \lim_{t\to\infty} V^t = \pi \qquad (6—10)$$

穩態分佈π滿足$\pi = P\cdot\pi$（即從穩態出發，下一個時刻仍是穩態），因此π實際上是矩陣P的特徵向量，對應的特徵值為1。

π的第i個分量π^i表示在穩態時，飆網者處於第i個頁面的機率，也就是第i個頁面的PageRank值。

現實中，網路對應的有向圖一般不具有強連通特徵。比如，可能存在沒有任何出鏈的終止點，也可能存在一組網頁，雖然它們都有出鏈，但這些出鏈不會指向這組網頁之外的其他網頁。PageRank演算法通過修正轉移機率矩陣來解決這些問題，比如「抽稅」法，在這裡就不詳述了。

大數據分析與計量經濟學的比較

計量經濟學方法簡介❻

計量經濟學是經濟和金融領域中佔主導地位的定量實證分析方法。計量經濟學以數理統計為方法基礎，試圖建立計量經濟模型，使經濟理論所構造出的模型得到數值結果，並獲得經驗上的支援或否定，以便定量地描述和解釋經濟現實，並應用於解決現實問題，特別是對政府或企業的政策進行預測。計量經濟學的研究對象是客觀經濟系統中具有隨機特徵的經濟關係；使用的數據資料來自對現實經濟活動的觀測，一般不是人為控制下的實驗結果；研究手段是利用數學方法對統計數據加工，最終提供數學模型；研究目的是揭露系統內的經濟活動之間存在的數量關係。

計量經濟學分析一般按四個步驟進行：(1)變數和數據選擇；(2)模型設定；(3)模型擬合和檢驗；(4)應用。需要說明的是，將模型設定與模型擬合和檢驗這兩步分開說明，主要為描述方便，實際中這兩步不能截然分開，經常是輪流往復使用的。

▼變數和數據選擇

首先，根據研究目的、經濟理論、經驗研究選擇模型中的變數。變數分成兩類：一是被解釋變數（因變數）；二是解釋變數（引數）。這些變數必須是可觀測和可量化的。

其次，在選定變數後，需要選擇樣本，給每個變數賦以樣本數據。數據主要有三種類型：(1)橫截面數據，指一個變數同一時期在不同個體的數據集；(2)時間序列數據，指一個變數在同一個體按時間先後順序記錄的數據列；(3)面板數據，指一個變數由其橫截面數據集內每個個體再取一個時間序列構成的數據陣。

❻靳云匯、金賽男（2007）。《高級計量經濟學》。北京：北京大學出版社。

數據樣本直接影響著計量經濟學模型的品質。一般應滿足如下要求：(1)樣本應有代表性，必須是從同一總體中隨機抽取的；(2)同一變數的數據應有可比性，必須具有一致的統計口徑；(3)數據應盡可能準確，減少由測量、歸併等造成的誤差；(4)數據應盡可能完整，減少數據缺失。

▼模型設定

選取變數和樣本後，就可以設定計量經濟學模型的數學形式了。原則上模型設定應與經濟理論相一致，與現實相吻合，能包含主要影響因素。計量經濟學模型一般可抽象成以下形式：

$$Y = g(X, \theta) + \varepsilon \quad (6—11)$$

式中，Y是被解釋變數，X是解釋變數，ε是隨機擾動項，θ是待估計參數。需要說明的有三點：

第一，$g(\cdot)$採用哪種函數（經常用線性模型、對數線性模型）、包含哪些解釋變數，是模型設定的核心問題，一般要經過反覆嘗試、核對總和調整才能確定。

第二，隨機擾動項ε是隨機變數。ε是對被解釋變數有影響但又未被列入模型部分的所有因素總和，主要來自解釋變數省略、數學形式省略、偶然因素省略帶來的省略誤差以及觀測誤差、歸併誤差。ε不可觀測，一般假設為白雜訊（期望為0，方差為常數，協方差為0，有時引入正態分佈假設）。

第三，待估計參數θ的作用在於描述經濟系統的穩定特徵，一般具有經濟學含義，被用來分析解釋變數和被解釋變數之間關係的方向和強度。參數θ是客觀存在的，但永遠未知，一般由經濟理論提供數值範圍，從樣本數據中根據計量經濟學方法得出估計值。

▼模型擬合和檢驗

模型擬合一般借助Stata、Eview、SAS、SPSS、R等專業軟體完成，輸出結果包括參數估計值和各種檢驗統計量。

模型檢驗有多種手段，主要分成兩類。第一類是對模型擬合效果的檢驗，包括：(1)擬合優度檢驗，可以針對整個模型，也可以針對個別參數；(2)針對殘差項（對隨機干擾項的估計）的檢驗，主要檢驗隨機干擾項是否滿足同方差、不相關、正態分佈等假設；(3)設定誤差檢驗，檢驗是否存在由無關變數、重要變數遺漏、數學形式不當等造成的設定誤差，這方面的代表是內生性檢驗。第二類是經濟合理性檢驗，包括參數估計值的符號、數值大小以及相互之間的關係是否滿足經濟理論的預測。

▼應用

第一，預測。比如，利用時間序列模型預測未來宏觀經濟變數的值。模型預測應滿足一定的條件：(1)歷史、現在、未來三個時期內所研究的經濟系統結構必須一致，適用於同一個計量經濟學模型，模型參數也是穩定的，不會發生顯著的結構性變化；(2)未來時期內解釋變數的取值是已知的；(3)模型必須具有預測能力，且達到所需的預測精度。如果經濟過程非穩定發展，或者缺乏規範行為，或者模型滯後於經濟理論或現實，預測就會失效。

第二，對經濟結構的分析，包括：(1)是否符合經濟理論的預測，用於對經濟理論的支持或證偽；(2)經濟變數之間的定量關係，比如邊際分析、彈性分析、比較靜態分析等。

第三，政策評價，既可以對現行政策進行評價，也可以為未來選擇適宜的方案提供依據。

大數據分析與計量經濟學的差異

▼處理的數據類型不同

計量經濟學處理結構型數據，主要包括橫截面數據、時間序列數據和面板數據，一般能以Excel表格的形式呈現，而且表格的行列都有清晰的經濟學含義，有一致的統計口徑。這些數據都可以轉化為數據矩陣，計量經濟學的很多基本概念、分析工具和演算法都可以用矩陣或矩陣運算來表述。

大數據分析能處理很多非結構型數據，包括文件檔案、視頻、圖像，一般難以用Excel表格的形式呈現。這些非結構型數據需要量化後才能被用於分析，在量化過程中一般會出現訊息損失。比如，在大數據分析中，文件檔案要表述成詞向量的形式才能做進一步處理，而詞向量只體現了哪些詞在文件檔案中出現、出現了多少次等訊息，詞的排列中的語義訊息則很難被提煉處理。

維災難在計量經濟學和大數據分析中都是存在的。但在大數據分析中，因為數據量大、訊息雜訊比低，維災難更為突出，所以維歸約技術的使用更為常見。

▼分析重點不同

計量經濟學分析的重點是假設檢驗，核心理念與波普的證偽主義非常接近。在一般的計量經濟學分析中，首先要明確若干待檢驗的假設，這些假設多由經濟理論推演而來。其次，要構建零假設。零假設一般是希望被證偽的命題。比如，在相關性檢驗中取「兩者之間沒有關聯」作為零假設，而在獨立性檢驗中取「兩者之間有關聯」作為零假設。零假設往往體現為針對待估計參數的約束條件，比如某個參數是否為0、某兩個參數是否相等。在零假設成立時，樣本數據或由樣本數據構建的檢驗統計量應服從某種已知的機率分佈。如果樣本數據或檢驗統計量的實際值，在該機率分佈下只能以很小幾率（即置信水平，比如百分之一、百分之五）出現，就認為樣本數據不符合零假設對應的機率分佈，從而在一定的置信水平下否定零假設。否則，不能拒絕零假設（但永遠不能說「接受零假設」）。計量經濟學就是通過假設檢驗來證偽或支持（注意不是證實）某個經濟理論。

此外，參數估計也是計量經濟學分析的重要內容之一，但針對參數的假設檢驗比參數的具體取值更為重要。計量經濟學可以做預測，但預測主要屬於政策研究範疇，一流的學術研究主要是對經濟理論進行檢驗。

相比之下，大數據分析更具實用主義色彩。預測在大數據分析中佔有很大的比重。分類、回歸被用來揭示變數之間的關係，根據這些關係以及已知變數來預測某些未知變數；關聯分析、聚類分析、推薦系統和異常檢測則被用來探查數據中潛在的相關、趨勢、聚類、軌跡和異常等模式，期望這些模式在其他場合或未來也成立，從而具有實用價值。因此，對預測效果的後評估也是大數據分析的重要內容，體現為混淆矩陣、ROC曲線等工具。

大數據分析與計量經濟學的內在聯繫

▼基礎理論都是機率論和數理統計

儘管大數據分析使用了一些電腦科學特有的術語、概念和方法，但在對隨機問題的處理上，大數據分析與計量經濟學沒有本質差別，其基礎理論都是機率論和數理統計。認識到這一點有助於我們釐清關於大數據的若干認識。

第一，維克托・邁爾舍恩伯格（Viktor Mayer-Schonberger）和肯尼士・庫克耶（Kenneth Cukier）認為，大數據分析針對的不是隨機樣本，而是全體數據。[7]這種說法值得商榷。儘管在數據收集和分析手段足夠發達後，對全部數據的收集和分析成為可能，但從成本收益的角度衡量，這樣做並不總是有必要的。根據中心極限定理，統計分析品質與樣本數量之間存在平方根關係。[8]比如，樣本數量增加一百倍，分析品質提高十倍。而統計分析工作量與樣本數量之間存在線性關係。比如，樣本數量增加一百倍，存儲和計算量一般增加一百倍。這樣，樣本數量增長到一定程度後，新增工作量對應的成本就會超過品質提高產生的好處。因此，通過科學設計的抽樣調查獲得有代表性的樣本，在大數據分析中仍有價值。

第二，維克托・邁爾舍恩伯格和肯尼士・庫克耶還認為，大數據分析不是針對因果關係，而是針對相關關係。這個說法在統計學中是老生常談，並不是什麼新觀點。統計學基於相關關係，只能被用來證偽因果關係，而不能被用來證實因果關係。大數據分析的基礎理論也是機率論和數理統計，從根本上就屬於相關關係的範疇。

第三，大數據分析不是萬能的。基於大數據的預測可以抽象地表述為：用X表示已知資訊，Y表示未知資訊，尋找關於X的函數$h(X)$作為Y的預測。預測誤差是$Y-h(X)$，用$E[Y-h(X)]^2$（類似於均方誤差MSE）來衡量預測效果。可以證明[9]，對任意$h(X)$，

$$E[Y-h(X)]^2=E[h(X)-\mathrm{E}(Y\mid X)]^2+E[Y-E(Y\mid X)]^2 \tag{6—12}$$

並且

$$E[Y-h(X)]^2\geq E[Y-E(Y\mid X)]^2 \tag{6—13}$$

---

❼維克托・邁爾舍恩伯格、肯尼士・庫克耶（2013）。《大數據時代》。杭州：浙江人民出版社。

❽高惠璿編著（1995）。《統計計算》。北京：北京大學出版社。

❾Durrett, Richard, 1996, Probability: Theory and Examples, 2nd edition, Duxbury Press.

等號僅當$h(X) = E(Y|X)$時才成立，所以$E(Y|X)$也被稱為最佳預測。

可以得出兩點結論：首先，大數據分析中，各種演算法的核心任務是使$h(X)$盡可能接近理論上的最優預測$E(Y|X)$。其次，即使在最優預測上，$E[Y - E(Y|X)]^2$代表的預測誤差仍不能被消除，因為它是內生於資訊結構的。比如，即使資訊技術非常發達，但是如果現實世界中仍有部分資訊不能被數位化（從而不能用在大數據分析中），那麼這部分被「塵封」的資訊就決定了大數據分析的有效邊界。

第四，大數據能降低資訊不對稱的程度，但不能消除隨機性（不確定性）；有助於評估風險（未來遭受損失的可能性，其中損失分佈可計量），但不能消除奈特式不確定性[10]（其中損失分佈不可計量）。

▼都可以用點、集合／空間、距離等概念來統一理解

如果將記錄、向量、模式、事件、案例、樣本、觀測或實體等數據對象看作一個點，將數據集看成一個集合或空間，那麼大數據分析和計量經濟學都可以用點、集合／空間、距離等概念來統一理解。

1. 大數據分析

在分類中，記錄的屬性可以看成點，可以根據類編號將其劃分為不同的集合。在關聯分析中，項集可以看作點，項集之間的支援度和置信度可以看作一種距離。在聚類分析中，對象是點，簇是集

合，接近度可以看作一種距離。在推薦系統中，在基於內容的推薦系統中選項可以看作點，而在協同過濾中用戶可以看作點，同一使用者在不同選項之間的效用差異可以看作一種距離。在異常檢測中，對象是點，異常點的特徵是偏離正常點集合，鄰近性是一種距離。

大數據分析根據需要開發了大量的相異度或鄰近性度量方法，都可以視為距離，常見的有歐幾里得距離、曼哈頓距離、Hamming距離、閔可夫斯基距離、相關係數、Jaccard距離、餘弦相似度、Mahalanobis距離、Bergman散度、編輯距離等。

大數據分析對各種距離有靈活的使用方式，比如分類中的最近鄰分類器、聚類分析中的K均值方法、異常檢測中的基於鄰近性的離群點檢測等（見後文）。

2.計量經濟學

(1)線性回歸。考慮如下的線性回歸模型：

$$y = \beta_1 x_1 + \beta_2 x_2 + \cdots \beta_p x_p + \varepsilon$$

假設有n個樣本。第i個樣本中，因變數是y_i，引數是$(x_{i1}, x_{i2}, \ldots, x_{ip})$。引入如下記號：

⑩ Knight, Frank, 1921, Risk, Uncertainty, and Profit, Boston, MA: Hart, Schaffner & Marx；Houghton Mifflin Co.

$$Y=\begin{bmatrix} y_1 \\ y_2 \\ \vdots \\ y_n \end{bmatrix},\quad X_i=\begin{bmatrix} x_{i1} \\ x_{i2} \\ \vdots \\ x_{ip} \end{bmatrix},\quad X=\begin{bmatrix} X'_1 \\ X'_2 \\ \vdots \\ X'_n \end{bmatrix},\quad \beta=\begin{bmatrix} \beta_1 \\ \beta_2 \\ \vdots \\ \beta_n \end{bmatrix}$$

根據最小二乘法，係數估計是

$$\hat{\beta}=(X'X)^{-1}X'Y$$

考慮一個新樣本，引數$X_0=\begin{bmatrix} x_{01} \\ x_{02} \\ \vdots \\ x_{0p} \end{bmatrix}$已知，對因變數的預測是

$$\hat{y}_0 = X'_0\hat{\beta} = X'_0\left(X'X\right)^{-1}X'Y =$$

$$=\sum_{i=1}^{n}\left[X'_0(X'X)^{-1}X_i\right]_{yi} \qquad (6—15)$$

正定矩陣$\left(X'X\right)^{-1}$可以進行特徵分解：$\left(X'X\right)^{-1}=\Gamma'\wedge\Gamma$，其中Λ為對角矩陣，從而，$\hat{y}_0$可以表述為

$$\hat{y}_0=\sum_{i=1}^{n}\langle\Lambda^{1/2}\,\Gamma X_0,\Lambda^{1/2}\,\Gamma X_i\rangle_{yi} \qquad (6—16)$$

〈·〉表示向量內積，隱含著餘弦相似度的概念：

$$\cos(x, y) = \frac{\langle x, y\rangle}{\|x\| \cdot \|y\|} \quad (6—17)$$

式中，$\|\cdot\|$表示向量的模（長度）。當兩個向量的夾角為0時，餘弦相似度等於1；當兩個向量正交時，餘弦相似度等於0；當兩個向量的夾角為180°（即方向正好相反）時，餘弦相似度等於-1。餘弦相似度本質上相當於隨機變數的相關係數。

因此，$\hat{y}_0$可以進一步表述為：

$$\hat{y}_0 = \sum_{i=1}^{n} \|\Lambda^{1/2}\Gamma X_0\| \cdot \|\Lambda^{1/2}\Gamma X_i\| \cdot \cos(\Lambda^{1/2}\Gamma X_0, \Lambda^{1/2}\Gamma X_i) \cdot y_i \quad (6—18)$$

式（6—18）說明，預測值$\hat{y}_0$是已知樣本的因變數的加權和。其中，第i個樣本的權重是$\|\Lambda^{1/2}\Gamma X_0\| \cdot \|\Lambda^{1/2}\Gamma X_i\| \cdot \cos(\Lambda^{1/2}\Gamma X_0, \Lambda^{1/2}\Gamma X_i)$。給定$\|\Lambda^{1/2}\Gamma X_0\|$和$\|\Lambda^{1/2}\Gamma X_i\|$，向量$\Lambda^{1/2}\Gamma X_0$和$\Lambda^{1/2}\Gamma X_i$的餘弦相似度越高（即越同向），第$i$個樣本的權重就越大。

作為一個參照，我們簡單介紹大數據分析中的最近鄰分類器。首先，在記錄屬性的集合中定義一個距離函數$d(\cdot)$。然後，對測試樣例(x', y')，找出一組在屬性上與其最接近的訓練樣例D_z。如果D_z中有k個點，則稱其為k-勁近鄰。最後，根據k-勁近鄰中各樣例的類標號來預測y'，經常使用距離加權表決公式：

$$y' = \arg\ {}_{v}\max \sum_{x_i \in D_z} \frac{1}{d^2(x', x_i)}\, I\,(v = y_i) \qquad (6—19)$$

式中，$I(\cdot)$是示性函數。如果括弧內的邏輯運算為真，則返回1，否則返回0。

可以看出，如果某個xi和x之間的距離越小，則在預測y'時相應y_i的影響力就越大。如果在距離加權表決公式中，將$I(v = y_i)$替換為y_i，並且去掉最優化操作（即arg max），那麼最近鄰分類器（見式(6—19)）就與線性回歸預測（見式(6—18)）具有類似的形式。從這一點上講，線性回歸與最近鄰分類器沒有本質差別。

(2)最大似然法。最大似然法的核心邏輯是，當從模型總體中隨機抽取一組樣本觀測值後，最合理的參數估計量應該使得從模型中抽取該組樣本觀測值的機率最大。

假設總體分佈是$f(Y|\theta)$，其中$f(\cdot)$代表了數據生成機制，θ表示未知的參數向量，是需要估計的。假設$X_1, X_2, \ldots, X_n$是一組來自該總體分佈的觀測樣本，並且獨立同分佈。定義似然函數為樣本的聯合密度函數：

$$L(\theta \mid X) = \prod_{i-1}^{n} f(X_i \mid \theta) \qquad (6—20)$$

最大似然法通過求解最大值問題來確定估計參數：

$$\hat{\theta}_{\mathrm{MLE}} = \arg{}_{\theta}\max L(\theta \mid X) = \arg{}_{\theta}\max \sum_{i=1}^{n} \ln f(X_i \mid \theta) \qquad (6—21)$$

其中，$LL(\theta \mid X) = \sum_{i=1}^{n} \ln \mathrm{f}(X_i \mid \theta)$ 被稱為對數似然函數。

最大似然法與大數據分析中的異常檢測有邏輯上的緊密聯繫。異常檢測中有一種基於密度的檢測方法，認為一個對象的異常點得分是該對象周圍密度的逆。而常用的密度定義是，一個對象周圍的密度等於該對象指定距離內對象的個數。接下來用密度、異常點得分的概念來解讀最大似然法。

假設待估計參數向量θ取值在Θ內。對每一個$\theta \in \Theta$，用亂數產生器產生m個獨立同分佈於$f(Y|\theta)$的隨機變數$Y_1, Y_2, \ldots, Y_m$。在由隨機變數組成的空間中，用點集$\{Y_1, Y_2, \ldots, Y_m\}$來代表分佈$f(Y|\theta)$。這樣，對應著$\theta$的不同取值，有一系列點集。

考慮某一個分佈$f(Y|\theta)$、代表該分佈的點集$\{Y_1, Y_2, \ldots, Y_m\}$以及某一個觀測樣本$X_i$。參照異常檢測的做法，定義$X_i$相對於$\{Y_1, Y_2, \ldots, Y_m\}$的密度為：

$$density(X_i, d) = \frac{\#\{Z \mid Z \in \{Y_1, Y_2, \ldots, Y_m\} 並且 \|Z - X_i\| \le d\}}{m \cdot \int_{\|Z - X_i\| \le d} dz} \qquad (6—22)$$

式中，#表示集合中元素的數量，$\|Z - X_i\| \le d$ 表示Z與X_i之間的距離不超過d · $\int_{\|Z - X_i\| \le d} dz$ 表示

以X_i為中心、半徑為d的球體的體積。

當$\{Y_1, Y_2, \ldots, Y_m\}$足夠稠密（即$m$足夠大）時，有

$$\lim_{m \to \infty} density(X_i, d) = \frac{\int_{\|Z - X_i\| \le d} f(Z|\theta) dZ}{\int_{\|Z - X_i\| \le d} dz}$$

進一步地，當d足夠小時，有

$$\lim_{n \to \infty, d \to 0} density(X_i, d) = f(X_i \mid \theta) \tag{6—23}$$

根據異常檢測，X_i的異常點得分是$\frac{1}{density(X_i, d)}$。因為觀測樣本$X_1, X_2, \ldots, X_n$相互獨立，所以作為一個整體，它們相對於$\{Y_1, Y_2, \ldots, Y_m\}$的異常點得分是$\prod_{i=1}^{n} \frac{1}{density(X_i, d)}$。根據前面的分析，在m足夠大、$d$足夠小時，觀測樣本的異常點得分趨近於似然函數的倒數：

$$\lim_{m \to \infty \cdot d \to 0} \prod_{i=1}^{n} \frac{1}{density(X_i, d)} = \prod_{i=1}^{n} \frac{1}{f(X_i \mid \theta)} = \frac{1}{L(\theta \mid X)} \tag{6—24}$$

所以，最大化似然函數等價於最小化異常點得分，最大似然法和異常檢測相當於從不同的角度

看同一個問題。

最後，我們想強調兩點：第一，用點、集合／空間、距離等數學基本概念來統一理解大數據分析和計量經濟學，體現了機率論、數理統計與泛函分析（甚至拓撲學）之間的深層聯繫。第二，與數據有關的問題，如果能靈活地表述成點、集合／空間、距離的形式（典型的例子見大數據分析中的各種距離定義），有可能促成很多新的分析方法的產生。這說明，大數據分析在本章介紹的七種主要任務之外，還有很大的創新空間。

CHAPTER 7

基於大數據的徵信和網路貸款

貸款的核心問題是信用風險管理，即對客戶的信用資質進行評估，進而確定相應的貸款利率和條件。因此，徵信是網路貸款的基礎和保障。這一章首先以中國人民銀行徵信中心（可以視為傳統徵信的代表）和阿里巴巴徵信系統（可以視為基於大數據的徵信的代表）為對照，介紹基於大數據的徵信，再以美國Kabbage（國外網路貸款的代表）和中國阿里小貸（國內網路貸款的代表）為例，介紹基於大數據的網路貸款。

基於大數據的徵信❶

基本概念

徵信是指根據客戶的財務狀況、行為特徵、行業環境、信用記錄等資訊對客戶的貸款能力和還款意願進行評估。徵信結果一般分為信用評級和信用評分兩種。

信用評級（credit rating）也叫資信評估、資信評級，是由專門從事信用評級業務的獨立的社會中介機構，運用科學的指標體系和分析方法，對各類經濟主體所負債務、還本付息的能力和可信任程度的綜合評估，也是對債務償還風險的綜合評價。信用評級包括對債務償還能力的評價和對債務償還意願的評價兩個方面，其中能力是客觀的，意願是主觀的。信用評級採用定性分析與定量分析相結合的方法，以定性分析為主，定量分析作為重要參考。評級結果一般用一些簡單易懂的符號來表示，比如AAA、AA、A、BBB、BB、B、CCC、CC、C、D等，每一等級還可以細分成正面（用加號來標識，比如AA+）、中性和負面（用減號來標識，比如AA-）三檔。每一個信用等級均對應著一定的違約機率（probability of default，PD）。比如，BBB級債券的歷史違約率在百分之三左右，AAA級債券的歷史違約率在百分之〇．〇三左右。

信用評分（credit score）是信用服務中介機構使用專門設計的數學模型，根據消費者個人或微型企業信用報告所記錄的內容，對它們的信用能力進行評估、測算，給出它們的風險分數。信用評分越高，信用資質越好。

徵信本質上是一個分類問題（見第六章），是根據違約可能性的大小，將企業和個人分類，數學上可以抽象如下：用X表示企業和個人的特徵、屬性和歷史資訊等（即引數），Y表示信用評級、違約機率、信用評分等指標（即因變數），徵信本質上是在實證分析的基礎上，用關於X的函數$g(X)$作為對Y的預測。在設定和校準預測函數方面❷，銀行業進行了大量的探索，集中體現為Basel II和III的內部評級法❸。

與傳統徵信相比，基於大數據的徵信引入了新的數據來源，但在信用評估的具體方法和模型技

---

❶牛路辰（2012）。《借貸聲譽研究——理論與徵信中心實踐》。成都：西南財經大學博士學位論文。

❷第六章已經指出，理論上的最佳預測是$E(Y|X)$，設定和校準預測函數實際上就是使預測函數$g(X)$盡可能地接近$E(Y|X)$。

❸內部評級法有四個風險參數：(1)違約機率（PD）：指未來一段期限內借款人發生違約的可能性；(2)違約損失率（LGD）：指一旦債務人違約，發生的經濟損失佔風險暴露總額的百分比；(3)違約風險暴露（EAD）：指債務人違約時，銀行所面臨的風險敞口大小的估計；(4)期限（M）。內部評級有兩個維度：借款人的違約風險（客戶評級）和交易的特定風險（債項評級）。客戶評級，即借款人違約風險評級，反映借款人本身的信用狀況，以違約機率為核心變數；債項評級，即特定的交易風險評級，反映交易本身特定的風險，比如抵押、優先性、產品類別等，以違約損失率為核心變數。感興趣的讀者可以參考梁世棟：《商業銀行風險計量理論與實務——〈巴塞爾資本協議〉核心技術》，修訂版，北京，中國金融出版社，二〇一一。

術上變化不大。直觀的理解是，傳統徵信是用引數X來預測因變數Y，基於大數據的徵信則是用新引數Z和X一起來預測Y，但在設定和校準預測函數上兩者沒有本質差異。

接下來，我們先簡單介紹中國人民銀行徵信中心和阿里巴巴徵信系統，重點說明它們在數據來源上的差異，然後介紹信用評估的主要方法。

中國人民銀行徵信中心簡介

中國人民銀行徵信中心（以下簡稱「徵信中心」）採集與信用相關的各種數據，進行匹配、加工，在此基礎上生成信用報告等徵信產品，對放貸機構提供各種徵信服務。從數據流程動過程看，徵信業務主要分為數據獲取、產品加工、對外服務三個方面（見**圖一**）。

▼數據獲取

徵信中心主要採集信用交易資訊和對信用主體有直接、明確影響的非信用交易資訊，以金融行業的信貸數據為主，具體包括五類。

1. 銀監會批設的授信機構產生的信貸資訊。這是徵信中心的主

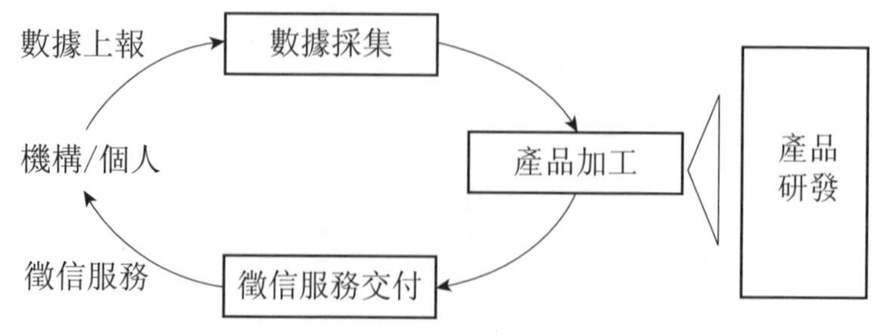

圖一　徵信中心的業務模式

要數據來源，由行政法規確保徵信中心的數據獲取權，以強制方式採集。此類機構資訊化程度高，數據品質較好。

2.非銀監會批設的授信機構產生的信貸資訊。這是補充數據來源，由行政法規確保徵信中心的數據獲取權。此類機構規模較小，資訊化程度參差不齊，數據品質也參差不齊。

3.公用事業單位提供的具備信用交易特徵的數據，比如電信繳費記錄。這類數據以許可或協商方式採集，數據品質受公用事業單位的資訊化水準的影響較大。

4.政府部門在行政執法過程中產生的資訊。這類數據對信用主體的信用報告有重要影響，隨著政府行政資訊公開進程的深入，將逐漸可從公開管道採集。

5.法院在案件審理過程中產生的立案、訴訟、判決、執行等資訊。這類資訊對信用主體的信用報告有重要影響。除特殊情況外的司法資訊將來會公開，也將逐漸可從公開管道採集。

▼數據處理

數據處理是對客戶相關資訊進行分類、篩選、加工。徵信中心的數據處理框架可以概括為六個部分（見圖二）：

1.數據提供層：通過佇列、檔案、數據庫等各種方式從應用系統抽取數據。

2.數據交換層：對數據進行格式和邏輯上的校驗，並載入到基礎數據庫中。

3.基礎數據層：保存校驗後的數據，作為貼來源數據層，為數據和產品加工提供數據來源。

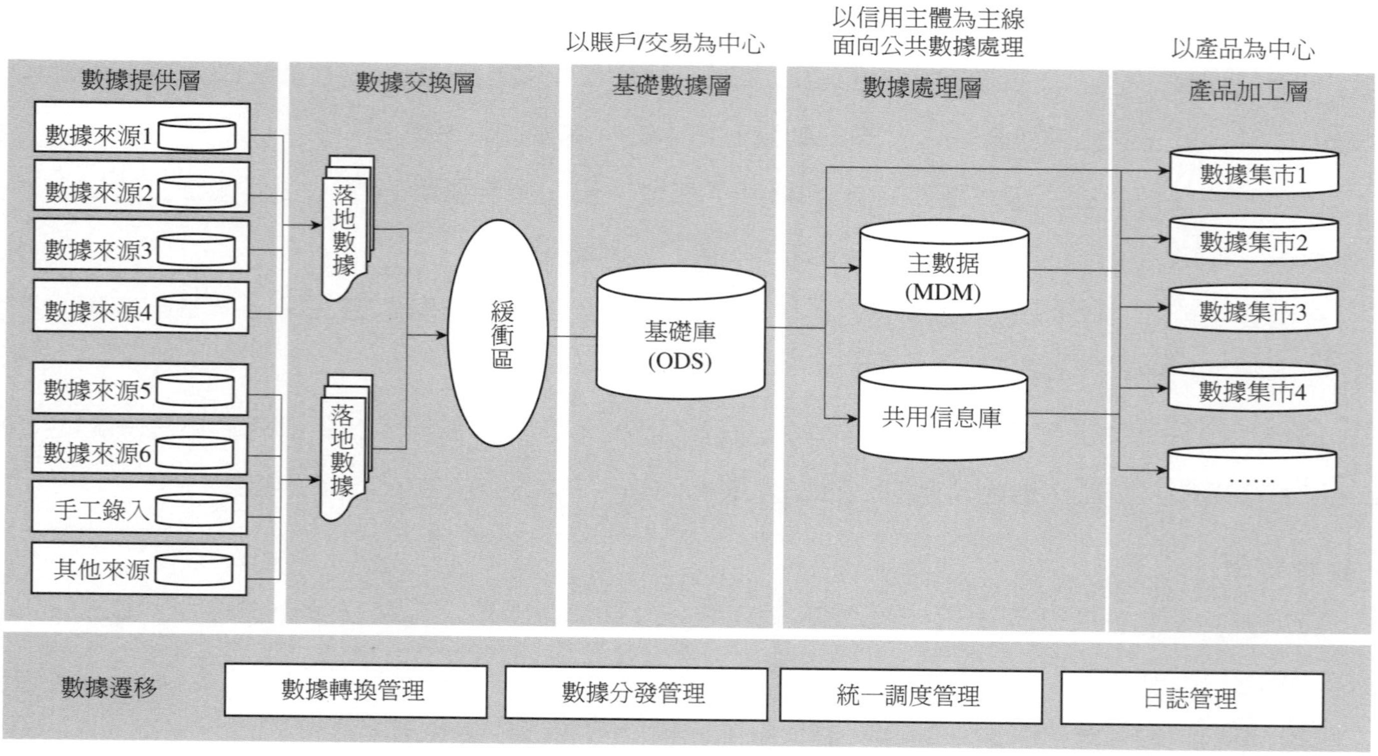

圖二　徵信中心的數據處理框架

4. 數據處理層：(1)主數據管理，對信用主體進行識別和整合；(2)對交易數據進行粗加工，供數據集市使用。

5. 產品加工層：進行產品加工，包括基礎產品和增值產品。

6. 數據移轉：包括調度、數據交換和格式轉換等功能。

▼主要產品

徵信中心對數據進行校驗、清洗、匹配、存儲和管理後，根據產品設計與研發成果，將數據加工成對應的產品。徵信中心定位為「金融信用資訊基礎數據庫」，主要服務對象是授信機構，同時也為信用主體和政府機關提供相關服務。根據客戶規模和需求的不同，徵信中心目前規劃了五類產品：數據類產品、工具類產品、解決方案類產品、外包服務類產品、信用主體服務類產品（見圖三）。

數據類產品 →	主要包括信用報告、工具開發及驗證信息服務等
工具類產品 →	主要包括各種類型的信用評分、建模、監控評估工具、資產管理工具等
解決方案類產品 →	主要包括貸款申請服務、欺詐檢測服務、客戶生命周期管理、應收賬款催收服務、數據管理服務、模型表現跟蹤和模型業績表現監控服務等
外包服務類產品 →	為基礎實力不強的小型金融機構和行業組織提供資訊科技技術和業務流程管理的託管服務
信用主體服務類產品 →	為信用主體了解自身信用記錄、評估自身信用風險和及時監控自身信用變化等提供信息服務

圖三　徵信中心的產品體系

阿里巴巴徵信系統簡介❹

阿里巴巴徵信系統側重於客戶在阿里巴巴生態系統上的行為數據，由系統自動記錄（見表一）。

數據分析在阿里金融的業務決策中處於核心位置，目標是向公司管理層提供科學客觀的分析結果及建議，並對業務流程提出優化改進方案。各種基礎數據登錄後，從風險、行銷和政策三個模組進行數據分析，以服務於微貸、理財、保險和消費等方面的業務決策，在流程上支援市場行銷、信貸審批、授信、支用、監控、催收等環節（見圖四）。

這裡最核心的是違約風險模型，主要用於客戶授信、貸款自動審批和貸後風險監控（詳細介紹見後文）。

表一　阿里巴巴徵信系統的數據來源

系統		阿里巴巴徵信系統	中國人民銀行徵信中心
商戶數／人數	企業徵信	600多萬家（僅淘寶）	1000多萬家
	個人徵信	1.45億人（僅淘寶）	6億人
徵信內容	企業徵信	賣家的身份資訊、商品交易量、商鋪活躍度、用戶滿意度、庫存、現金流、水電費繳納等所有與店鋪營運有關的數據	企業的身份資訊、信貸資訊、環保資訊、繳納各類社會保障費用和住房公積金資訊、質檢資訊、拖欠薪資資訊，以及繳納電信通信費資訊等
	個人徵信	買家身份資訊、網購支出、生活繳費、社群活躍度等	個人的銀行信貸資訊、身份資訊、繳納各類社會保障費用和住房公積金資訊等
數據來源		系統自動記錄	商業銀行和政府部門

資料來源：李小曉（2012）：《銀行挑戰者：阿里小貸》，載《新世紀》，2012（45）。

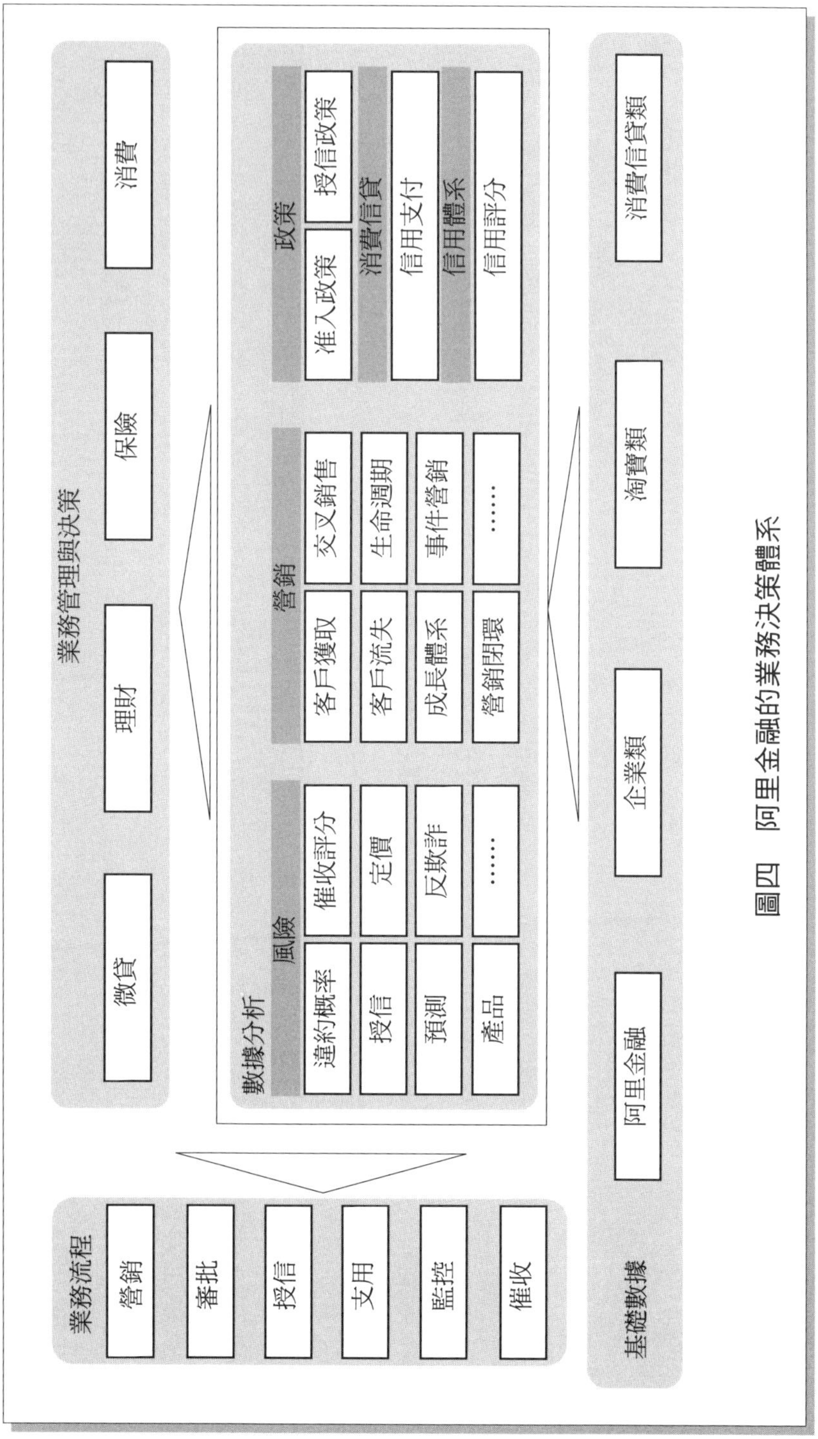

圖四　阿里金融的業務決策體系

❹本章關於阿里小貸的材料，如無特別說明，均來自阿里小微金融服務集團微貸事業部總經理婁建勳二〇一三年十一月三十日在浙江省金融學會第二屆學術年會上的演講——《我們是如何做互聯網金融的？》。

信用評估的主要方法

信用評估有定性和定量兩類方法。定性方法的代表是5C評估，主要是根據專家判斷，從品德（character）、能力（capacity）、資本（capital）、條件（condition）、抵押擔保（collateral）五個角度評估信用。隨著統計方法和技術手段的完善，定量方法的作用越來越大。

我們根據各種定量方法的應用情況，重點介紹Merton模型、CDS模型、Logit模型和貝葉斯判別法。其中，Logit模型和貝葉斯判別法對企業和個人的信用評估都適用，是根據它們的特徵、屬性和歷史資訊等預測信用狀況來判斷的。Merton模型、CDS模型則分別只適用於有股票、CDS交易的企業，是從股價、CDS價差等市場訊息中推導出信用狀況的，其隱含前提是市場能反映信用資訊。此外，Merton模型從因果關係角度看待信用風險，稱為結構化模型（structural model）；其他三個模型則從相關關係角度對信用風險進行預測，稱為簡約化模型（reduced form model）。

即邏輯模型（英語：Logit model，也譯作「評定模型」、「分類評定模型」）是離散選擇法模型之一，屬於多重變數分析範疇

▼Merton模型

Merton模型的思想最早是由著名經濟學家羅伯特・莫頓（Robert Merton）提出的（相關論文後獲諾貝爾經濟學獎）。Merton模型將企業股票看作以企業資產為標的、以企業債務為行權價的看

漲期權（見**圖五**），先從股價中推導出企業資產的市場價值和波動率，再計算資不抵債（也就是違約，這裡面體現了因果關係）的機率。穆迪公司的KMV模型將Merton模型商業化，第八章將提到的漸進單因數風險模型（asymptotic single risk factor，ASRF）也遵循了類似的邏輯。

Merton模型的數學表述如下：

假設：(1)企業債務金額為D，在T時刻到期（為簡便起見，不考慮利息支付）。(2)企業資產的市場價值（注意：不是會計值）當前為V_0，在T時刻為V_T，波動率為σ_V並保持不變（這三個變數都不可直接觀測，需要從市場數據中匯出）。(3)企業股權的市場價值當前為E_0，在T時刻為E_T，波動率為σ_E並保持不變（這三個變數都可以

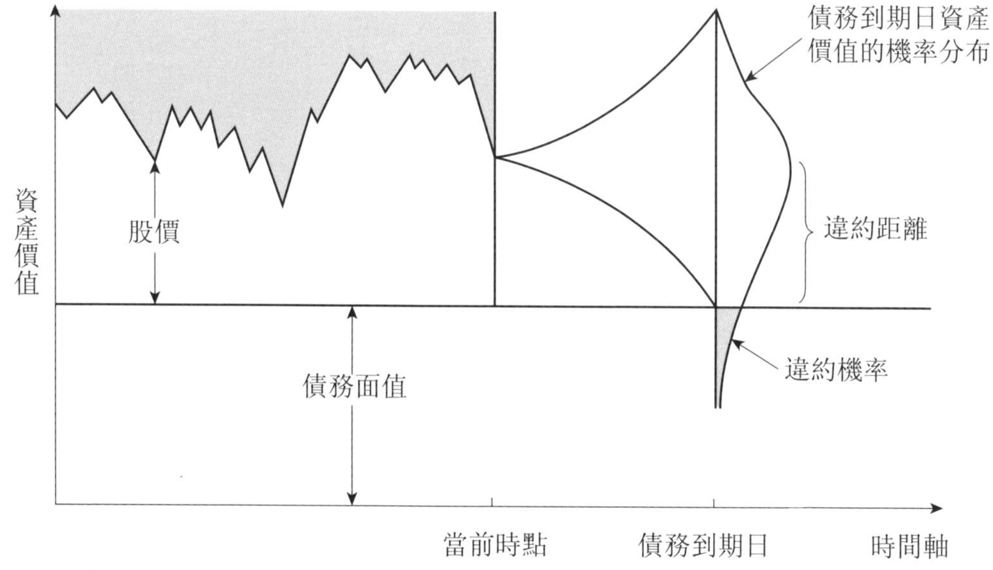

圖五　Merton模型

資料來源：改編自Duffie, Darrell, and Kenneth Singleton, 2003, Credit Risk: Pricing, Measurement, and Management, Princeton University Press。

直接觀測）。

在有限責任制下，$E_T = \max(V_T - D, 0)$。因此，E_0可以看作以V_T為標的、以D為行權價的歐式看漲期權的當前價值。根據Black-Scholes公式，

$$E_0 = V_0 \cdot \Phi(d_1) - D \cdot e^{-rT} \cdot \Phi(d_2) \qquad (7—1)$$

式中，$d_1 = \dfrac{\ln(V_0/D) + (r + \sigma_V^2/2)T}{\sigma_V\sqrt{T}}$，$d_2 = d_1 - \sigma_V\sqrt{T}, \Phi(\cdot)$是標準正態分佈的累積分佈函數。

根據Ito公式，

$$\sigma_E \cdot E_0 = \Phi(d_1) \cdot \sigma_V \cdot V_0 \qquad (7—2)$$

從市場數據中得到E_0和σ_E後，解聯立方程組(7—1)和(7—2)，就得到V_0和σ_V。因此，違約機率為：

$$PD = P_r(V_T < D) = \Phi(-d_2) \qquad (7—3)$$

現實中，企業資本結構比前述假設複雜得多，要據此設定違約觸發條件，並對Merton模型進行修正。

▼CDS模型

CDS本質上相當於對一個或多個機構（稱為標的機構）債務的信用風險的保險。一筆CDS交易中有兩個參與者，一方為保護權買方，另一方為保護權賣方。保護權買方定期向保護權賣方支付固定費用（稱為CDS價差）。作為對價，如果CDS到期前，標的機構發生了拒付或重組債務等事件（稱為信用事件），保護權賣方有義務賠償保護權買方的損失。CDS的市場交易非常活躍，相關市場訊息比較透明。

從直覺上理解，CDS要成為公平交易，CDS價差應該等於標的機構債務違約的預期損失，近似關係是：

CDS價差 ≈ 違約機率 ×（1—違約後債務的回收率）[5]　　(7—4)

給定違約後債務的回收率（高優先順序債務的回收率一般取百分之四十），可以從CDS價差中推導出違約機率，並且CDS價差越高，違約機率越大。

第二章的專欄2—1相當於討論了CDS的「簡化版本」，說明CDS價差能匯聚市場參與者掌握的信用資訊。這是CDS模型的經濟學基礎。

---

[5] 對違約機率的精確估計需要反解 CDS 定價問題。這裡面涉及非常複雜的技術細節問題，感興趣的讀者可以參考 Hull, John, 2006, *Options, Futures, and Other Derivatives,* 5th Edition, Pearson Education Asia Limited。第十二章將介紹的壽險淨保費釐定在原理上與 CDS 定價非常接近，將介紹的違約密度模型是 CDS 定價的核心。

▶Logit模型[6]

Logit模型形式簡潔，擬合方便，是銀行業在企業、個人信用評估方面最常用的模型之一。Logit模型屬於非線性機率模型，其推導基於隱性變數模型（latent variable model）。

用取值為0或1的二元變數Y表示客戶信用狀況，其中$Y=1$表示發生違約，$Y=0$表示不違約。用向量X表示客戶特徵、屬性和歷史資訊等，比如基本情況、財務狀況、行為資訊等。

假設Y和X之間通過隱性變數Y^*聯繫在一起。我們觀察不到Y^*的具體取值，但知道：

$$Y^* = X'\beta + \varepsilon \tag{7—5}$$

式中，$X'\beta$為線性的指示函數，係數β稱為指示係數，隨機擾動項 ε 的累積分佈函數記為$F(\cdot)$。Y的取值由Y^*的情況來決定：

$$Y=\begin{cases}1 \text{ 若} Y^* > 0 \\ 0 \text{ 若} Y^* \leq 0\end{cases} \tag{7—6}$$

因此，Y的機率分佈是（以$Y=1$的情形為例，$Y=0$可類推）：

$$P_r(Y = 1 \mid X) = P_r(\varepsilon > -X'\beta) = 1 - F(-X'\beta) \tag{7—7}$$

如果ε的累積分佈函數[7]為logistic函數$F(\varepsilon) = \frac{e^{\varepsilon}}{1+e^{\varepsilon}}$，則式(7—7)為：

$$P_r(Y=1|X)=\frac{e^{X'\beta}}{1+e^{X'\beta}} \quad (7—8)$$

式(7—8)就是Logit模型的核心。根據訓練集數據（客戶特徵、屬性和歷史資訊等以及違約／非違約數據）和模型設定、檢驗方法，先確定X中包含哪些引數，再估計係數β，式(7—8)就能用來估計違約機率。

Logit模型在引數的選擇上非常靈活。比如，對非零售客戶一般有七大類、一百多項指標：(1)財務槓桿指標，包括資產負債率、調整後的資產負債率、全部資本化比例等；(2)償債能力和流動性指標，包括流動比例、速動比例、現金比例、利率保障倍數、經營性淨現金流／總債務比例、營業利潤／總借款比例等；(3)收益性指標，包括營業利潤／銷售收入比例、息稅前利潤（EBIT）／銷售收入比例、近三年利潤率波動性等；(4)獲利能力指標，包括總資產收益率（ROA）、股東回報率（ROE）、調整後的ROA、ROE等；(5)營運效率指標，包括總資產周轉率、固定資產周轉率、存貨周轉率、應收賬款周轉率、流動資產周轉率等；(6)規模指標，包括總資產、淨資產、銷售收入、營業利潤、各項指標的近三年平均值等；(7)成長性指標，包括總資產增長率、銷售收入增長率、淨資產增長率、利潤增長率、成立時間等。對網上商戶，還可以使用網上銷售量、客戶點擊瀏覽情況、客戶評

❻ 靳云匯、金賽男等編著（2007）。《高級計量經濟學》。北京：北京大學出版社。

❼ ε 服從正態分佈時為Probit模型，對於該模型我們在此不做詳細介紹。

價、發貨速度、物流記錄、社群聯繫和活躍度等有網路特色的指標。

▼貝葉斯判別法[8]

用Ω表示樣本空間。假設有k個總體分佈$G_1, G_2, \cdots, G_k$，它們的機率密度函數依次是$f_1(x),\ f_2(x), \cdots, f_k(x)$，出現的先驗機率依次是$q_1, q_2, \cdots, q_k$，並且$\sum_{i=1}^{k} q_i = 1$。

假設$D_1, D_2, \cdots, D_k$把樣本空間劃分為k個互不相交的完備區域，即$\bigcup_{i=1}^{k} D_i = \Omega, D_i \cap D_j = \emptyset$（對任意$i \neq j$均成立，其中$\emptyset$表示空集）。定義判別規則為：如果某一樣本$x \in D_i$，則認為$x$來自總體分佈$G_i$。用$D = \{D_1, D_2, \cdots, D_k\}$來代表判別規則。

在判別規則D下，來自總體分佈G_i的樣本被錯判為G_j的機率是：

$$P_r(j \mid i, D) = \int_{D_j} f_i(x)\, dx \qquad (7—9)$$

用$L(i,j)$表示因來自總體分佈G_i的樣本被錯判為G_j而造成的損失。那麼，判別規則D造成的總平均損失是：

$$g(D)=\sum_{i=1}^{k}\sum_{j=1}^{k} q_i \cdot P_r(j\,|i,D)\cdot L(i,j) \qquad (7—10)$$

貝葉斯判 別法就是對式(7—10)進行優化，找到一種判別規則$D=\{D_1,D_2,\cdots,D_k\}$使總平均損失$g(D)$最小。

在k=2的情況下（此時，總體分佈G_1代表信用好 的客戶，總體分佈G_2代表信用不好的客戶），可以證明，貝葉斯判別規則是：

$$D_1=\{x{:}\ q_1\cdot f_1(x)\cdot L(1,2)\geq q_2\cdot f_2(x)\cdot L(2,1)\}$$

$$D_1=\{x{:}\ q_1\cdot f_1(x)\cdot L(1,2)\geq q_2\cdot f_2(x)\cdot L(2,1)\} \qquad (7—11)$$

如果進一步假設兩個總體分佈為正態分佈$N(\mu_1,\Sigma)$和$N(\mu_2,\Sigma)$，其中μ_1和μ_2分別表示兩個總體分佈的期望，Σ表示兩個總體分佈共同的協方差矩陣，μ_1,μ_2,Σ都已知。可以證明，貝葉斯判別規則式(7—11)等價於：

$$D_1=\{x{:}\ \omega(x)\geq d\}$$

$$D_2=\{x{:}\ \omega(x)< d\} \qquad (7—12)$$

❽梁世棟（2011）。《商業銀行風險計量理論與實務——〈巴塞爾資本協議〉核心技術》。北京：中国金融出版社。

其中，$\omega(x) = (\mathrm{x} - \bar{\mu})'\Sigma^{-1}(\mu_1 - \mu_2), \bar{\mu} = \frac{\mu_1 + \mu_2}{2}, d = \ln\frac{q_2 \cdot L(2,1)}{q_1 \cdot L(1,2)}$。

因為判別函數$\omega(x)$為線性形式，所以存在權值向量A和閾值B，使得式(7—12)等價於：

$$D_1 = \{x: \mathrm{A}' \cdot x \geq B\}$$

$$D_2 = \{x: \mathrm{A}' \cdot x < B\} \quad (7—13)$$

定義信用分值為：

$$score = A' \cdot x \quad (7—14)$$

式(7—13)和式(7—14)的含義是，應該拒絕信用分值低於閾值B的客戶，接受信用分值高於閾值B的客戶。

基於大數據的網路貸款

Kabbage簡介[9]

Kabbage創立於二〇〇九年，主要為不滿足銀行貸款條件的網上商戶提供營運資金。在eBay、雅虎、亞馬遜等電商平台上聚集了數量龐大的中小型網商，它們的資金需求具有週期短、金額小等特點，但因為FICO信用評分低於七百二十分，又不願意承擔抵押個人資產的風險，所以很難從銀行獲得貸款。Kabbage針對這部分群體，分析與它們有關的網路數據，為其提供信用貸款。現在，Kabbage的客戶已超過十萬戶，年度信貸規模總量約兩億美元，單個客戶平均每年拿到十筆貸款。

我們按數據來源、貸款發放、貸後管理三個部分介紹Kabbage的業務模式（見圖六）。

▼數據來源

Kabbage自己不積累歷史數據，主要依賴第三方數據。這些數據的共用或讀取通過取得授權的帳戶關聯來實現。數據必須是可標準化、時間序列化的，可以通過網路直接傳送。Kabbage的主要數據

❾對Kabbage的分析主要參考廖理：《互聯網金融講義》。

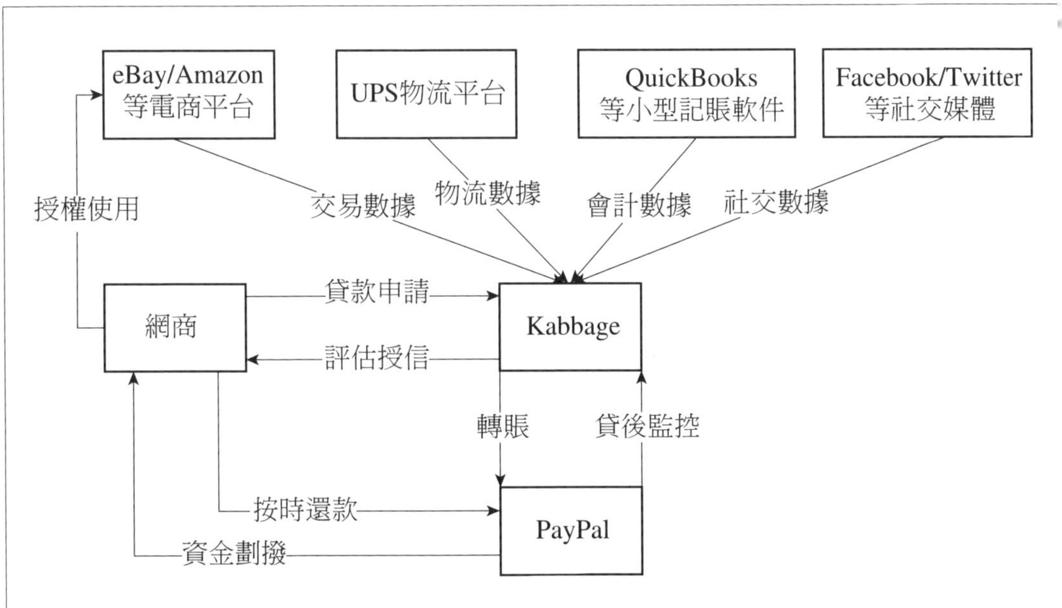

圖六　Kabbage的業務模式

表二 Kabbage的數據來源

數據類型	來源	說明
資訊流	eBay/Amazon	電商平臺上商品的瀏覽數、價格、評價、庫存變動及周轉率
現金流	PayPal	線上支付帳戶的現金流入流出數據（要檢驗時間、數量是否與貨物銷售數據相符）
物流	UPS	物流數據（要檢驗是否與線上銷售數據相符，可核查是否真實發貨及發貨速度、物流效率等）
社群網路	Facebook/Twitter	與客戶的關係經營，社會化行銷能力
線下商家	QuickBooks	小型記帳軟體

來源見表二。

Kabbage是第一家將社群網路分析納入信用評價的金融服務機構，網商可以通過在社群網路上與潛在客戶群體保持良好關係而提高授信額度。Kabbage基於網商的經營情況、在社群網路上與客戶互動情況等資訊開發了一套信用評級體系——Kabbage Score。Kabbage Score可以隨時根據最新資訊進行動態調整，與傳統的FICO信用評分相比，能更好地描述網商的經營圖景。

從網商的角度看，它們提供的有用資訊越多，就越有可能從Kabbage獲得貸款，貸款條件也越優惠，因此有動機去關聯更多的自有帳號。Kabbage Score及相關報告能幫助網商監測網店營運狀況，還可由網商提供給第三方機構。網商能對症下藥，改善網店業績，提高Kabbage Score的評級，從而提高授信額度，實現良性循環。總之，Kabbage與網商實現了充分的激勵相容。

▼貸款發放

Kabbage的口號是「七分鐘內拿到成長所需資金」。網商提交註冊數據後，Kabbage後臺系統自動審核該網商是否擁有足夠長時間的網路銷售數據。網商只有在通過審核後才有資格提交貸款申請，之後一切審核程式都由Kabbage後臺系統自動完成。Kabbage依據信用評估結果決定是否授信，以及授信金額、利率和期限。Kabbage的演算法可以保證在七分鐘內輸出結果，並將資金打到申請人指定的第三方網路支付帳戶。Kabbage的放貸是高度定制化的，可以針對每一個申請人的需求制訂個性化方案，比如根據申請人的經營情況、貸款目的自動調整貸款額度、期限和利率。

Kabbage擁有「網上拍賣和交易場所環境下提供流動性貸款的方法」等幾項專利。網商可以憑藉未賣出但已上架待售的商品向Kabbage申請貸款，在商品賣出收到貨款後再償還貸款。在這個過程中，Kabbage從訂單貸款中收取利息或費用，網商則可以提前獲得現金流，以維持營運資本。

Kabbage提供的信用貸款金額在五百美元到四萬美元之間。貸款利率由貸款期限（最長六個月）和網商信用狀況決定，一般為百分之二～百分之七（三十天）和百分之十～百分之十八（六個月）。

▼貸後管理

Kabbage的還款安排非常簡單。每月到約定的還款日，Kabbage從網商的支付帳戶中扣除固定的還款金額（加上若干處理費用）。網商可以選擇提前還款，並且提前還款不會產生任何額外成本。

Kabbage貸後監控的核心是，通過多重數據來源交叉驗證（尤其是支付帳戶的現金流向數據），瞭解網商的真實經營情況。Kabbage做到了對網商銷售情況和資金流向的即時掌控，能在第一時間對現金流緊張的商戶做出預警，提高關注級別。Kabbage如果確認某商戶有支付困難，可以從該商戶的支付帳戶轉回部分現金，並採取不再予以授信的懲罰性措施。

Kabbage對拖延還款設立了懲罰機制。在還款日，如果支付帳戶中沒有達到規定的月度還款額，Kabbage通常會收取三十五美元作為延遲費用，同時保留向其他追貸機構報告的權利。如果商戶從第一個還款日就開始拖延還款，Kabbage會將該商戶視作不誠信，並交由公司法務部門處理。

Kabbage壞賬率大約在百分之一，低於美國銀行業百分之五到百分之八的平均水準。

阿里小貸簡介

阿里小貸二〇一〇年六月由阿里巴巴和復星、萬向、銀泰等共同出資成立，是中國第一家服務於電子商務領域小微企業融資需求的小額貸款公司。阿里小貸以阿里巴巴、淘寶、天貓平台內積累的海量交易數據為依據放貸（主要貸款類型見**圖七**），無須抵押物，無須擔保，貸款金額通常在一百萬元人民幣以內。所有貸款流程都在網上完成，通過支付寶發放，基本不涉及線下審核，最短放貸時間僅需三分鐘。信譽度較高的客戶還可以通過申請和人工審核獲得超額貸款，金額在一千萬元人民幣以內。

二〇一三年，阿里小貸累計客戶數超過四十九萬家，貸款餘額超過一百二十億元人民幣（成立以來累計放貸超過一千億元人民幣），戶均貸款餘額不到四萬元人民幣（戶均授信約十三萬元人民幣），不良貸款率在百分之一以內。在資金來源方面，自有資本二十億元人民幣左右，二〇一三年完成資產轉讓約八十億元人民幣。⑩

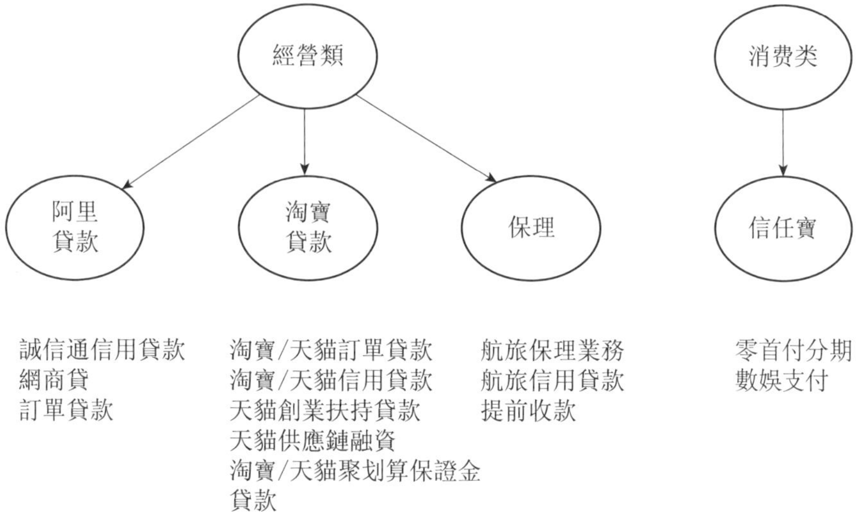

圖七　里小貸的主要貸款類型

我們分貸款申請、貸款審批與發放、貸後管理、資訊科技系統四個部分來介紹阿里小貸的業務模式（見圖八）。

▼貸款申請

準備申請貸款的客戶，首先登錄阿里小貸首頁，線上提交貸款申請表。申請表資訊主要包括申請額度、公司名稱、法定代表人姓名、法定代表人手機號、法定代表人郵箱、法定代表人婚姻狀況，其中前五項為必填項。

阿里小貸接收到貸款申請後，調查團隊調閱客戶在阿里巴巴B2B、淘寶C2C、天貓B2C等平台上的交易記錄、信用記錄、同業比較、庫存變動、財務資訊、非財務評價、徵信報告、銀行對帳

⑩阿里小貸作為小額貸款公司，不能吸收公眾存款，在資金來源上受限，所以通過資產證券化方式盤活存量資金，提高資金周轉速度。

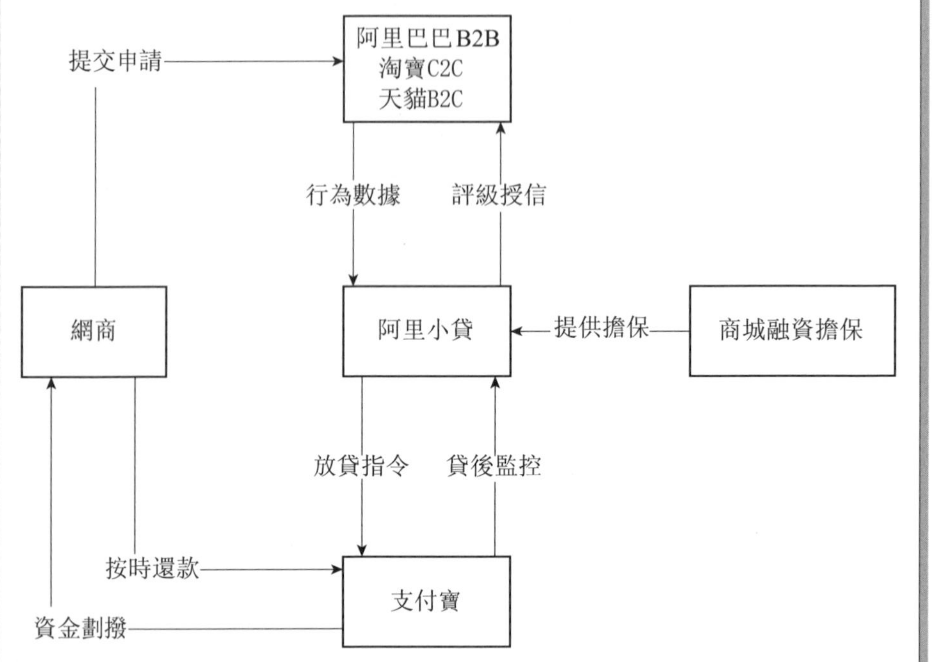

圖八　阿里小貸的業務模式

單等資訊，並進行外包走訪。外包走訪工作包括：首先，阿里小貸授權並委託第三方專業機構派外訪專員直接上門拜訪申請貸款的企業，當面瞭解企業的經營情況，並對貸款所需數據進行拍照收集；然後，阿里小貸的客戶經理與客戶電話溝通確認，外訪專員現場徵信並拍照收集主要的申請數據。

值得一提的是，阿里小貸通過水文交易預測模型（見**圖九**），對客戶進行主動行銷。主要原理是，利用水文變數預測淘寶的未來交易金額（能有效剔除季節性波動的影響），判斷客戶資金規模和償還貸款的能力，對處於用款高峰的客戶開展最大力度行銷，對即將達到用款高峰的客戶開展提前式低強度行銷。所有行銷動作

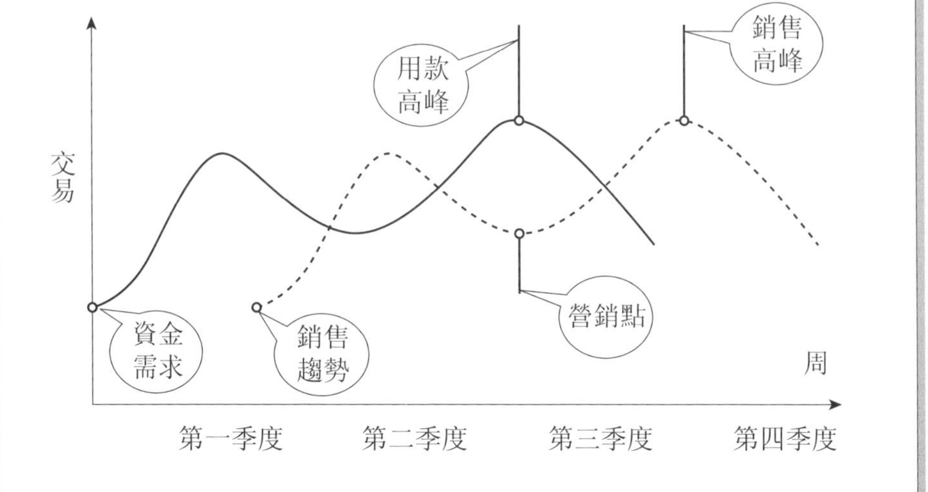

圖九　阿里小貸的水文交易預測模型

和回饋結果都記錄在案，並在後期通過回應模型予以優化。

▼貸款審批與發放

阿里小貸使用違約風險模型對網商進行信用評分。該模型分三個步驟（見圖十）：第一步，歸集現有客戶的個人資訊、徵信資訊、歷史表現、交易資訊和經營狀況等資訊。第二步，根據歸集的資訊，篩選出對信用狀況有顯著影響的變數，建立PD模型。第三步，根據PD評分對潛在客戶進行分類，區分出信用好和信用不好的客戶。通過該模型，網商在阿里巴巴生態系統中的信用記錄、交易、投訴糾紛情況等百餘項資訊得到了充分運用，最終作為貸款評審依據，解決了傳統銀行對中小企業（和個人）貸款存在的資訊不對稱、流程複雜等問題。

阿里小貸根據網商信用評分和商城融資擔保情況，決定給網商的貸款額度、利率和期限等。如果貸款獲批，客戶需要與阿里小貸簽署合同，綁定法人個人銀行

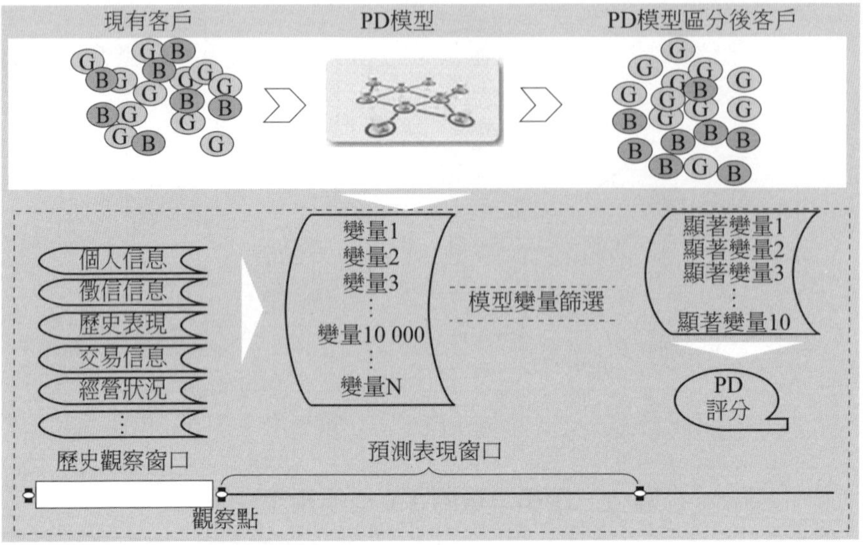

圖十　阿里小貸的違約風險模型

金融卡和支付寶帳戶。阿里小貸進行個人實名認證和支付寶認證，確認支付寶貸款到賬金額。

在阿里小貸中，交易平台和融資平台實現了相互結合，兩者之間資訊高度互通，放貸者不必花費巨大成本作為交易局外人去獲取資訊，而是作為交易親歷者在第一線和第一時間發現融資機會、提供融資，使金融資源配置效率和生產效率得到了很大的提升。這體現在第十一章將討論的網路交換經濟與互聯網金融之間的關係。

▼貸後管理

阿里小貸根據網商的交易資訊和財務報表資訊，利用監控評分模型、貸後催收評分模型，監控貸款用途和運作效率，及時收回貸款。在還款上，阿里小貸採用分期定額本息償還法。客戶定期將還款資金通過銀行金融卡轉入支付寶帳戶，或者在支付寶帳戶留出足夠金額，由支付寶系統自動扣款。如果客戶提前還款，阿里小貸一般會收取本金的百分之三作為手續費。如果出現逾期，逾期期間按正常利率的一・五倍計息。

▼資訊科技系統

阿里小貸規劃了覆蓋整個信貸生命週期的管理系統，包括貸前管理、貸中後管理、反欺詐、市場分析、信用體系和創新研究六大區塊（見圖十一）。

目前已經完成開發的模型是：(1)風險模型，包括違約風險模型、經營風險模型、監控評分模型、貸後催收評分和違約損失率（loss given default，LGD）模型；(2)行銷模型，包括客戶回應、客戶流失、客戶忠誠度、生命週期、交叉銷售、事件行銷和客戶價值。

正在開發的模型有：(1)反欺詐模型（這對網上金融交易非常重要），包括虛假交易模型、非本人經營模型、身份冒用模型、盜號模型；(2)客戶行為模型，包括滴灌式成長分析、個體差別化定價和水文交易預測模型；(3)阿里信用模型，包括位址標準化、自然人／經營人／法人認定、信貸信用評分、賣家信譽評分、買家信譽評分和履約能力模型。

阿里小貸的決策系統每天處理上千萬客戶、數千萬次交易、上千萬條消息和超過10T[11]的數據量，輸出數百億元人民幣授信和3G數據量。

考慮到阿里巴巴龐大的用戶群，阿里小貸如果有銀行牌照（也就是能吸收公眾存款，資金來源

[11] 1T=1024G = 1048576M。

更充裕），可能非常有競爭力。

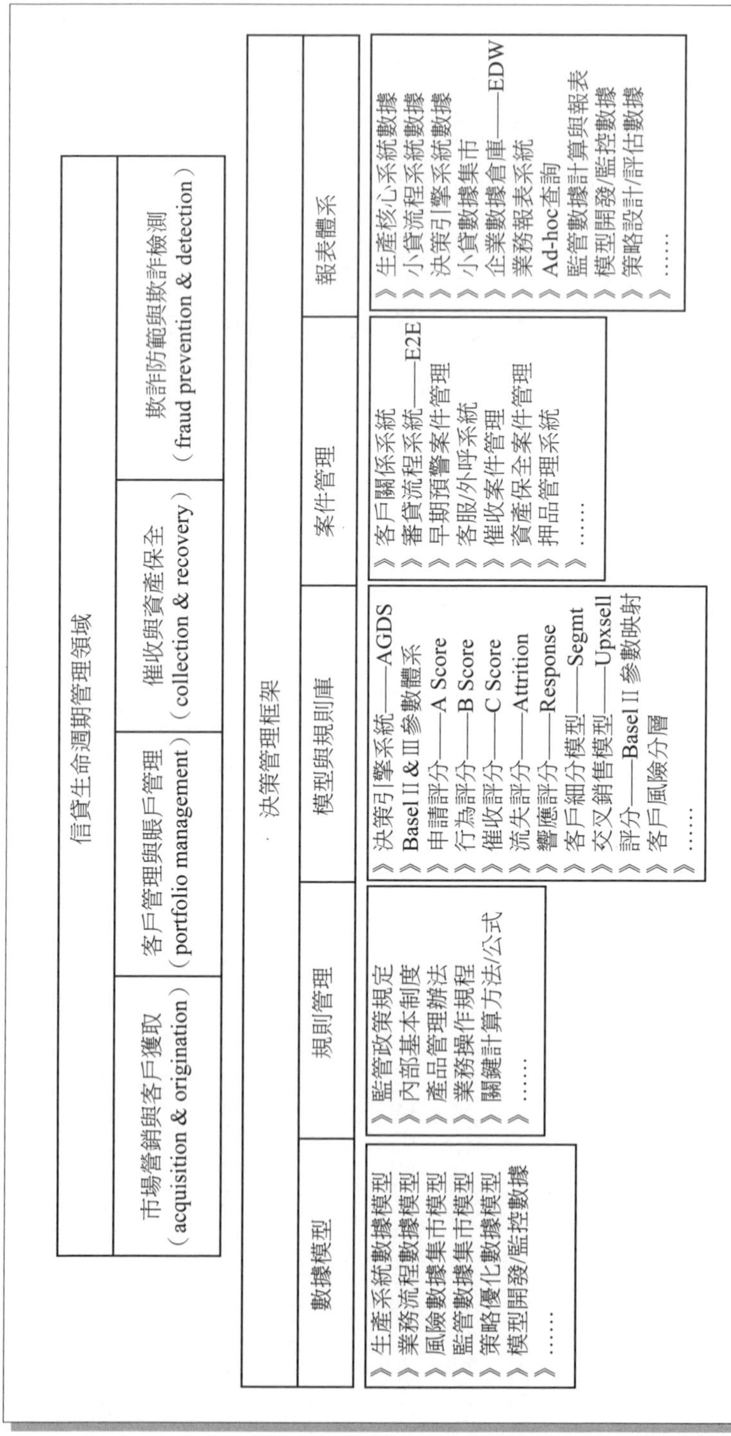
信貸生命週期管理領域
市場營銷與客戶獲取（acquisition & origination）
客戶管理與賬戶管理（portfolio management）
催收與資產保全（collection & recovery）
欺詐防範與欺詐檢測（fraud prevention & detection）
決策管理框架
數據模型
規則管理
模型與規則庫
案件管理
報表體系
》生產系統數據模型
》業務流程數據模型
》風險數據集市模型
》監管數據集市模型
》策略優化數據模型
》模型開發/監控數據
》……
》監管政策規定
》內部基本制度
》產品管理辦法
》業務操作規程
》關鍵計算方法/公式
》……
》決策引擎系統——AGDS
》Basel II & III 參數體系
》申請評分——A Score
》行為評分——B Score
》催收評分——C Score
》流失評分——Attrition
》響應評分——Response
》客戶細分模型——Segmt
》交叉銷售模型——Upxsell
》評分——Basel II 參數映射
》客戶風險分層
》……
》客戶關係系統
》審貸流程系統——E2E
》早期預警案件管理
》客服/外呼系統
》催收案件管理
》資產保全案件管理
》押品管理系統
》……
》生產核心系統數據
》小貸流程系統數據
》決策引擎系統數據
》小貸數據集市
》企業數據倉庫——EDW
》業務報表系統
》Ad-hoc查詢
》監管數據計算與報表
》模型開發/監控數據
》策略設計/評估數據
》……

圖十一　阿里小貸的貸款管理系統

CHAPTER 8
P2P網路貸款

P2P網路貸款是近年來興起的一種網路上個人對個人借貸模式。P2P網路貸款出現的背景是正規金融機構一直未能有效解決中小企業融資問題和替代民間金融機構，而以網路為代表的資訊技術，大幅降低了資訊不對稱和交易成本，使得個人對個人借貸這一人類最早的金融模式煥發出新的活力，並彌補了正規金融機構的不足。P2P網路貸款使投資人（放款人）和借款人都能受益。借款人可以獲得比民間借貸更便利的信用融資管道，付出更低的借款成本，投資人可以獲得比銀行存款更高的回報。

全球第一個P2P 網路貸款平台是二〇〇五年三月成立於英國的Zopa。目前，P2P網路貸款行業內比較受關注的是美國的Lending Club和Prosper，它們經營比較合乎規範，相關監管措施完備，資訊披露也很充分，其中Lending Club發展得更好一些。所以，我們先重點分析Lending Club❶，再以Lending Club為例，討論P2P網路貸款的經濟學。

❶ 本章引用的 Lending Club 數據均來自 www.lendingclub.com。

對Lending Club的分析

Lending Club二〇〇七年開始營運，辦公地址在舊金山，沒有分支機構，所有業務都通過網路和電話開展。截至二〇一三年十月底，Lending Club已經累計促成了二十七億七千萬美元的借貸交易，產生了二億五千萬美元的利息收入，是全球最大的P2P網路貸款平台❷，而且發展非常迅速（見圖一）。

營運框架

Lending Club為滿足美國法律和監管（特別是證券監管）的要求，形成了非常有特點的營運框架，核心參與者有四類：Lending Club、投資人、借款人和WebBank（見圖二）。其中，WebBank是一家在猶他州註冊、受聯邦存款保險公司（Federal Deposit Insurance Corporation，FDIC）保護的商業銀行。

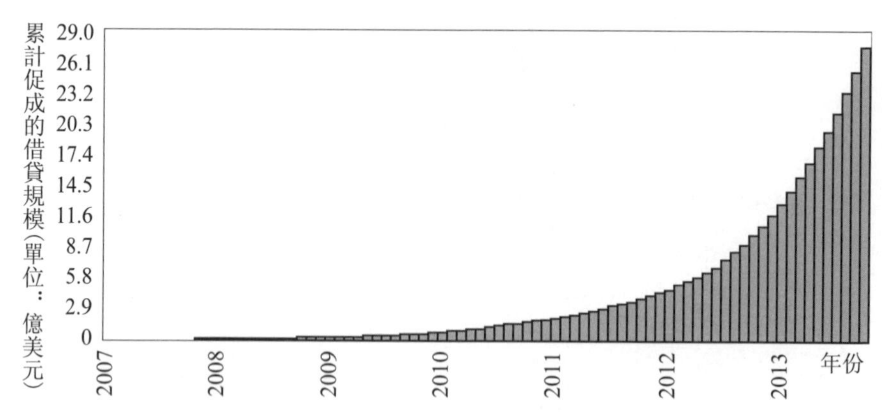

圖一　Lending Club累計促成的借貸交易規模

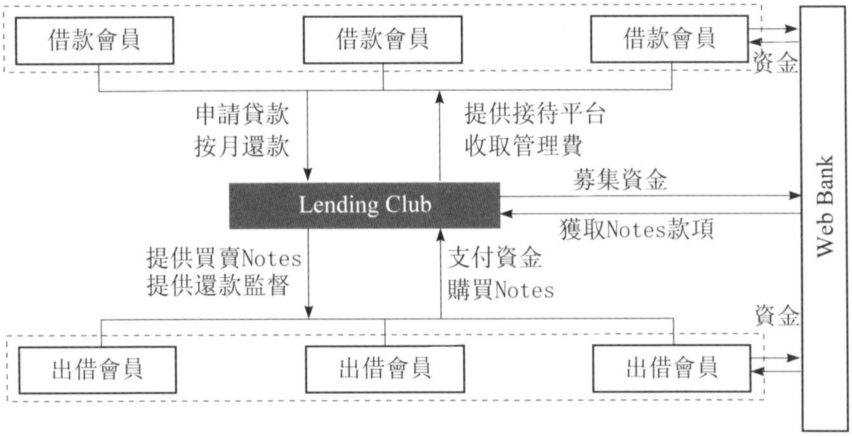

圖二　Lending Club的營運框架

資料來源：廖理：（互聯網金融講義）。

儘管P2P的本意是個人對個人（peer to peer），但在Lending Club的營運框架中，從法律上講，投資人和借款人之間不存在直接的債權債務關係（實際上，他們註冊時使用帳號名稱，保持匿名，彼此不認識，也不允許獲取對方的真實姓名和地址）。投資人購買的是Lending Club按美國證券法規定發行的票據。給借款人的貸款，先由WebBank提供，再轉讓給Lending Club。每一個系列的票據均對應著一筆貸款，兩者之間存在類似於鏡像的關係。如果不考慮Lending Club向投資人收取的服務費，借款人每個月對貸款償付多少本息，Lending Club就向持有對應票據的投資人支付多少。如果借款人對貸款違約，對應票據的持有人也不會收到Lending Club的支付（即Lending Club不為投資人提供擔保），但這不構成Lending Club自身的違約，

❷實際上，根據一些報導，中國宜信公司累計促成的借貸規模已經超過Lending Club。

所以Lending Club不承擔與借貸交易有關的信用風險。對WebBank而言，因為向借款人放貸以及向Lending Club轉讓貸款幾乎同時發生，也不承擔與借貸交易有關的信用風險，在一定程度上類似於託管銀行的角色。貸款的信用風險實際上完全由投資人承擔。

因此，Lending Club營運框架的核心是有鏡像關係的貸款和票據。每對貸款和票據均有相同的本金、利息、期限、現金流特徵，這類票據被稱為收益權憑證（payment dependent notes），類似於證券化中的轉手證券（pass through securities）。通過貸款和票據的安排，儘管Lending Club、WebBank和借貸雙方之間存在複雜的契約關係，但從信用風險的角度看，投資人和借款人之間如同有直接的債權債務關係，而Lending Club、WebBank則如同不介入借貸交易。所以，在Lending Club的營運中，涉及貸款的發放和轉讓以及票據的發行和交易，跨越了銀行和證券兩個領域。

Lending Club從向投資人出售票據和安排WebBank發放貸款的過程中，收取服務費作為盈利。對於投資人收到的每一筆支付，Lending Club都會收取百分之一的服務費。借款人要向Lending Club一次性繳納貸款手續費（origination fee），手續費的細節待下文介紹。

借款方

擬借款的人經註冊後在Lending Club網站上提交貸款申請。Lending Club 對借款人的資質有一些限制，包括：(1)擁有美國國籍或為美國永久居民；(2)年齡在十八周歲以上，有郵箱、美國的社會保障號以及在美國金融機構的帳號；(3)信用資質方面，FICO信用評分在六百六十分以上，債務收入比小於百分之三十五（其中按揭貸款不計入債務，下同），信用歷史長度大於三年，過去六個月在Lending Club上貸款少於六次。

擬借款的人在申請貸款時要按Lending Club的要求提供能反映本人信用狀況的資訊，Lending Club對貸款申請進行篩查，但不一定核實借款人提供資訊的真實性。Lending Club對貸款申請的篩查很嚴，截至二〇一二年底，只有百分之十一的申請者獲得了貸款。由此使得Lending Club中的借款人整體上屬於美國的中上階層。比如，截至二〇一三年十月底，借款人的FICO信用評分平均是七百零三分，債務收入比平均是百分之十六．二，信用歷史長度平均是十五年，年均收入七萬一千美元（在美國人口中居於前百分之十）。

借款人要說明貸款的三項核心內容：金額、期限、用途。Lending Club允許的貸款金額在一千美元到三萬五千美元之間。貸款期限由借款人指定，有三年期和五年期兩種。對金額在一千美元和一萬五千九百七十五美元之間的貸款，如借款人沒有特別請求，Lending Club默認的貸款期限是三年。貸款用途也由借款人說明，Lending Club不會確認或監督貸款的真實用途。截至二〇一三年十月底，Lending Club上的平均貸款金額是一萬三千五百萬美元，貸款用途以再融資和歸還信用卡欠款為主（見圖三），基本屬於消費信貸範疇。

Lending Club的風險定價是其核心技術之一，由信用評級和貸款利率定價兩部分組成。

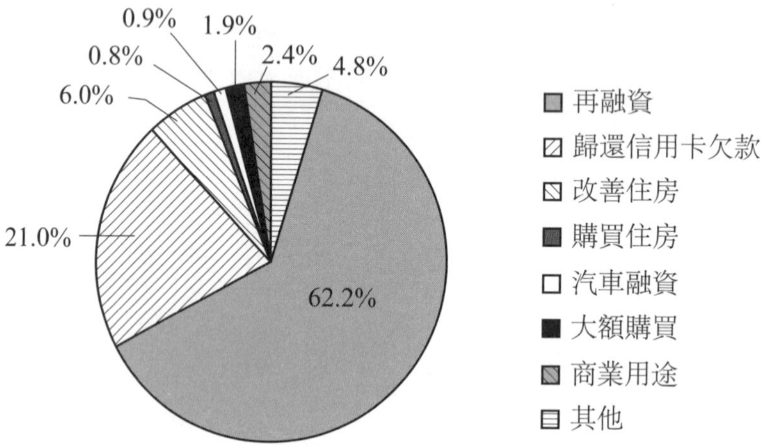

圖三　Lending Club中的貸款用途

信用評級從高到低分成A到G共七個等級，每個等級從高到低又細分成一到五共五檔（實際上共三十五個信用評級），分兩步驟得到。第一步，Lending Club根據借款人的FICO信用評分以及其他信用特徵，得到一個模型次序（model rank），每個模型次序均對應著一個基準信用評級。第二步，根據貸款金額和期限，對基準信用評級進行調整，得到最終的信用評級。貸款金額越大或期限越長，信用評級下調的檔次越多。Lending Club的信用評級方法見表一。

在Lending Club中，貸款利率是市場化的，採用固定利率形式。總的來說，貸款利率與信用評級掛鉤，等於基準利率與風險、波動率調整之和。其中，風險、波動率調整的目標是覆蓋貸款的預期損失。評級越低，貸款利率越高（見表二）。

借款人向Lending Club繳納的貸款手續費在貸款金額的百分之一．一一到百分之五之間，直接從貸款本金

表一　Lending Club的信用評級方法

(a)基本信用評級與模型次序的關係

模型次序		檔次				
		1	2	3	4	5
信用評級	A	1	2	3	4	5
	B	6	7	8	9	10
	C	11	12	13	14	15
	D	16	17	18	19	20
	E	21	22	23	24	25
	F	26	27	28	29	30
	G	31	32	33	34	35

(b)貸款金額與信用評級調整

下調檔次		基準信用評級		
		A	B	C~E
貸款金額	<$5000	1	1	1
	$5000~<$10000	0	0	0
	$10000~<$15000	0	0	0
	$15000~<$20000	0	0	1
	$20000~<$25000	0	1	2
	$25000~<$30000	1	2	3
	$30000~<$35000	2	3	4
	$35000	4	5	6

(c)貸款期限與信用評級調整

貸款期限	信用評級	下調檔次
3年	A~G	0
5年	A~G	8~4

表二　Lending Club的貸款定價機制

貸款利率		檔次				
		1	2	3	4	5
信用評級	A	6.03%	6.62%	7.62%	7.90%	8.90%
	B	9.67%	10.99%	11.99%	12.99%	13.67%
	C	14.30%	15.10%	15.61%	16.20%	17.10%
	D	17.76%	18.55%	19.20%	19.52%	20.20%
	E	21.00%	21.70%	22.40%	23.10%	23.40%
	F	23.70%	24.08%	24.50%	24.99%	25.57%
	G	25.80%	25.83%	25.89%	25.99%	26.06%

表三　Lending Club的貸款手續費費率

手續費費率		期限	
信用評級和檔次		3年期	5年期
A	1	1.11%	3.00%
	2~3	2.00%	3.00%
	4~5	3.00%	3.00%
B	1~5	4.00%	5.00%
C	1~5	5.00%	5.00%
D	1~5	5.00%	5.00%
E	1~5	5.00%	5.00%
F	1~5	5.00%	5.00%
G	1~5	5.00%	5.00%

中扣除。費率與信用評級、貸款期限有關，信用評級越低或貸款期限越長，費率就越高（見表三）。

Lending Club具有獨家權利從借款人手中按月取得還款，通常採取電子轉帳的方式，而且可以嘗試追索任何已經逾期的貸款，也有權決定是否或者何時將貸款轉讓給第三方收銀機構。

投資方

Lending Club對投資人有一些適當性要求，比如要求投資人的收入和財富（用淨值來衡量）達到一定的標準，在Lending Club上的投資不得超過財富的百分之十，但無須經過信用審核。此外，Lending Club還成立了一個投資顧問公司LC Advisors。LC Advisors類似於基金管理人，募集外部資金投資於Lending Club發行的票據。

投資人可以在Lending Club網上手動挑選願意購買的票據（因為票據比較多，Lending Club提供了檢索、篩選工具），也可以使用Lending Club提供的組合構建工具（見**圖四**），對單個票據的最小投資額是二十五美元。比如，投資人指定有關風險收益參數後，Lending Club會推薦一個票據組合。

對投資者而言，風險分散效果非常明顯。比如，Lending Club統計表明，如果投資人購買一百個票據，遭受虧損的機率是百分之一；購買四百個票據，遭受虧損的機率是百分之〇．二；購買八百個票據，基本不可能出現虧損（見**圖五**）。後文將解釋這一現象。

需要說明的是，在投資者認購票據時，實際上相關票據並沒有發行，對應的貸款也沒有發放。當認購足額時，票據

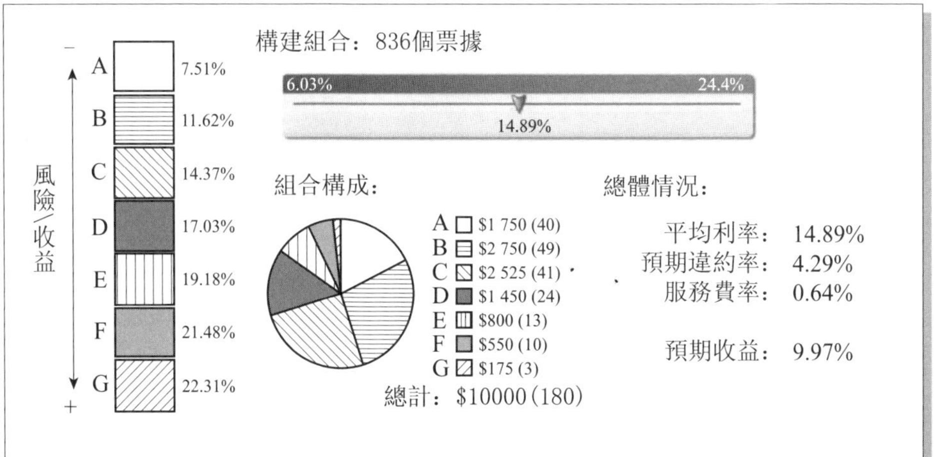

圖四　Lending Club的組合構建工具

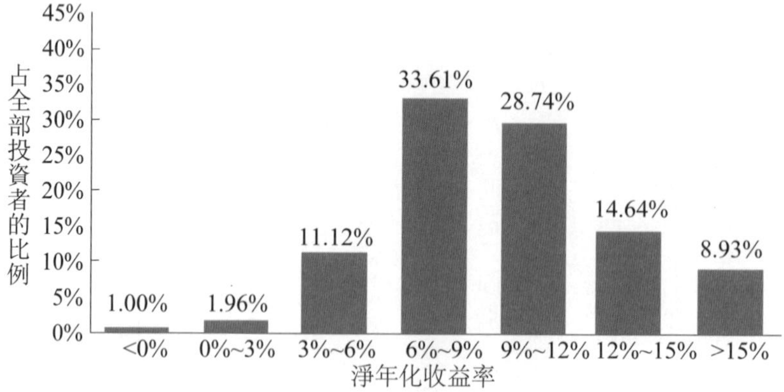

(a) 100個票據

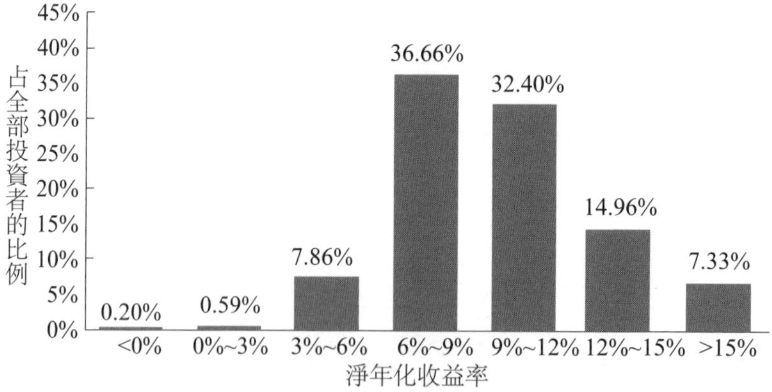

(b) 400個票據

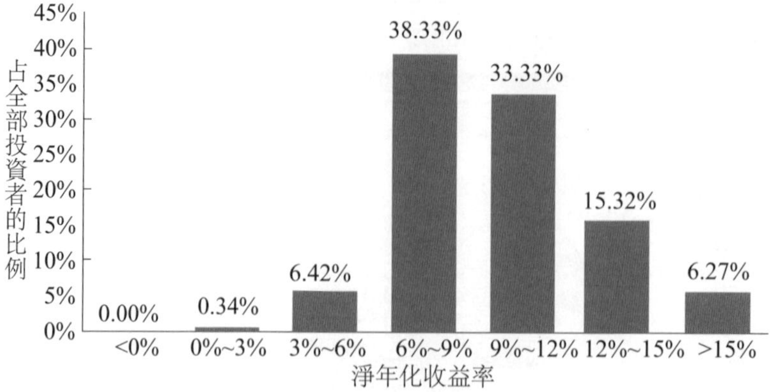

(c) 800個票據

圖五　票據投資的風險分散效應

才會向投資者發行，Lending Club收到認購款（歷史統計表明，百分之九十九的票據被全額認購）。同時，WebBank會發放對應的貸款，然後將貸款轉讓給Lending Club。Lending Club向投資者發行的票據，不在任何證券交易所掛牌交易。但Lending Club建立了票據交易平台FOLIOfn，用於投資人之間的票據轉讓，相當於為票據設立了一個二級市場，為投資人提供流動性。

美國的監管框架

美國對Lending Club的監管體現了功能監管（而不是機構監管）的理念，即按從事的業務、產生的風險來監管（見圖六）。

美國證監會(SEC)是Lending Club的主要監管者，原因是美國證監會將Lending Club向投資

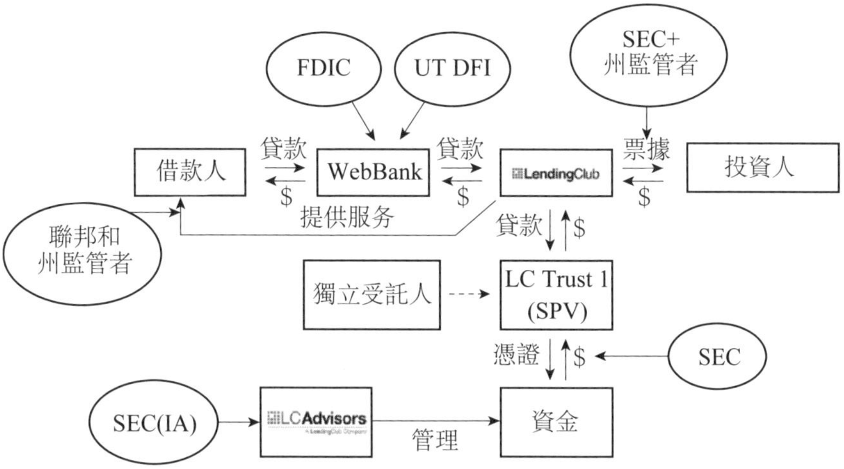

圖六美國對Lending Club的監管

說明：UT DFI代表Utah Department of Financial Institutions，即猶他州金融管理委員會；FDIC代表Federal Deposit Insurance Corporation，即聯邦存款保險公司；SEC代表Securities and Exchange Commission,即美國證監會。

人發行票據視為證券發行。美國證監會監管的重點是Lending Club是否按要求披露資訊，而不是檢查或監控Lending Club的運作情況，也不是審核票據的特徵。

Lending Club採用了暫擱註冊方式（shelf registration），通過發行說明書（prospectus）向美國證監會登記註冊發行證券的意向。發行說明書要詳細披露Lending Club的營運機制和公司治理結構、票據的基本條款，並向投資人無保留地提示所有可能出現的風險。在具體發行時，Lending Club要向美國證監會說明相關票據的資訊（稱為sales reports），包括對應貸款的條款以及借款人的貸款目的、工作狀態和收入等匿名訊息等（見**專欄8-1**）。此外，美國證監會還要求Lending Club每季、每年披露財務報告。Lending Club披露的這些資訊，都可以在美國證監會的EDGAR系統和Lending Club網站上查到。

P2P網路貸款的經濟學

對P2P網路貸款有三種分析視角。一是法律視角，分析P2P網路貸款中的法律契約和法律風險。有大量文獻可分析P2P網路貸款是否涉嫌非法集資和非法吸收存款。二是資金視角，分析P2P網路貸款中的資金流向。三是風險視角，分析P2P網路貸款中的主要風險類型、各參與方的風險承擔行為、風險轉移過程等。我們認為，風險視角最有利於解釋P2P網路貸款的經濟內涵，因此，以下分析均圍

專欄8-1 Lending Club票據發行披露文件樣本

Lending Club公司收益權憑證

本補充文件在二〇一一年八月十五日發行説明書的基礎上，説明我們近期發行的一筆收益權憑證。您應該將二〇一一年八月十五日的發行説明書和本補充文件結合起來看，以理解這筆收益權憑證的條款、發行機制和投資風險。

我們出售了如下收益權憑證（序號 356706）：

序號	本金	利率	服務費	發行日	到期日	Lending Club為對應貸款的融資
356706	$2400	17.76%	1.00%	2013/10/23	2016/10/28	$0

該收益權憑證對應著序號 356706 的貸款。該貸款由以下借款人於二〇一三年十月十四日申請（「*」表示相關資訊已由我們核實）：

住房所有權	租賃	毛收入	$4817 /月
當前雇主	美國陸軍	債務收入比	31.45%
雇傭關係長度	9年	地點	康乃狄克州沃特伯里市
家鄉			
當前與過往雇主	美國陸軍		
教育			

該借款人對貸款的描述如下（未經我們核實）：

歸還信用卡欠款

一家徵信局對該借款人二〇一三年十月十四日的情況報告如下：

信用評分區間	690~694	違約帳戶數量	0
最早信用額度	10/2003	違約金額	0
可用信用額度	14個	過去2年違約次數	0
信用額度總數	36個	距最近違約的月份數	n/a
循環信用貸款餘額	$12833	循環信用額度使用率	70.10%

繞風險視角展開。

與民間金融的比較

P2P網路貸款如果不為投資人提供擔保（比如Lending Club），從信用風險角度看，投資人和借款人之間如同有直接的債權債務關係，P2P網路貸款就可以視為個人之間的直接借貸。這種借貸形式非常古老，在現代社會也大量存在，一般歸屬於民間金融的範疇。其中，與P2P網路貸款最接近的民間金融組織是標會。❸

標會是輪轉儲蓄與信貸協會（ROSCA，也稱「合會」）的一種。ROSCA是一種信用互助方式，一般由發起人（稱為「會首」）邀請親友若干人（稱為「會腳」）參加，約定每月或每季舉會一次。每次各繳一定數量的會款，輪流交一人使用，藉以互助。會首先收第一次會款，以後依不同方式，決定會腳收款次序。在ROSCA中，如果用投標競爭辦法決定得到資金的順序，就稱為「標會」。一般每個標會成員都有一次獲得會金的機會（會首一般有權獲得第一期會金）。標會會首一般負有如下義務：(1)召集和組織各期競標；(2)收取並發放各期會金；(3)在會腳無法按期交納會金時代其墊付會金。

標會會首相當於獲得一筆貸款後分期償還，最後一輪得會的會腳相當於參加了零存整取的儲蓄。處於兩者中間的會腳則相當於先參加一個零存整取的儲蓄，再獲得一筆貸款後分期償還。為更好地分析標會中的債權債務關係，我們以一個四人標會（用折扣標）為例分析，相關結論對更複雜的情形也成立。

假設每人的會金為m元，第二期和第三期得會者的標價分別為b_2和b_3，則標會的現金流為：

$$\begin{bmatrix} 3m & -m & -m & -m \\ -m & 3m & -m & -m \\ -m & -m-b_2 & 3m+b_2 & -m \\ -m & -m-b_2 & -m-b_3 & 3m+b_2+b_3 \end{bmatrix} \quad (8—1)$$

其中，各列依次表示各參與者的現金流，第一列是會首的現金流，最後一列為最後得會者的現金流，其他可類推；各行依次表示t=1,2,3,4各期，各參與者的現金流；正號表示資金融入，負號表示資金融出。對此標會的現金流可做如下分解：

$$\begin{bmatrix} 3m & -m & -m & -m \\ -m & 3m & -m & -m \\ -m & -m-b_2 & 3m+b_2 & -m \\ -m & -m-b_2 & -m-b_3 & 3m+b_2+b_3 \end{bmatrix}$$

$$= \begin{bmatrix} m & -m & 0 & 0 \\ -m & m & 0 & 0 \\ 0 & 0 & 0 & 0 \\ 0 & 0 & 0 & 0 \end{bmatrix} + \begin{bmatrix} m & 0 & -m & 0 \\ 0 & 0 & 0 & 0 \\ -m & 0 & m & 0 \\ 0 & 0 & 0 & 0 \end{bmatrix}$$

[3] 張翔、鄒傳偉（2007）。〈標會會案的發生機制〉，《金融研究》。北京：中國金融學會，11月。

$$
+\begin{bmatrix} m & 0 & 0 & -m \\ 0 & 0 & 0 & 0 \\ 0 & 0 & 0 & 0 \\ -m & 0 & 0 & m \end{bmatrix}+\begin{bmatrix} 0 & 0 & 0 & 0 \\ 0 & m & -m & 0 \\ 0 & -m-b_2 & m+b_2 & 0 \\ 0 & 0 & 0 & 0 \end{bmatrix}
$$

$$
+\begin{bmatrix} 0 & 0 & 0 & 0 \\ 0 & m & 0 & -m \\ 0 & 0 & 0 & 0 \\ 0 & -m-b_2 & 0 & m+b_2 \end{bmatrix}+\begin{bmatrix} 0 & 0 & 0 & 0 \\ 0 & 0 & 0 & 0 \\ 0 & 0 & m & -m \\ 0 & 0 & -m-b_3 & m+b_3 \end{bmatrix} \tag{8—2}
$$

式(8—2)將標會的現金流動分解成一系列兩兩之間的借貸。比如，

$$
\begin{bmatrix} 0 & 0 & 0 & 0 \\ 0 & m & -m & 0 \\ 0 & -m-b_2 & m+b_2 & 0 \\ 0 & 0 & 0 & 0 \end{bmatrix}
$$

表示在$t=2$期，當期得會者向$t=3$期得會者借m元，並在$t=3$期償還$m+b_2$元，b_2相當於該筆貸款的利息。對其他兩兩之間的借貸，可做類似解釋，毋庸贅述。

由此可見：(1)標會相當於一組兩兩之間的借貸協議，每一個會員都有義務向得會先於他的會員貸出資金，也有權利向得會後於他的會員借入資金，其中會首是純粹的資金借入方，最後得會者是純粹的資金貸出方；(2)會員甲和會員乙（假設甲在乙之前得會）之間的借貸關係在會員甲得會時發

生，在會員乙得會時結束；(3)每一個會員得會前為資金貸出方，得會後為資金借入方；(4)從整體上衡量，得會次序靠前的會員是資金借入方，得會次序靠後的會員是資金貸出方。

通過以上分析可以看出，**P2P**網路貸款和標會有三個共同點。第一，本質上都是個人之間的借貸。第二，借貸完全基於信用，不依賴抵押品或擔保。第三，利率是市場化的。在P2P網路貸款中，利率由風險定價機制決定。在標會中，利率隨行就市，能包括對參與者的信用風險升水。

標會有非常精巧的契約形式和風險控制機制，特別是用長期博弈中形成的社會資本（social capital），包括非成文的道德和習俗約束、熟人之間的相互信任以及社會懲罰（social sanctions）作為履約保障手段等，以減低資訊不對稱，降低交易成本。但與P2P網路貸款相比，標會有兩個不足。

第一，標會本質上是基於社會網絡的人格化交易，標會參與者之間多是親友關係，一群陌生人很難組織起標會，這就限制了標會的作用範圍。而在P2P網路貸款中，通過第三方機構（網路貸款平台）提供的風險控制機制，陌生人之間也可以發生借貸關係，因此是非人格化交易，這樣作用範圍就很廣。此外，標會中利率儘管包含信用風險升水，但基本上由經驗規則決定，而標會競標過程還可能引入一些非理性因素；**P2P**網路貸款的風險定價機制則要科學得多。

第二，包括標會在內的民間金融都有內在的不穩定性。民間金融因為要嵌在一定的社會網絡中，一般表現為一系列相互分割的局部市場。這些局部市場有不同的參與群體和風險控制機制，利率水準也不完全一樣。因為相互之間聯繫不緊密，一個局部市場出現風險不會產生全域性的影響。但有些時候，一些人利用民間金融市場的利率差異，通過在利率低的地方融資、在利率高的地方投資來套利。當套利行為比較普遍時，民間金融市場的各個局部市場就會被聯繫起來，相互之間出現風險傳導管道。在這種情況下，民間金融活動趨於活躍，民間信貸規模膨脹，一些原本有效的風險控制機制失效，民間金融的風險集聚。當風險集聚到一定程度並爆發後，會通過風險傳導管道產生全域性的影響。此時，存量的民間借貸會出現大量壞賬，而且伴隨著社會網絡中信任關係的減弱，增量的民間借貸會急劇減少，民間金融市場會出現信貸緊縮。這種信貸緊縮會直接影響地方的實體經濟，而實體經濟的疲軟反過來又使民間金融市場更難恢復。這個緊縮過程只有到壞賬被處理、民間金融參與者資產負債表被修復以及民間信任關係被重建後，才能結束。近幾年，中國溫州、鄂爾多斯等地實際上就出現了這種情況。

P2P網路貸款，因為是非人格化交易，對社會網絡的依附性不強，而且因為投資人的風險足夠分散，所以不會出現類似於民間金融的內在不穩定性。至於P2P網路貸款是否會隨著經濟波動而出現一定的信貸週期，因為其發展時間不長，目前還無法判斷。

與銀行存貸款的比較

P2P網路貸款接近於直接融資。如果將票據視為借款人發行的一種債券（從風險角度看，這是成立的），那麼P2P網路貸款實際上類似於一個債券市場，投資人購買借款人發行的債券，直接承擔借款人的信用風險。而且因為不存在期限轉換，**P2P**網路貸款中也沒有流動性風險。**P2P**平台本身既不承擔信用風險，也不承擔流動性風險，其盈利不是來自對風險承擔的補償，而是來自向投資人和借款人提供的服務（包括促成借貸交易、風險定價、貸款清收和票據服務等），本質上是一種中介業務（中國**P2P**網路貸款行業的特殊性見第十章）。

銀行存貸款則代表了另一種資金融通方式。首先，銀行解決了資金供需雙方之間的期限不匹配問題。資金需求者一般需要長期穩定的資金來開展投資，而資金供給者因為要應對隨時可能發生的流動性衝擊，一般只願意借出短期資金。銀行利用大數定理，為社會提供了期限轉換功能。在銀行中，存款者（資金供給者）不會同時遇到流動性衝擊。銀行在吸收存款後，只需將一部分資金以高流動性資產的形式存放，就能應付正常情況下存款者的提現要求，其餘資金可以用來發放長期貸款。其次，銀行提供了「受託監督」功能，代表存款者對貸款者的資金運用進行監督，控制貸款者的信用風險（而**P2P**網路貸款平台不會確認或監督貸款的真實用途）。銀行承擔了信用風險和流動性風險，其盈利來自對風險承擔的補償，主要體現為存貸款利差，也因為承擔的風險而受到資本充足率、流動性風險監管、存款準備金率等一系列監管約束。[4]

[4] 謝平、鄒傳偉（2013）。《銀行宏觀審慎監管的基礎理論研究》。北京：中國金融出版社。

核心技術

▼風險定價

P2P網路貸款在借款人方面的核心技術，主要是內部信用評級和貸款利率定價。

內部信用評級本質上是第六章討論的分類問題（主要模型介紹見第七章），是按違約可能性將借款人劃分為不同等級。如果信用評級越低，信用資質越差，那麼信用評級就是有效的。一個衡量工具是ROC曲線，ROC曲線下方的面積越大，說明信用評級越有效（見第六章）。比如，Lending Club的ROC曲線表明，其有效性高於FICO08（見圖七）。

P2P網路貸款的利率定價，理論上與債券定價類似。貸款利率等於無風險利率與風險溢價之和，並且信用評級越低，風險溢價越高，以實現風險與收益的平衡（見表四）。

▼組合構建工具

P2P網路平台上可供投資人選擇的票據很多。為提高投資人做資產配置的效率，P2P網路平台除了提供基本的票據瀏覽、排序、搜索等功能外，還需要提供組合構建工具，以根據投資人的風險收益偏好，推薦一個票據組合供投資人參考。因為票據與貸款之間有鏡像關係，所以組合構建工具的理論基礎是貸款組合理論（與第十一章將介紹的Markowitz均值方差模型有聯繫）。我們可用如下簡單模型說明：

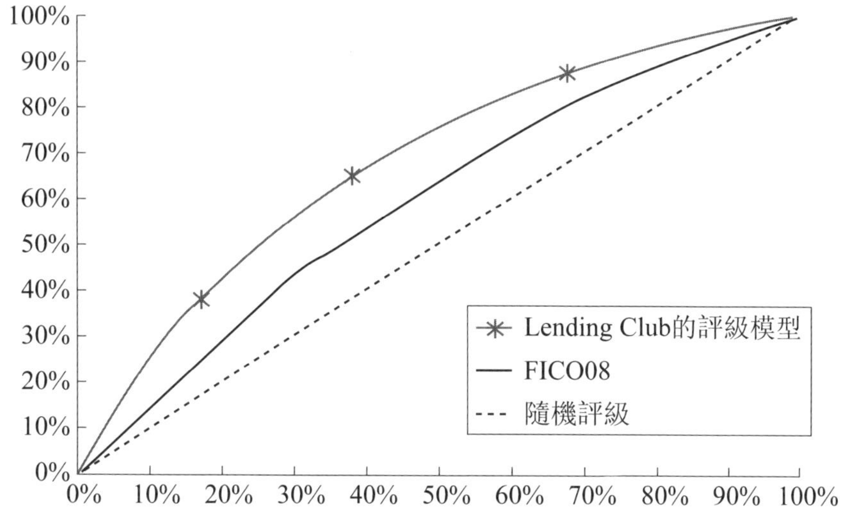

圖七　Lending Club的ROC曲線

表四　Lending Club各評級貸款的風險收益特徵

信用評級	不良貸款率	貸款平均利率	淨年化收益率
A	1.38%	7.56%	5.48%
B	2.03%	11.74%	8.80%
C	2.41%	15.16%	10.61%
D	4.33%	17.98%	11.80%
E	4.86%	20.44%	13.23%
F	5.77%	22.76%	13.41%
G	8.81%	23.51%	11.40%
總計	2.91%	17.02%	n.a

假設有n筆可投資的貸款。假設在貸款組合中，第i筆貸款的權重是ω_i，滿足$\sum_{i=1}^{n}\omega_i = 1$。在P2P網路貸款中，投資人資產配置問題的核心就是求解$\omega_i(i = 1,2,\cdots,\mathrm{n})$，使得貸款組合滿足投資人的風險收益偏好。

假設第i筆貸款的利率為r_i，無條件違約機率為P_i，違約後損失為λ_i。用隨機變數X_i表示第i筆貸款的違約率，$E(X_i) = P_i$。因此，第i筆貸款的收益率是$L_i = (1 - X_i)r_i - X_i\lambda_i$。對其餘貸款可做類似假設。

由此，貸款組合收益率是$L = \sum_{i=1}^{\mathrm{n}}\omega_i L_i = \sum_{i=1}^{\mathrm{n}}\omega_i[(1 - X_i)r_i - X_i\lambda_i]$。貸款組合的收益特徵可以用期望值來刻畫：

$$E(L) = \sum_{i=1}^{\mathrm{n}}\omega_i[(1 - P_i)r_i - P_i\lambda_i] \quad (8—3)$$

貸款組合的風險特徵可以用信用風險價值（credit value at risk, CVaR）來刻畫。假設置信水平為θ，用CVaRL,θ表示在該置信水平下的信用風險價值，定義是：

$$\mathrm{P_r}(\mathrm{L} > -CV_aR(L,\theta)) = \theta \quad (8—4)$$

信用風險價值實際上也刻畫了貸款組合收益率的分佈。比如，假設L的累積機率分佈函數是$G(l) = P_r(L \leq l)$，則有隱函數關係：$G\left(-CV_aR(L,\theta)\right) = 1 - \theta$。

在漸進單因數風險模型❺下，貸款組合的信用風險價值等於各筆貸款的信用風險價值之和：

$$CV_aR(L,\theta) = \sum_{i=1}^{n} \omega_i \, CV_aR\left((1 - X_i)r_i - X_i\lambda_i, \theta\right) \tag{8—5}$$

根據瓦西塞克（Vasicek）的研究❻以及巴塞爾銀行Basel委員會材料❼，

$$CV_aR\left((1 - X_i)r_i - X_i\lambda_i, \theta\right) = \lambda_i \Phi\left[\frac{\Phi^{-1}(P_i)}{\sqrt{1-\rho_i}} + \sqrt{\frac{\rho_i}{1-\rho_i}}\Phi^{-1}(\theta)\right] \tag{8—6}$$

式中，$\rho_i = 0.12\left(2 - \frac{1 - e^{-50P_i}}{1 - e^{-50}}\right)$，$\Phi(\cdot)$表示標準正態分佈的累積分佈函數。

式(8—4)、式(8—5)和式(8—6)就刻畫了貸款組合的風險特徵。

---

❺ Gordy, M., 2003, "A Risk-Factor Model Foundation for Ratings-Based Bank Capital Rules," *Journal of Financial Intermediation*, 12, 199-232.

❻ Vasicek, O., 2002, "Loan Portfolio Value", Risk, 15, December, 160-162.

❼ 主要是兩個文件：(1)BCBS, 2004, "International Convergence of Capital Measurement and Capital Standards: A Revised Framework"；(2)BCBS, 2005, "An Explanatory Note on the Basel Ⅱ IRB Risk Weights Function".

用類似方式可以解釋P2P網路貸款中投資人的風險分散效應。為簡便起見，假設在上面模型中，平均投資於各筆貸款，並且每筆貸款的風險收益特徵一樣，即$\omega_i \equiv \frac{1}{n}, r_i \equiv r, P_i \equiv P, \lambda_i \equiv \lambda$ $(i = 1,2,\cdots,n)$。此時，貸款組合的收益率為$L = \frac{1}{n}\sum_{i=1}^{n} L_i$。

引入第i筆貸款是否違約的指示變數：$L_i^* = \begin{cases} 1 & (\text{違約}) \\ 0 & (\text{不違約}) \end{cases}$。定義$L^* = \frac{1}{n}\sum_{i=1}^{n} L_i^*$，表示貸款組合中發生違約的比例。因為$L_i = r - (r+\lambda)L_i^*$，貸款組合的收益率為$L = r - (r+\lambda)L^*$。

根據漸進單因數風險模型框架，在風險充分分散或n足夠大時，L^*的累積機率分佈是：

$$F(x) = P_r(L^* \le x) = \Phi\left[\frac{\sqrt{1-\rho}\,\Phi^{-1}(x) - \Phi^{-1}(P)}{\sqrt{\rho}}\right] \tag{8—7}$$

其中ρ取為$0.12\left(2 - \frac{1-e^{-50P}}{1-e^{-50}}\right)$。組合遭受損失的機率等於：

$$P_r(L < 0) = P_r\left(L^* > \frac{r}{r+\lambda}\right) = 1 - F\left(\frac{r}{r+\lambda}\right) \tag{8—8}$$

作為比較，假設貸款組合全部由某筆貸款構成。不妨設為第i筆貸款。此時貸款組合的收益率為

L_i，遭受損失的機率是$P_r(L < 0) = P$。

在r, λ, P等參數的通常取值下，不難證明：與集中型貸款組合相比，分散型貸款組合更不易遭受損失（即**圖五**刻畫的現象）。

最後，我們想指出P2P網路貸款的三個可能的發展趨勢。第一，「P」的擴大。P2P網路貸款目前主要是自然人對自然人的借貸，將來可以拓展到個人對機構、機構對機構的借貸，理論上交易可能性邊界無限。第二，隨著基於大數據的徵信的發展，P2P網路貸款中的定價效率會顯著提高。第三，P2P網路貸款平台可以提供信用保險功能。投資者在交納一定保費後（費率由大數據分析決定，見第十二章），可以將借款人的部分或全部信用風險轉移出去。這既可為投資者提供新的風險管理工具，還會進一步拓展P2P網路貸款的交易可能性邊界。

CHAPTER 9

群眾募資

群眾募資主要是網際網路上的股權和類股權融資。對於生產者來講，他們在發生成本之前就獲得了未來消費者的資金，得到了白手起家開展生產的機會。同時，如果群眾募資資金反應冷淡，生產者在投產之前就會慎重考慮自己的想法。這與投入資金、項目失敗後才反思相比，可以節省投資成本。群眾募資不僅是獲得資金的管道，更是一個評價、判斷產品設計及市場前景的平台。此外，大型出資者往往傾向於對生產者的設想施加約束，群眾募資平台則有效地緩解了這一問題。對於消費者來講，他們在最終產品生產之前就可以與生產者接觸，獲得最新產品；可以根據自身收入水準和對群眾募資項目價值的判斷選擇參與份額。

目前，國外群眾募資以美國的Kickstarter為代表，中國國內以天使匯為代表。本章首先對Kickstarter進行分析，然後參考加拿大多倫多大學的阿賈伊・阿瓜瓦爾（Ajay Agrawal）與克利斯蒂安・卡塔利尼（Christian Catalini）、阿維・戈德法布（Avi Goldfarb）二〇一三年合作發表的一篇論文❶介紹群眾募資營運機制與發展狀況，最後參考波蘭華沙大學的沃伊切赫・哈迪（Wojciech Hardy）二〇一三年發表的一篇論文❷對群眾募資進行經濟學分析。

❶Agrawal, Ajay K., Christian Catalini, and Avi Goldfarb, 2013, "Goldfarb Catalinimics of Crowdfunding", *NBER Working Paper 19133*, http://www.nber.org/papers/w19133.

❺Hardy, Wojciech, 2013, "How to Perfectly Discriminate in a Crowd? A Theoretical Model of Crowdfunding", *Working paper*. No. 16.

對Kickstarter的分析

○Kickstarter公司的設立

二〇〇九年，派瑞陳（Perry Chen）、揚西・斯特里克勒（Yancey Strickler）和查理斯・阿德勒（Charles Adler）合作，在美國紐約成立了Kickstarter，主要通過網站為創意項目[3]募集公眾資金，比如電影、音樂、舞臺劇、漫畫、電視遊戲以及與食物有關的項目[4]。但這些項目不為出資者提供現金回報，而是返還實物獎勵或者獨一無二的經驗，比如一本寫著感謝的筆記、定制的T恤、與作家共進晚餐，或者一個新產品的最初體驗。[5]

○Kickstarter的經營模式

在Kickstarter上創設項目，需說明籌資的最後期限和最低目標。如果目標在截止日期之前沒有實現，則Kickstarter會有一個退還募集資金的保證契約。[6]出資者的錢通過亞馬遜支付轉給項目管理者。Kickstarter對全世界各地的出資者以及美國、英國的項目管理者開放。

○Kickstarter的收費

Kickstarter一般收取募集資金的百分之五作為佣金。亞馬遜一般收取另外的百分之三至百分之五作為費用。Kickstarter平台對項目和生產的作品無所有權。在Kickstarter上推出的項目都將被永久存檔和向公眾開放。募集資金的工作完成後，項目和上載的媒體資料均不能被編輯或從Kickstarter上刪除。但誰也不能保證在Kickstarter上發佈的項目所籌款項將全部用於相關項目，或滿足支持者的期望。出資者也沒有辦法直接確認該項目的情況，除非直接詢問該項目的擁有者。Kickstarter建議出資者自己判斷是否支持一個項目。他們還警告項目的管理者，如果未能兌現承諾，可能會被判令對出資者進行損害賠償。

❍Kickstarter平台項目

Kickstarter將平台發佈的項目分為十三大類和三十六小類。十三大類分別是：藝術、漫畫、舞蹈、設計、時尚、影視、食物、音樂、遊戲、攝影、出版、技術和喜劇。影視與音樂是最大的類別，佔Kickstarter項目的百分之五十以上，吸引了Kickstarter平台的大部分資助。

❍Kickstarter準則❼

為使Kickstarter平台保持創新項目融資焦點的地位，所有項目創建者需遵循以下三個準則：(1)創建者必須有創新項目；(2)項目必須可歸屬Kickstarter的十三大類別；(3)創建者不得從事Kickstarter禁

---

❸ Wauters, Robin, 2009, "Kickstarter Launches Another Social Fundraising Platform"，http://techcrunch 担 com/2009/04/29/kickstarter-launches-another-social-fundraising-platform.

❹ Levy, Shawn, 2010, "Kickstarter Raises Money Online for Artistic Endeavors, Tapping into Portland Ethos",http://www.oregonline.com/living/index.ssf/2010/05/kickstarter-raises-money-onlin.html.

❺ Walker, Rob, 2011, "The Trivialities and Transcendence of Kickstarter", *The New York Times Magazine*, August 5.

❻ Musgrove, Mike, 2010, "At Play: Kickstarter is a Web Site for the Starving Artist", *The Washington Post*, March 7.

❼ Blattberg, Eric, 2012, "Kickstarter Bans Project Renderings, Adds 'Risks and Challenges' Section", Crowdsourcing.org.

止的行為。Kickstarter對硬體和產品設計項目有額外要求，具體包括：(1)禁止使用照片般逼真的效果圖和類比演示產品；(2)限制對單個項目或對「一套想法」項目捐獻的數額；(3)需要實物原型；(4)需要製造計畫。這些準則旨在鞏固Kickstarter的政策，即為人們所支持項目的完成而募資，而不是一個產品訂單。Kickstarter還強調了一個概念，即一個項目屬於創設者和出資者的共同協作，所有類別的項目都要描述創作過程中面臨的風險與挑戰。Kickstarter的目標亦在教育公眾並鼓勵他們對社會做出貢獻。

群眾募資運作原理與發展概況

與眾包模式的關係

群眾募資源於眾包模式。眾包的目的是有效利用一個新項目潛在參與者的知識、智慧、技能，構建一個資金池。網際網路的迅速發展為眾包提供了新的網絡基礎。許多專門為眾包任務設計的線上平台已經用於孵化項目，形成群眾募資。在群眾募資中，主要有兩類使用者。一是生產者或項目管理者。他們將新項目介紹給平台，如果能籌集足夠的資金，他們會按照募資計畫執行項目。二是群眾募資的出資者。儘管大多數群眾募資平台是「購買你想要的」（pay-what-you-want）模式，但一般會給群眾募資的出資者提供其他非物質的補償，例如表示感謝的電子郵件、公司發行音樂的CD、具有文化價值的紀念品、參觀電影製片廠或者在電影中扮演一個小角色等。群眾募資主要的回報是產品本身，但對於金額大的參與者還有其他獎勵計畫，例如更高的股權回報率。

在眾多群眾募資平台中，Kickstarter成為最流行者的原因主要有兩個：第一，Kickstarter上項目的範圍廣泛，平台的參與者和關注者較多。第二，Kickstarter作為早期群眾募資的代表，機制較為健全，多為後來者模仿或複製。

運作原理與項目分類

企業籌集資金一般分為接受捐贈、接受贊助、前端銷售（預訂或預售）、借款、股權出售等環節。這些環節的複雜性差別很大，根據其複雜程度可描述為**圖一**。捐贈融資的複雜程度最低。贊助可能附有其他條件，複雜程度要略高於捐贈。群眾募資往往採取前端銷售的方式。前端銷售必須有創新產品的樣本，而且要有相應的股權配置規則，以及未來的回報計畫，因此其複雜程度高於捐贈和贊助。企業營運穩定且達到一定規模後，借款就會經常發生（包括銀行貸款和發行債券），此時複雜程度又高於前端銷售。複雜程度最高的就是傳統的股票公開發行。

但群眾募資需要大量資金支持者，並對數目龐大的小額支付交易進行管理。許多企業啟動項目，要麼是經驗不足，要麼沒有興趣管理群眾募資過程，往往將這個任務委託給「中間人」——群眾

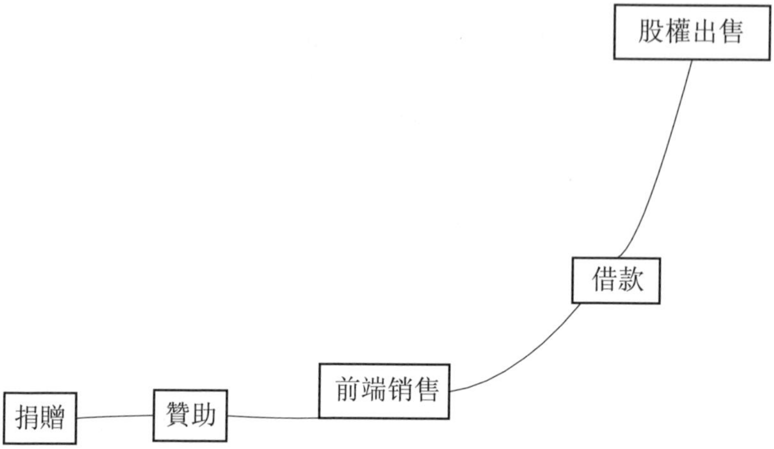

圖一　企業融資工具的複雜性變化

募資平台。從群眾募資的起源來看，這些服務中介開始往往是網路公司或軟體公司。這些中介擁有較大的活動範圍和活動強度，初始只是資訊發佈平台，充當項目發起人與出資者之間中立的調解人。隨著參與者對平台需求的提高和群眾募資機制的發展，平台增加了證實融資過程、監督項目執行等功能。一些群眾募資平台還增加了更多功能，包括向項目管理者提供融資建議、為參與者組建更為廣泛的社群網路、幫助成員尋求共同出資者等。

這些平台迅速發展是因為具有符合籌融資邏輯、解決融資資訊和成本的關鍵功能。首先，資金需求方——創新項目的管理者（生產者）與群眾募資平台進行資訊交流，聽取平台的建議，按照平台規則發佈詳細的項目資訊、發展計畫、股權配置以及獎勵回報等資訊。其次，創新項目在群眾募資平台發佈後，資金提供方——出資者根據自身效用需求，在平台上輸入出資條件、搜尋符合條件的創新項目，直接與項目管理者進行談判；或者委託銀行進行投資，銀行可以投資既定的項目，也可以投資符合條件的非既定項目（類似於信託貸款）。當然，這一過程更多的是小額支付者，自由地在平台上查找各自偏好的項目進行投資。然後，隨著資金的劃轉，項目管理者啟動項目，並向出資者獎勵回報。其運作關係可描述為圖二。需要注意的是，群眾募資平台對項目管理者的國籍有一定要求，但對出資者則無國籍限制。

群眾募資項目，可按發起背景和組織形式進行分類。根據發起項目的商業背景，分為非營利性、營利性和中性三類。(1)非營利性項目，一般具有重大社會目的。比如公共醫療、公共基礎設施、外國援助、一般的慈善機構、公共研究項目等。(2)營利性項目，一般有清晰的商業利潤目標。比如成立公司、為現有公司內的商業項目提供資金、公司內部的研發項目、商業電影或音樂專輯等。(3)中性項目，商業前景暫不明確。比如Skype、Facebook和YouTube等，開始時主

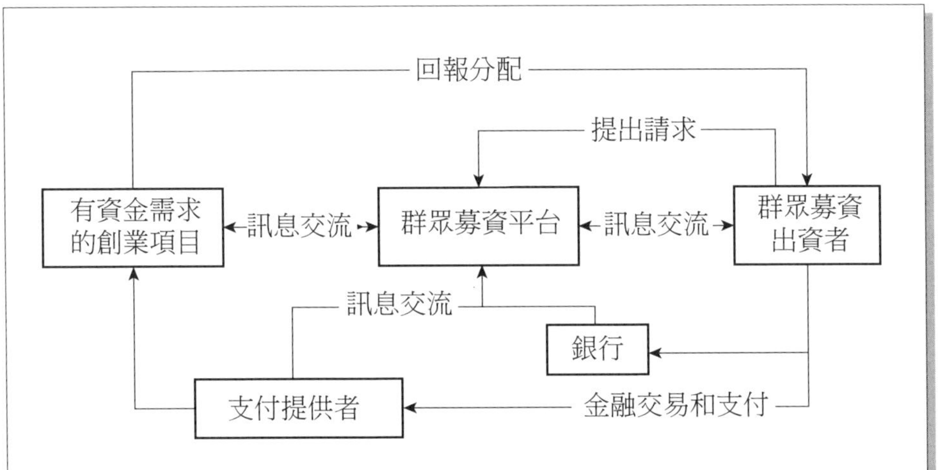

圖二　群眾募資基本過程

要在網路上提供新服務或社群平台，後來才發展為商用服務。

根據項目組織形式，分為獨立的、嵌入式和啟動式三種類型。(1)獨立項目，一般沒有機構背景，由獨立的個體發起成立。(2)嵌入式項目，最初由私人或公共機構發起，例如公司、非政府組織、項目合作夥伴的聯合體或跨國機構，並且將該項目作為發起機構的一部分。(3)啟動式項目，項目可能開始是獨立的，但成功後被改造成公司、協會、俱樂部等形式。具體見**表一**。

發展概況

群眾募資在已開發國家發展迅速。由於數據資料有限，我們引用有關資料[8]，選擇美國、英國、法國、荷蘭、比利時、芬蘭的十家群眾募資平台，介紹其發展情況。這十家平台分別是美國的Kickstarter、IndieGoGo、RocketHub，英國的SliceThePie、SonicAngel，法國的

表一　群眾募資項目的分類

組織形式	商業背景		
	非營利性	中性	營利性
獨立的	I am Verity, SmallcanBeBig, Solarimpulse, Friendly Fire	Lynch Three Project, Love Like hers, Iron Sky, The Age of Stupid, The Cosmonaut, Artemis Eternal	Million Dollar Homepage, lunatik.com
嵌入式	Blender, Reduce the Cost of Energy in Africa	Racing Shares, Project Franchise, Justin Wilson plc	Hotel Chocolat, Media No Mad, Trampoline Systems, Cintep
啟動式	Buy this Satellite, 4th Revolution, Energy Autonomy	The Independent Collective, My Football Club	Outvesting

Ulule、MyMajor，跨美國和英國的PledgeMusic，跨荷蘭和比利時的SellaBand，跨芬蘭和英國的Grow VC。

第一，群眾募資平台一般屬於新興企業，從發起日期到引用文獻[9]給出的時間（二〇一一年一月），最長的是五十三個月，最短的有三個月。

第二，群眾募資平台發佈的項目取決於平台的知名度和規則健全性。Kickstarter在這一時間段共發佈一萬二千個項目，平均每月五百七十一個。十家平台共發佈五萬一千四百七十七個項目，平均每月二百五十八個。

第三，平台發佈的項目只有一小部分會被出資者選擇。Kickstarter共發佈一萬二千個項目，其中五千多個項目有出資者選擇，選擇率（有出資者選擇的項目數／發佈的項目數）略高於百分之四十二。十家平台有出資者選擇的項目數為一萬一千四百一十四個，選擇率約為百分之二十二。

第四，融資成功的項目數更少，在群眾募資的閾值機制（**provision point mechanism**）下（下文將詳細介紹），項目如果在一定時限內融資金額達不到一定規模，則不能再繼續按照初訂計畫融資，並需將所有已籌集資金返還給出資者。前期有出資者選擇的項目未必都能達到預定的閾值，Kickstarter平台這一期間有三千五百至四千個項目融資成功，成功率（融資成功項目數／有出資者選

---

[8] 資料來源：http://paidcontent.org/table/crowdfunding。

[9] Hemer, Joachim, 2011, "A Snapshot on Crowdfunding", *Working Papers Firms and Region*, No.R2/2011.

擇的項目數）為百分之七十至百分之八十；十家平台的平均融資成功率為百分之六十四。

第五，出資者數量龐大。Kickstarter的出資者達到四十萬個，平均每月有一萬九千個；七家有相關數據的群眾募資平台，平均每家有八萬四千二百個出資者。

第六，項目融資額較小。Kickstarter平台的籌資規模為二千四百六十萬歐元，每個項目平均為四千九百二十多歐元；十家平台籌資總規模為四千五百萬歐元，平均每個項目融資三千九百四十二歐元，每個出資者平均出資額為六十二．九歐元。

群眾募資的經濟學⑩

典型事實

1.資金不受地域限制。網路使群眾募資平台上出資者和籌資者之間的交易較少受到空間距離的制約。例如，音樂創作融資平台SellaBand就是在音樂人與樂迷之間搭建的一個互動平台。音樂人可以快速有效地推介自己的作品，由網站吸引發燒友的支持與贊助，籌集經費發行唱片。再通過樂迷的支持和網站的公佈，吸引更多支持者，擴大影響力，刺激唱片銷售。在SellaBand平台上，超過百分之八十六的出資者與音樂企業的距離大於六十英里。對一般的群眾募資平台而言，出資者與籌資企業

之間的平均距離約為三千英里。⓫

2.資金高度傾斜。據統計，在二〇〇六年到二〇〇九年間，對一般的群眾募資平台而言，百分之六十一的生產者沒有籌集到任何錢，百分之〇・七的生產者募集到了百分之七十三以上的資金；在Kickstarter上，百分之一的項目籌集到了百分之三十六的資金，百分之十的項目籌集到了百分之六十三的資金。⓬

3.在項目融資的早期階段，朋友和家人的資金發揮了關鍵作用。朋友和家人對項目的早期投資，通過促進資本積累向以後的出資者提供了訊息，而且是最具有參考價值的訊息。

4.群眾募資資金可能取代傳統的資金來源，比如房屋淨值貸款。

激勵機制

群眾募資過程中有三類主要參與者：項目管理者、出資者和群眾募資平台。接下來依次討論他們的激勵機制。

⓾這一節主要參考 Hardy, Wojciech, "How to Perfectly Discriminate in a Crowd? A Theoretical Model of Crowdfunding"

⓫⓬Agrawal, Ajay K., Christian Catalini，and Avi Goldfarb, "Goldfarb Catalinimics of Crowdfunding"

▼項目管理者（生產者）

項目管理者選擇群眾募資的原因主要有兩個：一是資金成本較低，二是可獲得更多資訊。

○降低資金成本

項目管理者的早期資金一般來自個人儲蓄、房屋淨值貸款、個人信用卡、朋友和家人投資、天使投資和風險投資。在某些情況下，群眾募資可能使項目管理者以更低的成本獲得資金，原因如下：

(1)更好的匹配。項目管理者可以與對該項目有最高投資意願的出資者匹配。這些項目的出資者不再局限於某些特定的地方（比如，與生產者在地理位置上接近），而是在全球進行匹配。

(2)捆綁。群眾募資過程中，在一定條件下出資者可提前獲得產品，確認產品的創新價值。但在一定程度上，群眾募資也便利了項目管理者捆綁出售股權並獲取希望得到的資助，並且能夠靠銷售前期產品降低資金成本。

(3)訊息。在一定程度上，群眾募資比傳統的早期資本來源能產生更多資訊，這些資訊可能會增強出資者的支付意願，從而降低資金成本。例如，Pebble Technology公司的創始人埃里克・米吉科夫斯基（Eric Migicovsky）收到捐贈、贊助、朋友融資等之後，通過群眾募資平台發佈Pebble 智慧手錶項目、披露相關資訊，得到了一些出資者對產品創新性的認可，進而吸引了更多出資者購買該產品、擴大籌資規模，從而提高產品整體價值，降低資金成本。

❍獲得更多的需求資訊

項目管理者根據出資者的反應和選擇，判斷產品的創新性和實用性，並進一步修正前期的想法和計畫。項目管理者可以對市場需求進行分析和推測，提供符合市場需求的產品，提升後期產品的成功機率。[13]此外，關於產品需求的市場訊息，使項目管理者可以瞭解未來使用者和出資者對產品功能改進的建議，這些建議有助於項目管理者儘快圍繞產品開發更好的系統。例如，Pebble智慧手錶根據使用者提出的需求，開發軟體應用程式，相容iPhone和Android手機，使功能增加到查閱iMessage短訊、來電顯示、上網瀏覽、郵件即時提醒、使用微博和查看社群網路資訊，無形中增加了新的潛在用戶。

▶出資者

❍投資機會

早期企業的出資者傳統上限於企業附近，群眾募資則為全球、遠距離的出資者提供了投資機會。[14]

❍參與新產品的早期開發和生產

---

[13] Lauga, D., and E.Ofek, 2009, "Market Research and Innovation Strategy in Duopoly", *Marketing Science*, 28(2), 373-396.

[14] Gubler, Z.J., 2013, "Inventive Funding Deserves Creative Regulation", *Wall Street Journal*, January 31, http://online.wsj.com/article/SB10001424127887323468604578251913868617572.

群眾募資項目使產品愛好者成為早期股東，而他們的參與可以提高公司的價值。

❍社群網路

對於出資者而言，在群眾募資平台上的投資本質上是一種社會活動，他們通過投入部分資金可得到更好地與項目管理者溝通的機會。

❍支援一個產品、服務或觀念

在群眾募資平台上，慈善扮演著一個重要的角色。一些出資者支持項目，沒有收到有形的物質獎勵，也沒有參與相關的線上社群，目標是發現具有潛力的新產品和新企業。

▼群眾募資平台

群眾募資平台主要是為了獲得利潤，一般收取交易成功項目總資金的百分之四~百分之五作為交易費用。因此，它們的目標是最大限度地增加成功項目的數量並擴大其規模。這要求設計健全的市場運行規則來吸引優質項目，減少欺詐行為，並高效地完成創意和資本的匹配。群眾募資平台上交易成功的創新項目具有廣告效應，可以引起媒體的關注和報導，而這會進一步擴大出資者規模，提高項目交易成功機率和平台盈利水準。

風險

▼項目管理者

第一，對項目管理者來說，群眾募資最大的問題就是資訊披露。在銷售他們的產品前，項目管理者可以對其早期資金來源（比如，朋友、家人和天使出資者）透露創新資訊，但對一般公眾保密。在群眾募資平台上，生產者需要披露他們的創新，而這可能招致市場模仿，尤其是在籌集資金、運作產品期間。此外，如果將太多的資訊披露給競爭對手，在與潛在供應商議價時可能會受到負面影響。

第二，天使投資和風險投資往往會帶來額外的公司價值。群眾募資的出資者一般並非專業出資者，投資水準也較低，給項目管理者帶來的其他價值較少，而且出資者也不太可能為此付出過多的努力。

第三，管理出資者的成本。與天使投資或其他風險投資不同，群眾募資一般資金數額較小，為獲得預期的資本金額（項目運作需要的資金），必須有更多的出資者參與。隨著出資者數量的增加，對出資者進行管理的成本可能也會顯著增加。

出資者

生產者籌集能力有限

出資者在群眾募資平台上選擇了目前相對看好的項目，但項目管理者可能缺乏兌現承諾的能力，不一定能籌到足夠資金以啟動項目。

故意欺詐

出資者如果過於樂觀，不僅可能將資本投向壞項目，而且可能面臨明目張膽的欺詐。比如，項目管理者使用虛假資訊，製作看起來非常真實的欺詐籌款頁面。儘管群眾募資平台嘗試用篩檢程式來控制這種情況，但職業罪犯設計的「項目」仍可能會成為平台上一個有吸引力的「投資目標」。此外，由於投資金額較小，個人層面的盡職調查激勵更弱，一定程度上增加了欺詐風險。

項目失敗風險

早期項目本身具有較高的失敗風險。儘量出資者能夠把風險納入其投資決策，但隨著項目進展，資訊不對稱（即創作者比資金提供者有更多的資訊）程度可能顯著上升。開始被認為是好的項目，可能隨著市場變化而變成回報率差、無市場競爭力的項目。在資訊不對稱的情況下，必然加大出資者虧損的風險。

市場設計

市場設計決定市場效果。目前，群眾募資主要有四大類市場設計——聲譽訊息、規則與監管、群體盡職調查和閾值機制，以減少由資訊不對稱引起的投資風險。前三個機制主要是為了減少生產者和出資者之間的資訊不對稱，第四個機制有助於解決「搭便車」問題。

▼聲譽訊息

早期的創意項目或企業在傳統金融市場上融資時，嚴重依賴面對面的盡職調查和個人關係。在群眾募資平台上，生產者盡可能多地披露他們的項目資訊和回報計畫，然後形成一個訊息——信任。市場設計通過方便出資者對生產者做出評價，形成市場聲譽。卡布拉爾（Cabral）將聲譽作為控制網路交易欺詐風險的一種機制，「儘管有各種機制來處理欺詐，但聲譽是企業的最佳選擇之一」⑮。網路市場的設計者已經開發了許多通過聲譽建立信任的機制。廣義上講，這些工具可以分為三種類型——品質訊息、回饋系統以及值得信賴的中介機構。

○品質訊息

沃德佛格（Waldfogel）和陳（L.Chen）闡述了在網路交易市場上品質訊息的重要性。他們認

---

⑮ Cabral, L., 2012, "Reputation on the Internet", in Martin Peitz and Joel Waldfogel, ed.chap.13, *The Oxford Handbook of the Digital Economy*, 343-354.

為，產品資訊越容易獲得，品牌的重要性就越低。[16]路易斯（Lewis）在進一步檢驗資訊獲取的作用後得出，披露個人資訊可以提高eBay上二手車的價格。即使產品資訊不能令人信服地傳達，也還有其他顯示品質的方法。[17]例如，羅伯斯（Roberts）表明，擔保人可以提供一種可靠的品質訊息。[18]埃爾芬拜因（Elfenbein）、菲斯曼（Fisman）和麥克馬納斯（McManus）分析得出，慈善捐款似乎提供了一種品質較高的網上訊息。[19]在早期融資階段，資訊不對稱程度較高時，專利也可作為一種品質訊息。同樣，出資者經常將生產者以往的成功經驗作為品質訊息，例如企業家、高級管理人員等創始團隊成員是否具有博士學位。[20]最後，受教育程度與群眾募資成功呈正相關關係。[21]

○回饋系統

許多網路交易市場為使用者提供了一種有助於建立購買者和銷售者聲譽的「提交—回饋」機制。這些機制最基本的版本只是簡單地報告銷售資訊。塔克（Tucker）和張（J.Zhang）論證得出，報告銷售資訊對融資選擇具有重要影響，群眾募資給出了一個訊息機制，通過群眾募資平台的交易記錄可以判斷項目管理者的有關行為特徵，為出資者選擇項目提供參考。[22]更複雜的機制依賴於評級系統提供的信譽資訊。該機制主要是讓市場參與者在交易後對賣方進行評價。例如，eBay的買家評價賣家機制。如果賣家總體上提供了一種高品質的體驗，那麼買家的評價會很好。新買家看到網上較好的評價，將進一步增加對賣家的信任，並願意付出較高的價格。一些文獻數據表明，在eBay平台上的賣家（買家）評價對其他網路平台也非常重要。[23]但然而在群眾募資平台上，再好的生產者也不太可能在很短的時間內反覆籌集資金。為解決這個問題，並從網上獲得較高的信譽，一個潛在方案是把生產者的較大項目劃分成一系列較小的項目。

❍值得信賴的中介機構

第三方中介機構提供的優質訊息能夠促進市場參與者之間的信任。例如，金（Jin）和卡托（Kato）論證了第三方品質證明在繁榮收藏品市場方面的重要性。[24]信用評級等中介機構不是簡單

---

[16] Waldfogel, J., and L.Chen, 2006, "Does Information Undermine Brand? Information Intermediary Use and Preference for Branded Web Retailers", *Journal of Industrial Economics*, 54(4), 425-449.

[17] Lewis, G., 2011, "Asymmetric Information, Adverse Selection and Seller Disclosure: The Case of eBay Motors", *American Economic Review*, 101(4), 1535-1546.

[18] Roberts, J., 2011, "Can Warranties Substitute for Reputations? ", 6, 3(3), 69-85.

[19] Elfenbein, D.W., R.Fisman, B.McManus, 2012, "Charity as a Substitute for Reputation: Evidence from an Online Marketplace", *Review of Economic Studies*, 79(4), 1441-1468.

[20] Hsu, D., 2007, "Experienced Entrepreneurial Founders, Organizational Capital, and Venture Capital Funding", *Research Policy*, 36(5), 722-741.

[21] Ahlers, G., D.Cumming, C.Gunther, and D.Schweizer, 2012, "Signaling in Equity Crowdfunding", *SSRN Working Paper*, http://papers.ssrn.com/sol3/papers.cfm?abstract id=2161587.

[22] Tucker, C., and J.Zhang, 2011, "How Does Popularity Information Act Choices? A Field Experiment", *Management Science*, 57(5), 828-842.

[23] Cabral, L., "Reputation on the Internet".

[24] Jin, G.Z., and A.Kato, 2007, "Dividing Online and Online: A Case Study", *Review of Economic Studies*, 74(3), 981-1004.

地說「高品質」，而是能夠提供一個可證明的、真實的品質水準，為購買者提供一個可信的品質訊息。在群眾募資平台上，出資者也越來越多地使用Facebook、Twitter 和Linkedin等大型社群網路，以有效規避道德風險。

▼規則與監管

群眾募資平台為了最大化交易規模，不斷根據使用者行為修改它們的規則。例如，二〇一三年，Kickstarter增加了人力資源和系統資源的投入，以監測欺詐風險。Kickstarter管理層認為，這樣做的好處是降低出資者風險、保護出資者利益，鼓勵更多的出資者參與群眾募資，但會提高群眾募資平台的監督成本。不過，Kickstarter提出，最終仍然主要依靠資金提供者自己對生產者能力進行盡職調查，要在生產者最小化資訊披露、出資者最大化資訊披露以及平台行政負擔之間謀求平衡。

另外，美國的《JOBS法案》要求美國證監會建立群眾募資行業規則（詳見第十章）。訂定這些規則主要是為了保護出資者，但出資者可能在這些法規表述中面臨許多潛在的風險。

▼群體盡職調查

群眾募資的出資者在盡職調查方面是弱勢群體。在傳統金融市場上，他們通常只持有一個非常小的股權，因而花費時間和金錢進行盡職調查的激勵不大，這就容易產生「搭便車」問題。但在群眾募資平台上，出資者數量多於傳統金融市場，他們關注平台上項目資訊披露的真實性、準確性，對項目的創新性及市場前景分別給出評價。這樣，更多的個人可以從不同角度發現項目的缺陷，以降低出資風險。

但群眾募資也有一些問題。一是人群受從眾行為影響，容易出現「羊群效應」。現有的多數研究表明，群眾募資平台上出資者把資本積累作為一個重要的品質訊息。項目融資一般按照圖一所示的難易程度進行。這一融資次序可能反映項目品質和公眾預期等方面的資訊，出資者一般會選擇前期具有一定資本積累的項目進行投資。從眾行為在一定條件下會導致次優結果。二是項目管理者可能操縱前期資本積累資訊，以吸引出資者。在極端情況下，生產者可利用融資路徑依賴性質，在早期階段注入較多的資本，利用資訊關聯吸引出資者，在籌集到一定規模的資金後撤回前期資本。當然，這個問題可能通過平台的規則和功能來控制。

▼閾值機制

群眾募資平台通過閾值機制解決可能的「搭便車」問題。比如，在群體盡職調查中，早期出資者通過資本積累為後來者產生有價值的訊息，這樣所有出資者都有激勵去等著看別人怎麼做。針對「搭便車」問題，幾乎所有的群眾募資平台都採用某種形式的「閾值機制」。其機理是，生產者只有在一定時期內融資達到一定的規模才能繼續融資，否則要將前期籌集的資金全部退還給出資者，這樣一來，融資就失敗了。在提供公共物品和解決「搭便車」問題上，這種特殊類型的合同是一個經典的協調解決方案。通過閾值機制群眾募資平台能控制項目管理者無限期籌集資金的問題，降低出資者的投資風險。

若干開放問題

政策上支援群眾募資的前提是，群眾募資給社會帶來正的淨收益。群眾募資可能改善技術創新的速度和方向，提高技術轉化為現實生產力的效率。而在改善社會整體福利、增加私人回報和產生正的外部效應的同時，群眾募資也可能引發較高的金融風險。究竟如何認識，關係到群眾募資的發展。

▼社會福利

首先，群眾募資平台會從交易中獲取收益，生產者和出資者分別獲得運作資金和股權，滿足各自的利益需求。其次，群眾募資有正的外溢效果。尤其是群眾募資專注於早期階段的企業，這些企業的產品中可能有許多是創新產品，得到融資的創新項目投入生產、擴大規模，滿足了更多的社會需求。最後，群眾募資推動了技術的革新和技術向現實生產力的轉化。

但群眾募資幾乎肯定會產生社會損失，例如新形式的欺詐活動、新的證券出售途徑使經驗不足或魯莽的個人做出不審慎的投資決定等。如何降低社會損失、增加社會福利是需要解決的問題。

▼技術創新

群眾募資可以影響技術創新的速度和方向。第一，一般來說，群眾募資平台上融資成功的項目已經過廣大出資者的檢驗，更具有創新性，更符合社會需求。沒有實用價值或實用價值低的項目很難融資成功。群眾募資機制實質上是社會公眾對創新項目的篩選。與之相比，傳統的政府扶持、銀行貸款等難以直接有效地反映社會需求和創新方向。因此，群眾募資可以在一定程度上影響技術創新的方向。第二，通過傳統的融資管道，一個生產創意或一個技術創新的商業方案很難得到運作資金。群眾募資則可以使有價值的生產創意、技術創新儘快得到資金，並儘快投入生產。因此，與傳統融資方式相比，群眾募資加快了有價值技術創新的速度。

▼地理分佈

與傳統融資方式相比，群眾募資的顯著特徵是在全球配置資本。由於交易發生在網路上，不需要人們面對面地完成，地理距離對早期投資的約束弱化。例如，SellaBand的籌資活動幾乎完全不受地域因素的限制。因此，群眾募資中，資本的空間分佈完全不同於傳統的投資。進一步的證據表明，群眾募資可能直接與常規金融管道競爭，使更多的項目不再通過傳統管道進行融資，而是在群眾募資平台上解決資金問題。

最後，我們認為，群眾募資可能發展成「融資工具箱」[25]。在資訊足夠透明、交易成本足夠低的情況下，一些企業（特別是資質比較好的企業）的融資可以不通過股票市場或債券市場等，直接在群眾募資平台（甚至自己的網站）上進行，而且能夠實現各種籌資方式一體化。企業根據自己的需要，動態發行股票、債券或混合型資本工具，供投資者選擇。投資者可以即時獲取自己組合的頭寸、市值、分紅、到期等資訊，相互之間還能進行證券的轉讓。

[25] 這個「融資工具箱」類似於第三章討論的互聯網金融交易平台。

CHAPTER 10
互聯網金融監管

互聯網金融監管是一個開放的命題，目前各國政府都還處在探索階段，沒有成熟的法規。我們主要討論三個問題：一是互聯網金融是否需要監管，二是互聯網金融的功能監管，三是互聯網金融的機構監管。

互聯網金融是否需要監管

我們認為，要參照這一輪國際金融危機後金融監管改革的理念和方法，對互聯網金融進行監管，並在監管中考慮互聯網金融的一些特殊性。

監管的必要性

在市場有效時（即互聯網金融的理想情形，見第一章），市場參與者理性，個體自利行為使得「看不見的手」自動實現市場均衡，均衡的市場價格完全並正確地反映了所有資訊。此時，互聯網金融監管可以採取自由放任（laissez-faire）理念，關鍵目標是排除造成市場非有效的因素，讓市場機制發揮作用，少監管或不監管，具體有三點：(1)因為市場價格訊息正確，所以可以依靠市場紀律來控制有害的風險承擔行為。(2)要讓問題金融機構破產清算，以實現市場競爭的優勝劣汰。(3)沒有必要對金融創新進行監管，市場競爭和市場紀律會淘汰沒有必要或不創造價值的金融創新，管理良好的金融機構不會開發風險過高的產品，資訊充分的消費者只會選擇滿足自己需求的產品。而且就判斷金融創新是否創造價值而言，監管當局相對於市場並不具有優勢，監管反而可能會抑制有益的金融創新。

但互聯網金融在達到這個理想情形之前，仍會存在資訊不對稱和交易成本高等非有效因素，使得自由放任的監管理念不適用。

第一，在互聯網金融中，個體行為可能非理性。比如，在P2P網路貸款中，投資者購買的是針對借款者個人的信用貸款，就算P2P平台能準確揭露借款者信用風險，並且投資足夠分散，仍屬於高風險投資，投資者不一定能充分認識到投資失敗對個人的影響。所以，對P2P網路貸款，一般需要引入投資者適當性監管。英國還要求投資者不能倉促做決策，要三思而後行。

第二，個體理性也不意味著集體理性。比如，在以餘額寶為代表的「第三方支付+貨幣市場基金」合作產品中，投資者購買的是貨幣市場基金份額（見第四章）。投資者可以隨時贖回自己的資金，但貨幣市場基金的頭寸一般有較長期限，或者需要付出一定折扣才能在二級市場上變現。這裡面就存在期限錯配和流動性轉換問題。如果貨幣市場出現大幅波動，投資者為控制風險而贖回資金，從個體行為上看，是完全理性的；但如果是大規模贖回，貨幣市場基金就會遭遇擠兌，從集體行為上看，則是非理性的。二〇〇八年九月，雷曼兄弟破產後，美國歷史最悠久的貨幣市場基金The Reserve Primary就遭遇了這種情況。The Reserve Primary因為對雷曼兄弟的敞口而跌破面值，儘管淨值損失不超過百分之五，但機構投資者仍爭先恐後地贖回，該基金不得不走向破產清算。受此事影響，整個貨幣市場基金行業遭遇贖回潮，一夜之間遭到重創。流動性緊縮的局面還蔓延到整個金融系統，主要國家的央行不得不聯手推出大規模的流動性支持措施。❶機構投資者表現出的這種集體非理性行為，完全有可能在個人投資者身上出現。

❶謝平、鄒傳偉（2013）。《銀行宏觀審慎監管的基礎理論研究》。北京：中國金融出版社。

第三，市場紀律不一定能控制有害的風險承擔行為。目前在中國，針對投資風險的各種隱性或顯性擔保大量存在（比如，隱性的存款保險、銀行對櫃檯銷售的理財產品的隱性承諾），老百姓也習慣了「剛性兌付」，風險定價機制在一定程度上是失效的。在這種環境下，部分互聯網金融機構推出高風險、高收益產品，用預期的高收益來吸引眼球、做大規模，但不一定如實揭露風險。這裡面有巨大的道德風險。

第四，互聯網金融機構如果涉及大量使用者、達到一定資金規模，出問題時就很難通過市場出清的方式解決。如果該機構涉及支付清算等基礎金融業務，破產還可能損害金融系統的基礎設施，構成系統性風險。比如，支付寶和餘額寶的涉及人數和業務規模如此之大，已經具有一定的系統重要性。

第五，互聯網金融創新可能存在缺陷。比如，中國**P2P**網路貸款已經出現良莠不齊的局面。部分**P2P**平台中，客戶資金與平台資金沒有有效隔離，出現了若干平台負責人捲款「跑路」事件；部分**P2P**平台行銷手段激進，將高風險產品銷售給不具備風險識別和承擔能力的人群（比如退休老人）；部分**P2P**平台觸及了非法集資、非法吸收存款的監管紅線。又如，比特幣因為有很好的匿名性，被用在洗錢、販毒等非法活動中。

第六，互聯網金融消費中可能存在欺詐和非理性行為，金融機構可能開發和推銷風險過高的產品，消費者可能購買自己根本不瞭解的產品。比如，在金融產品的網路銷售中，部分產品除了籠統地披露預期收益率外，很少向投資者說明該收益率通過何種策略取得、有什麼風險等。部分產品為做大規模，甚至採取補貼、擔保等方式來放大收益，「賠本賺吆喝」，不屬於純粹的市場競爭行為。而部分消費者因為金融知識有限和習慣了「剛性兌付」，甚至不一定清楚**P2P**網路貸款與存款、銀行理財產品有什麼差異。

此外，行為金融學也支持對互聯網金融進行監管。行為金融學研究個體行為的非理性以及市場的非有效性，一方面引入心理學對認知和偏好的研究，說明個體行為不一定滿足經濟人假設，另一方面研究套利有限使市場價格達不到理性均衡水準，從而說明有效市場假說不一定成立。行為金融學對互聯網金融監管有如下啟示：(1)抑制過度投機。比如，比特幣的通貨緊縮效應就伴隨著嚴重的投機問題（見第五章）。(2)限制市場准入。因為互聯網金融機構和投資者並非完全理性，某些市場或產品應該只對滿足一定條件的機構和投資者開放。這裡就隱含有市場准入、分業經營或部分分業經營的原則。(3)加強對互聯網金融創新的監管，對互聯網金融創新中的缺陷要及時彌補。(4)加強對金融消費者的保護。(5)投資者適當性監管。

因此，對互聯網金融，不能因為發展不成熟就採取自由放任的監管理念，應該以監管促發展，在一定的負面清單、底線思維和監管紅線下，鼓勵互聯網金融創新。

與傳統金融相比，互聯網金融有兩個突出的風險特徵，在監管中要注意。

監管的特殊性

▼資訊科技風險

因為網路對金融的滲透（見第一章），資訊科技風險在互聯網金融中非常突出。比如，電腦病毒、電腦駭客攻擊、支付不安全、互聯網金融詐騙、金融釣魚網站、客戶資料洩露、身份被非法盜取或篡改等。中國銀監會副主席閻慶民認為，資訊科技風險可以從風險來源、影響的對象及對責任單位的影響三個角度來理解。❷

資訊科技風險的來源分為四類：(1)自然原因導致的風險。(2)系統風險，由資訊系統相關軟硬體缺陷引發，包括基礎設施和硬體設備老化、應用和系統軟體品質缺陷等。(3)管理缺陷導致的風險，主要呈現在管理制度的缺失或組織架構的制衡機制不完善、管理流程不健全。(4)由人員有意或無意的違規操作引起的操作風險。

資訊科技風險影響的對象分為三類：(1)數據風險。金融服務反映在資訊科技領域就是數據處理，一旦管理不善，容易出現客戶資訊洩密、資金差錯等數據風險。(2)營運平台風險。金融服務涉及的資料處理都需要穩健的營運平台，硬體設備、網路、作業系統、數據庫、中介軟體以及應用系統內在缺陷或管理差錯，將影響資訊系統營運平台的品質，出現營運平台風險。(3)物理環境風險。資訊系統營運平台的安全運行有賴於適宜的物理環境，地震、雷雨、群體事件以及機房設備故障將影響機房供電、溫度、濕度等，形成物理環境風險。

資訊科技風險對組織的影響分為四類：(1)安全風險，即資訊被篡改、盜用或被非授權組織使用的風險。(2)可用性風險，即由於系統故障、自然災害等導致資訊或應用程式不可用的風險。(3)績效風險，指由於系統、應用程式或人員的表現不佳，導致交易和營運效率降低和金融機構價值下降的風險。(4)合規風險，指對資訊的處理加工不能滿足法律、監管要求或資訊科技和金融機構政策規定而導致金融機構聲譽受損的風險。

對資訊科技風險的主要監管手段❸包括：非現場監管（使用監管指標）、現場檢查、風險評估與監管評級、前瞻性風險控制措施，也可以使用數理模型來計量資訊技術風險（比如基於損失分佈法的計量方法）。

▼「長尾」風險

互聯網金融因為拓展了交易可能性邊界，服務了大量不被傳統金融所覆蓋的人群（即所謂「長尾」特徵），使得互聯網金融具有明顯不同於傳統金融的風險特徵。第一，互聯網金融服務人群的金融知識、風險識別和承擔能力相對欠缺，屬於金融領域的弱勢群體，容易遭受誤導、欺詐等不公正待

❷閻慶民（2013）。《銀行業金融機構資訊科技風險監管研究》。北京：中國金融出版社。

❸對具體監管措施，感興趣的讀者請參看前述閻慶民的著作，本書不展開討論。

遇。第二，他們的投資小額而分散，作為個體投入精力監督互聯網金融機構的成本遠高於收益，所以容易出現「搭便車」問題❹，針對互聯網金融的市場紀律容易失效。第三，個體非理性和集體非理性更容易出現。第四，一旦互聯網金融出現風險，從涉及人數上衡量（儘管涉及金額可能不大），對社會的負外部性很大（外部性的具體含義見後文）。總的來說，鑒於互聯網金融的「長尾」風險，強制性的、以專業知識為基礎的、時間持續的金融監管不可或缺，而金融消費者保護尤為重要。

互聯網金融的功能監管

功能監管的核心是根據互聯網金融的業務和風險來實施監管。互聯網金融機構如果實現了類似於傳統金融的功能，就應該接受與傳統金融相同的監管；不同的互聯網金融機構如果從事了相同的業務，產生了相同的風險，就應該受到相同的監管。否則，就容易造成監管套利，既不利於市場公平競爭，也會產生風險盲點。與功能監管相對應的是機構監管。對互聯網金融而言，儘管從機構監管角度更容易把監管問題說清楚（見後文），但功能監管涉及監管基本理論和方法論，所以有必要在機構監管之前討論。

功能監管主要是針對風險的監管，基礎是風險識別、計量、防範、預警和處置。與傳統金融一樣，在互聯網金融中，風險指的仍是未來遭受損失的可能性，市場風險❺、信用風險❻、流動性風險❼、操作風險❽、聲譽風險❾和法律合規風險❿等概念和分析框架對互聯網金融都適用（資訊科技風險前文已有說明）。互聯網金融也存在誤導消費、誇大宣傳、欺詐等問題。因此，在功能監管方面，互聯網金融與傳統金融沒有顯著差異，也可以分成審慎監管、行為監管、金融消費者保護三種主要類型，儘管具體措施與傳統金融有所不同。

審慎監管

審慎監管⓫的目標是控制互聯網金融的外部性，保護公眾利益。根據微觀經濟學理論，外部性指的是經濟主體的行為可通過價格機制之外的管道，直接影響其他消費者的福利或其他廠商的生產能力；如果不對市場施加額外限制，在外部性為正時，均衡水準會低於社會最優水準，而在外部性為負

❹可以參考第九章對群眾募資中「搭便車」問題的討論。
❺因市場價格的不利變化而發生損失的風險。
❻因債務人不履行還本付息義務而發生損失的可能性。
❼無法及時獲得充足資金或無法以合理成本及時獲得充足資金以應對資產增長或支付到期債務的風險。
❽由不完善或有問題的內部程式、員工和資訊科技系統以及外部事件而造成損失的風險。
❾由經營、管理及其他行為或外部事件導致利益相關方對金融機構負面評價的風險。
❿金融機構因未能遵循法律法規、監管要求、自律性組織制定的有關準則，以及適用於金融機構自身業務活動的行為準則，而可能遭受法律制裁或監管處罰、重大財務損失或聲譽損失的風險。
⓫審慎監管分為微觀審慎監管和宏觀審慎監管兩大類。前者指的是針對單個互聯網金融機構安全和穩健營運的監管。後者指的是針對互聯網金融對金融系統安全和穩健運行以及實體經濟的影響的監管。

時，均衡水準會高於社會最優水準（金融領域一般屬於後一種情形）。審慎監管的基本方法論是，在風險識別的基礎上，通過引入一系列風險管理手段（一般體現為各種監管限額），控制互聯網金融機構的風險承擔行為以及對社會造成的負外部性（特別是在事前），使外部性行為達到社會最優水準。

目前來看，互聯網金融的外部性主要表現為信用風險的外部性和流動性風險的外部性。對這兩類外部性，可以借鑒銀行監管中的相關做法⓬，按照「內容重於形式」原則，設計針對互聯網金融的監管措施。

▼針對信用風險的外部性的監管

部分互聯網金融機構從事了信用中介活動。比如，在P2P網路貸款中，一些P2P平台直接介入借貸鏈，或者為借貸活動提供擔保，總的效果都是承擔了與借貸有關的信用風險。這類互聯網金融機構就會產生信用風險的外部性。它們如果破產，不僅會使相關債權人、交易對手的利益受損，也會使具有類似業務或風險的互聯網金融機構的債權人、交易對手懷疑自己機構的清償能力，進而產生資訊上的傳染效用。根據中國國務院辦公廳二〇一三年《關於加強影子銀行監管有關問題的通知》（即「107號文」）的精神，從事信用中介活動的互聯網金融機構，如果不持有金融牌照，並且完全無監管，就屬於影子銀行，需要由中國人民銀行會同有關部門共同研究制定監管辦法。

對信用風險的外部性的監管，可以參考銀行業的做法。在Basel II和III下，銀行為保障在信用風險的衝擊下仍具有持續經營能力，需要計提資產損失準備金和資本。其中，損失分為預期損失和非預期損失兩種，預期損失由資產損失準備金來覆蓋，非預期損失由資本來覆蓋。具體體現為不良資產撥備覆蓋率、資本充足率等監管指標。

比如，P2P平台普遍將部分收入劃撥到風險儲備池（例如，貸款總額的百分之二），用於保障投資者的本金。風險儲備池在功能上是與銀行資產損失準備金、資本相當的，那麼如何確定風險儲備池的適當規模？銀行資本充足率的要求是百分之八，等於資本除以風險加權資產，而資產的平均風險權重一般在百分之五十左右，因此銀行資本約佔資產的百分之四。按此類推，P2P平台的風險儲備池應為貸款總額的百分之四。當然，這只是一個「信封背面的計算」（back-of-the-envelope calculation），主要是為了說明相關監管邏輯，風險儲備池的具體標準應依據風險計量來確定。

▼針對流動性風險的外部性的監管

部分互聯網金融機構進行了流動性或期限轉換。比如，信用中介活動經常伴隨著流動性或期限轉換。又如，在以餘額寶為代表的「第三方支付＋貨幣市場基金」合作產品中，投資者隨時可以贖回自己的基金份額，但基金頭寸的期限則要長一些。這類互聯網金融機構就會產生流動性風險的外部性。它們如果遭遇流動性危機，首先會影響債權人、交易對手的流動性。比如，如果貨幣市場基金集

---

⑫這一部分涉及的銀行業監管措施，感興趣的讀者可以參考謝平、鄒傳偉（2013）：《銀行宏觀審慎監管的基礎理論研究》，本書不深入展開討論。

中、大量提取協定存款，會直接對存款銀行造成流動性衝擊。其次，會使具有類似業務或風險的互聯網金融機構的債權人、交易對手懷疑自己機構的流動性狀況，也會產生資訊上的傳染效用。此外，金融機構在遭遇流動性危機時，通常會通過出售資產來回收現金，以滿足流動性需求。短時間內大規模出售資產會使資產價格下跌。在公允價值會計制度下，持有類似資產的其他金融機構也會受損，在極端情況下，甚至會出現「資產價格下跌→引發拋售→資產價格進一步下跌」的惡性循環。

對流動性風險的外部性的監管，也可以參考銀行業的做法。Basel III引入了兩個流動性監管指標——流動性覆蓋比例（liquidity coverage ratio, LCR）和淨穩定融資比例（net stable funding ratio, NSFR）。其中，流動性覆蓋比例要求已經開始實施，要求銀行在資產方留有充足的優質流動性資產儲備，以應付根據流動性壓力測試估計的未來三十天內的淨現金流出量。淨穩定融資比例的監管邏輯與之類似。

對「第三方支付＋貨幣市場基金」合作產品，應該通過壓力測試估算投資者在大型購物季、貨幣市場大幅波動等情景下的贖回金額，並據此對貨幣市場基金的頭寸分佈進行限制，確保有足夠比例的高流動性頭寸（當然，這會犧牲一定的收益性）。

行為監管

行為監管，包括對互聯網金融基礎設施、互聯網金融機構以及相關參與者行為的監管，主要目的是使互聯網金融交易更安全、公平和有效。從一定意義上說，行為監管是對互聯網金融的營運優化，主要內容如下：

第一，對互聯網金融機構的股東、管理者的監管。一方面，在准入審查時，排除不審慎、能力不足、不誠實或有不良記錄的股東和管理者。另一方面，在持續經營階段，嚴格控制股東、管理者與互聯網金融機構之間的關聯交易，防止他們通過資產佔用等方式損害互聯網金融機構或者客戶的合法權益。

第二，對互聯網金融有關資金及證券的託管、交易和清算系統的監管。一方面，要提高互聯網金融交易效率，控制操作風險；另一方面，平台型互聯網金融機構的資金與客戶資金之間要有效隔離，防止挪用客戶資金、捲款「跑路」等風險。

第三，要求互聯網金融機構有健全的組織結構、內控制度和風險管理措施，並有符合要求的營業場所、資訊科技基礎設施和安全保障措施。

金融消費者保護

金融消費者保護，即保障金融消費者在互聯網金融交易中的權益。金融消費者保護與行為監管有緊密聯繫，有學者認為金融消費者保護屬於行為監管。我們之所以將金融消費者保護單列出來，是因為它主要針對互聯網金融服務的「長尾」人群，而行為監管主要針對互聯網金融機構。

金融消費者保護的主要背景是消費者主權理論，以及資訊不對稱環境下互聯網金融機構對消費者權益的侵害。⓭要認識到，互聯網金融機構與金融消費者兩方的利益並非完全一致，互聯網金融機構健康發展（這是審慎監管和行為監管的主要目標）不足以完全保障金融消費者的權益。

現實中，由於專業知識的限制，金融消費者對金融產品的成本、風險、收益的瞭解根本不能與互聯網金融機構相提並論，處於知識劣勢，也不可能支付這方面的學習成本。其後果是，互聯網金融機構掌握金融產品內涵資訊和定價的主導權，會有意識地利用金融消費者的資訊劣勢開展業務。經濟學上稱之為隱含欺詐傾向，但不一定構成法律意義上的欺詐。此外，互聯網金融機構對金融消費者有「鎖定效應」⓮，欺詐行為一般比較隱蔽，不能被市場競爭所消除（也就是說，金融消費者發現欺詐行為後，也不會另選機構）。

針對金融消費者保護，可以進行自律監管。但如果金融消費者沒有很好的低成本維護權利管道，或者互聯網金融機構過於強勢，而自律監管機構又缺乏有效措施，準欺詐行為一般很難得到制止和處罰，甚至無法被披露出來。在這種情況下，自律監管就面臨失效，政府監管機構就要作為金融消費者的代理人實施強制監管權力⓯，主要採取以下措施：

第一，要求互聯網金融機構加強資訊披露，產品條款要簡單明瞭、資訊透明，使金融消費者明白其中風險和收益的關係。

第二，要為金融消費者提供維護權利的管道。一是賠償機制。買電器碰到假冒偽劣可以索賠，買金融產品遇到誤導消費、誇大宣傳、欺詐等問題也應該可以索賠。二是訴訟機制。美國原來規定只有股票投資者可以集體訴訟，在這輪國際金融危機後則允許金融消費者遇到金融產品有欺詐行為時，可以狀告銀行、保險公司和證券公司，代銷者也被規定負有連帶責任。這一訴訟機制可以用在互聯網金融的消費者保護中。

第三，利用金融消費者的投訴及時發現監管漏洞，要求互聯網金融機構改進（現實生活中，有些互聯網金融機構的「準欺詐產品」很難被監管者發現）。

第四，利用網路平台擴大金融消費者維權投訴的資訊擴散效果。一個金融消費者發現某個互聯網金融機構的某個產品有問題後，一旦在網上公佈，就可使其他消費者「搭便車」，擴大保護範圍。這相當於利用了社群網路和大數據的原理。

⓭參見謝平（2010）。〈金融監管消費者至上〉，《新世紀》。海南：中國（海南）改革發展研究院。

⓮《Lending Club 簡史》（北京，中國經濟出版社，2013）就指出：借款人如果在某個 P2P 平台上留下了過高的債務估收入比記錄，也很難從其他平台借款；對於放款人而言，熟悉了某個平台之後也會產生依賴性；對於借款人和放款人而言，轉換平台的成本都是非常高的。

⓯目前，「一行三會」均已成立金融消費者保護司局。

互聯網金融的機構監管

在本書所列的互聯網金融的六種主要類型（見第一章）中，急需建立監管的是P2P網路貸款和群眾募資，其他幾類或多或少都有一定監管框架，所以這一節重點討論對P2P網路貸款和群眾募資的監管。⑯需要說明的是，機構監管隱含的前提是，同類機構從事類似業務、產生類似風險，因此可適用類似的監管。但互聯網金融已經出現了異業經營的跡象。在這種情況下，就需要根據互聯網金融機構具體的業務、風險，從功能監管角度制定監管措施，同時加強監管協調（見後文）。

目前已有的監管框架

第一，在金融互聯網化方面，網路銀行、手機銀行、網路證券公司、網路保險公司和互聯網金融交易平台（見第三章），主要呈現網路對銀行、證券公司、保險公司和交易所等的營業據點和人工服務的替代。大數據在徵信、網路貸款（不管是以銀行為載體，還是以小貸公司為載體）、證券投資、保險精算中的應用（見第七章和第十二章），主要是改進相關金融活動的資訊處理環節。相對於傳統金融中介和市場而言，這些互聯網金融機構儘管資訊更透明、交易成本更低、資源配置效率更高，但金融功能、風險特徵變化不大，所以針對傳統金融中介和市場的監管框架和措施也都適用，但需要加強對資訊科技風險的監管。⑰相關法律法規和監管框架可以在「一行三會」的網站上查到。

第二，對行動支付和第三方支付，中國已經建立起一定的監管框架，包括反洗錢法、電子簽名法和《關於規範商業預付卡管理的意見》等法律法規，以及中國人民銀行的《非金融機構支付服務管理辦法》、《支付機構預付卡業務管理辦法》、《支付機構客戶備付金存管辦法》和《銀行金融卡收單業務管理辦法》等規章制度，都可以在中國支付清算協會的網站上查到。

第三，對金融產品的網路銷售，監管重點是金融消費者保護，嚴格控制誤導消費、誇大宣傳、欺詐等問題。中國《證券投資基金銷售管理辦法》第三十五條規定：「基金宣傳推介材料必須真實、準確，與基金合約、基金招募說明書相符，不得有下列情形：（一）虛假記載、誤導性陳述或者重大遺漏；（二）預測基金的證券投資業績；（三）違規承諾收益或者承擔損失……（五）誇大或者片面宣傳基金，違規使用安全、保證、承諾、保險、避險、有保障、高收益、無風險等可能使投資人認為沒有風險的或者片面強調集中營銷時間限制的表述；（六）登載單位或者個人的推薦性文字。」中國銀監會對理財產品和信託產品等也有明文規定，絕對不能保證收益率，只能列明預期收益率，並要向投資者反覆強調投資有風險、買者自負的道理。二〇一四年一月，浙江省證監局開出了

⑯第五章已討論電子貨幣監管（特別是比特幣），本章不重述。
⑰需要說明的是，中國對非中央政府辦的各種金融交易平台一直持保留態度。二〇一一年，中國國務院曾頒佈《關於清理整頓各類交易場所切實防範金融風險的決定》（即「三十八號文」）。

針對網路理財產品的首張罰單，認定數米基金公司宣傳資料中存在「最高可享百分之八．八年化收益」等不當用語，責令其限期改正。

對以餘額寶為代表的「第三方支付＋貨幣市場基金」合作產品，鑒於可能的流動性風險，應參考美國在這輪國際金融危機後對貨幣市場基金的監管措施。具體如下：

一是要求「第三方支付＋貨幣市場基金」合作產品如實向投資者揭露風險，避免投資者形成貨幣市場基金永不虧損的錯誤預期。中國《證券投資基金銷售管理辦法》第四十三條規定：「基金宣傳推介材料中推介貨幣市場基金的，應當提示基金投資人，購買貨幣市場基金並不等於將資金作為存款存放在銀行或者存款類金融機構，基金管理人不保證基金一定盈利，也不保證最低收益。」

二是要求「第三方支付＋貨幣市場基金」合作產品在不損害商業秘密的前提下，如實披露頭寸分佈資訊⓲（包括證券品種、發行人、交易對手、期限、評級等維度）和資金申購、贖回資訊。

三是要求「第三方支付＋貨幣市場基金」合作產品滿足平均期限、評級和投資集中度等方面的限制，確保有充足的流動性儲備來應付壓力情境下投資者的大額贖回。

對P2P網路貸款的監管

理論上，如果P2P網路貸款採取純粹的平台模式（既不承擔與貸款有關的信用風險，也不進行流動性或期限轉換），而且投資者風險足夠分散，對P2P平台本身就不需要引入審慎監管。這方面的代表是美國。

以Lending Club和Prosper為代表的P2P網路貸款具有以下特點（詳見第八章）：(1)投資人和借款人之間不存在直接的債權債務關係，投資人購買的是P2P平台按美國證券法註冊發行的票據（即收益權憑證），而給借款人的貸款則先由第三方銀行提供，再轉讓給P2P平台；(2)票據和貸款之間存在鏡像關係，借款人每個月對貸款本息償付多少，P2P平台就向持有對應票據的投資人支付多少；(3)如果借款人對貸款違約，對應票據的持有人不會收到P2P平台的支付（即P2P平台不對投資人提供擔保），但這不構成P2P平台自身違約；(4)個人徵信發達（比如FICO信用評分），P2P平台不用做大量的線下盡職調查工作。在這些情況下，美國證監會監管的重點是資訊披露，而非P2P平台的營運情況。P2P平台必須在發行說明書中不斷更新每一筆票據的資訊，包括對應貸款的條款、借款人的匿名訊息等。這裡面特別要注意美國證券法提供的資本工具的靈活性——收益權憑證既是P2P網路貸款運行框架的核心，也是對P2P網路貸款進行監管的「抓手」。

與美國的情況相比，中國P2P網路貸款有很大的特殊性，主要表現為：(1)個人徵信系統不完善，線上資訊不足以滿足信用評估的需求，普遍開展線下盡職調查；(2)民眾習慣了「剛性兌付」，沒有擔保很難吸引投資者，P2P網貸平台普遍劃撥部分收入到風險儲備池，用於保障投資者的本金；(3)採取「專業放貸人＋債權轉讓」模式，目標是更好地聯結借款者的資金需求和投資者的理財需求，

⑱ 不一定是每個頭寸的詳細資訊。

主動、批量開展業務，而非被動等待各自匹配；(4)大量開展線下推廣活動，金融消費者保護需要加強。總的來說，中國P2P網路貸款更接近於網路上的民間借貸。

目前，中國P2P網路貸款無論在機構數量上還是在促成的貸款金額上，都超過了其他國家。P2P網路貸款在「中國化」的過程中產生了很多特有的商業模式、營運機制和風險隱憂。針對這一行業魚龍混雜的局面，監管者已經表示了擔憂。中國人民銀行副行長劉士余（也是國務院「互聯網金融發展與監管」課題組組長）二〇一三年十二月四日在支付清算協會互聯網金融專業委員會成立大會上指出，作為政府部門，絕不姑息違法犯罪和欺詐行騙，央行和金融監管部門一定會配合公安機關和各級政府出重拳打擊，以促進正常的互聯網金融健康發展，非法集資、非法吸收公眾存款兩個紅線不能碰，尤其是P2P平台不可以辦資金池。

我們認為，對P2P網路貸款要引入以下監管措施，核心理念是「放開准入，活動留痕，事後追責」。

▼准入監管

1.建立基本准入標準。P2P平台的董事、監事和高級主管要具備一定的金融知識和從業經驗，要通過一定的背景審查（比如，具有良好的職業道德，沒有不良記錄）。P2P平台要具備基本的經營條件。比如，在資訊科技基礎設施方面，要有條件管理和存放客戶資料和交易記錄，要有能力建立風險管理體系。

2.建立「誰批設機構，誰負責風險處置」的機制（這也是中國國務院辦公廳二〇一三年《關於加強影子銀行監管有關問題的通知》的精神之一）。

▼營運監管

(1)P2P平台僅限於從事金融資訊服務業務，為投資者和借款者建立直接對應的借貸關係，但P2P平台本身不能直接參與借貸活動，不得因為技術手段的改進而超出範圍經營。

(2)如果P2P平台通過風險儲備池等方式承擔了貸款的信用風險，就必須遵循與銀行資產損失準備金、資本相當的監管標準，確保風險儲備池有足夠的風險吸收能力。這個要求的核心目標是使P2P平台的業務規模與風險承擔能力相適應，保障持續經營能力。

(3)P2P平台必須嚴格隔離自有資金與客戶資金，客戶資金由第三方帳戶管理（比如，與中國人民銀行核准的第三方支付機構合作），P2P平台不得以任何方式挪用客戶資金。

(4)P2P平台要瞭解自己的客戶（know your customers，KYC），採取有效手段對客戶身份進行識別和認證，防止不法分子進行交易欺詐、融資詐騙、違規套現等活動。

(5)P2P平台要建立合格投資者制度，確保投資者有足夠的金融知識、風險識別和承受能力投資於P2P網路貸款。

(6)P2P平台不得進行虛假宣傳、誤導陳述。

▼資訊監管（這是監管重點）

(1)P2P平台必須完整地保存客戶資料（包括申請和信用評估數據）、借貸兩端客戶匹配資訊以及客戶借貸、還款等交易資訊，以備事後究責。

(2)P2P平台不得虛構債權或篡改借貸資訊，P2P平台的股東或工作人員如果在自己的平台上融資，要如實披露資訊，防止利益衝突和關聯交易。

(3)P2P平台要充分履行風險告知義務，確保投資者和借款者明確自身的權利和義務（包括借貸金額、期限、利率、服務費率、還款方式等），保障客戶的知情權和選擇權。

(4)P2P平台要如實披露經營資訊，包括公司治理情況（比如「三會一層」的構成）、平台營運模式（比如信用評估方法、借貸雙方匹配機制、客戶資金管理制度、是否提供擔保等）、業務資料（比如交易額、累計用戶數、平均單筆借款金額、投資人收益情況、不良貸款指標等），供客戶參考。

(5)P2P平台要保障客戶資訊安全，防止客戶資訊的滅失、損毀和洩露，不得利用客戶資訊從事超出法律許可範圍和未經客戶授權的活動。

對群眾募資的監管

中國目前因為證券法對投資人數的限制（不超過二百位），群眾募資主要限於藝術類創意項目的「慈善性捐款」融資，沒有擴展到中小企業的股權融資，無法為中小企業與資本市場的對接搭建平台，但也不會產生很大的金融風險。未來，如果中國允許群眾募資以股權形式給予投資者回報，就需要在證券監管的框架下對群眾募資進行監管。這方面，美國的《JOBS法案》值得借鑒。該法案基於美國強大的徵信系統和良好的證券監管機制，劃定群眾募資參與方的權利和義務，以達到保護投資者和促進投融資兩者的平衡，要點如下：

○對發行人的限制

(1)要求在美國證監會備案，並向投資者和群眾募資平台披露規定的資訊，主要是財務報告（根據募資的多少披露不同程度的財務報告）、高階主管、董事和持股百分之二十以上股東的資訊、募資用途、發行額度、募資截止期限以及募資達標過程中的定期通報。

(2)不允許通過廣告進行宣傳，但是可以在群眾募資平台上進行宣傳。

(3)披露支付給群眾募資平台的報酬。

(4)每年應向美國證監會和投資者提供公司營運情況和財務情況的報告。

(5)每年通過群眾募資平台募資的總額不超過一百萬美元。

○對群眾募資平台的限制

(1)必須在美國證監會登記為經紀商或者「集資門戶」（funding portal）。

(2)必須在自律監管性組織（self-regulatory organization，SRO）登記註冊。

(3)必須向投資者披露募資風險的相關資訊並進行投資者風險教育。
(4)必須採取措施減少群眾募資中的欺詐現象。
(5)在融資預定目標未能完成時，不得將所籌資金給予發行人（即融資閾值機制，見第九章）。
(6)確保投資者的投資沒有超過投資額度的限制。
(7)採取必要措施保護投資者的隱私。
(8)禁止他人通過提供潛在投資者個人資訊給群眾募資平台而獲利。
(9)禁止群眾募資平台與發行人有利益關聯。
(10)允許投資者在證券發行時取消購買承諾。

對投資者的限制（即投資者適當性監管）

(1)如果個人投資者的年收入或淨資產少於十萬美元，則投資限額為二千美元或者年收入或淨資產百分之五中孰高者。
(2)如果個人投資者的年收入或淨資產中某項達到或超過十萬美元，則投資限額為該年收入或淨資產的百分之十。

最後，互聯網金融的監管協調也是一個重要問題。目前，中國採取銀行、證券、保險「分業經營，分業監管」的框架，同時金融監管權高度集中在中央政府。但互聯網金融已經出現了異業經營的跡象。比如，在金融產品的網路銷售中，銀行理財產品、證券投資產品、基金、保險產品、信託產品完全可以通過同一個網路平台銷售。又如，餘額寶就混合了第三方支付與貨幣市場基金，在一定意義上還涉足廣義貨幣。互聯網金融機構大量湧現，規模小而分散，業務模式層出不窮，統一的中央金融監管可能鞭長莫及。所以，互聯網金融機構的證照發放、日常監管和風險處置責任，在不同政府部門（主要是「一行三會」和工信部）之間如何分擔，在中央與地方政府之間如何分擔，是非常複雜的問題。

二〇一三年八月，中國國務院為進一步加強金融監管協調，保障金融業穩健營運，同意建立由中國人民銀行帶頭的金融監管協調部際聯席會議制度，職責之一就是「交叉性金融產品、跨市場金融創新的協調」。中國共產黨的十八屆三中全會又提出了「完善監管協調機制，界定中央和地方金融監管職責和風險處置責任」。應該說，中國互聯網金融監管協調的制度框架已經初現雛形。

CHAPTER 11
網路交換經濟

交換經濟（exchange economy）是經濟學中的一個基礎概念，指的是：產品已經被生產出來，就在當事人手中，經濟問題只是如何在不同的人之間進行交換。交換經濟從經濟活動中抽象掉具體的生產和消費過程，其存在的根源是人與人之間資源稟賦不一樣，或者分工不一樣。交換經濟在我們身邊無處不在，典型的例子有各種商品貿易市場。

網路交換經濟（internet based exchange economy）是我們提出的一個概念，強調網路技術和網際網路精神對人類交換模式的影響，以電子商務❶和共用經濟（sharing economy）為代表。

我們之所以在這本關於互聯網金融的書中專闢一章討論網路交換經濟，是因為這兩個概念之間有緊密的聯繫。第一，互聯網金融可以視為網路交換經濟的特例。本章的一些觀點實際上對第二章構成了補充。第二，網路交換經濟為互聯網金融提供了應用場景，並衍生出互聯網金融業務。第三，網路交換經濟可以服務於互聯網金融。我們研究網路交換經濟，主要從網路視角（或思維）解讀偏好、效用、市場、交換、資源配置等經濟學概念，而這有助於深入理解互聯網金融的內在機制。

❶ 根據中國工業和資訊化部的資料，二〇一三年中國電子商務整體交易規模達 10.66 兆元人民幣，其中 B2B 電子商務市場交易額 8.82 兆元人民幣，網路零售市場交易額 1.85 兆元人民幣。

共用經濟

因為電子商務方面已有大量文獻❷，本章重點介紹網路交換經濟的另一個代表——共用經濟。

共用經濟的定義

根據維基百科的定義，共用經濟指的是使商品、服務、資料和才智的可獲得性得以共用的經濟和社會體系。❸共用經濟有多種形態，但有一個共同特點——對資訊技術的使用。在共用經濟中，個人、企業、非營利組織、政府等擁有充足資訊，使得過剩或閒置的商品、服務的分配、共用和再利用成為可能。

瑞吉兒・波茲曼（Rachel Botsman）和魯・羅傑斯（Roo Rogers）在二〇一〇年的一本專著❹中對共用經濟做了全面介紹，認為它可以分成三類。第一類是產品的服務體系（product service systems），其核心是盤活閒置資源，重視資源的可及性，而不是資源的所有權。代表者是線上房屋租賃平台Airbnb和車輛租賃平台ZipCar。第二類是再分配市場（redistribution markets），其核心是舊商品的再使用和再循環，隱含著對過度消費的糾正以及對環保目標的追求。代表者是線上的舊商品交換平台Freecycle和舊衣服交換平台ThredUP。第三類是協作生活方式（collaborative lifestyles），其核心是朋友和鄰居之間的交易，隱含著對社區和人格化交易的回歸。代表者是線上的小任務分包平台TasksRabbit和自產商品的交易平台Etsy。另外，波茲曼和羅傑斯兩位學者認為，P2P網路貸款和群眾募資也屬於共用經濟的範疇。

代表性案例分析

下面我們重點介紹Airbnb、ZipCar、TaskRabbit和BarterCard四個案例。從與交換有關的物流需求來看，Airbnb、ZipCar、TaskRabbit正好代表著不同的類型。在Airbnb上，房屋（即交換物）不可移動。在ZipCar上，車輛本身可以移動。在TaskRabbit上，小任務以數位形式存在，在網上即可完成傳遞。BarterCard則代表了網路時代的物物交換。

▶Airbnb❺

Airbnb成立於二〇〇八年，總部在美國舊金山，核心業務是住處共用。

Airbnb為房東提供線上服務平台，將其未使用的居住空間（包括整套房子、單個房間、床位、船

❷埃弗雷姆・特班等（2010）。《電子商務：管理視角》（第五版）。北京：機械工業出版社，2010。

❸資料來源：http://en.wikipedia.org/wiki/Sharing_economy.

❹Botsman, Rachel, and Roo Rogers, 2010, *What's Mine Is Yours: The Rise of Collaborative Consumption*, Harper Business. 該書中將共用經濟稱為「協同消費」（collaborative consumption）。

❺資料來源：www.airbnb.com 和 en.wikipedia.org/wiki/Airbnb.

隻甚至樹屋等）短期租賃給來房東所在城市旅行的房客。Airbnb的商業模式更接近酒店業，而不是一般的房屋租賃中介。通過Airbnb，房東可以憑藉閒置房源獲利，房客則可以獲得比酒店更個性化、也更便宜的住宿體驗。截至二〇一三年九月，Airbnb的用戶遍及一百九十二個國家，涉及三萬三千萬個城市，發佈的房屋租賃資訊達到五十萬條。

房東和房客都需要在Airbnb上註冊，並線上提供的個人簡介。Airbnb鼓勵房東和房客相互驗證個人身份並進行評價，以在Airbnb中建立聲譽。驗證既可以通過身份證掃描進行（線下方式），也可以通過與谷歌、Facebook或LinkedIn的關聯進行（線上方式）。房東除個人資訊外，重點要提供房源的基本資訊和照片，並參考周邊市場行情確定租賃價格。當然，也可以根據租期長短靈活定價。

房客在旅行前，要先向Airbnb說明目標城市、旅行日期、對房屋的需求（包括房屋類型、價格、大小、周邊環境、便利措施、是否接受寵物等），Airbnb再根據這些標準檢索目標城市的可租賃房源，推薦最匹配房客需求的房源。Airbnb對房東有一個回覆率指標，以衡量房東回覆房客諮詢和預訂申請的積極性。回覆率排名靠前的房東會優先得到Airbnb的推薦。此外，Airbnb上的評價也會影響房源在推薦中的優先順序。Airbnb還為房客提供願望清單功能，幫助房客保存、瀏覽和發掘喜歡的房源（類似於我的最愛的概念）。房客可以將自己的願望清單在社群網路上分享給朋友。

房客根據Airbnb的推薦以及房源、房東資訊（包括之前房客的評論），向房東發出預訂申請。房東根據預訂申請，瞭解潛在房客的資訊（最便捷的方法是關聯房客的Facebook帳號）。Airbnb還內置有通信和語音連接功能，方便房東與房客進行交流。雖然房東與房客是雙向選擇的，但房東更具主導權。

一旦房東決定接受某位房客的預訂申請，雙方將通過電子郵件確認。房客將自己的支付帳號資訊發給Airbnb，Airbnb採取延遲支付方式（本質上是擔保交易）。在房客入住二十四小時內，租金先由Airbnb保管；在房客確認房源品質與房東之前的描述相符後，Airbnb才將租金轉付給房東。

Airbnb的收益主要來自服務費，收費標準是向房東收取租金的百分之三，向房客收取租金的百分之六至百分之十二。

▼ZipCar❻

ZipCar成立於二〇〇〇年，總部在美國麻塞諸塞州，是一個以汽車共用為理念的線上汽車租賃公司，業務遍及美國、加拿大、英國、西班牙和澳大利亞等國的城區和大學校園。

ZipCar擁有並管理可供出租的汽車，而想租車的人需要先申請成為ZipCar會員，會員持有內嵌晶

---

❻資料來源：www.zipcar.com和en.wikipedia.org/wiki/Zipcar。中國目前還沒有出現規模與ZipCar相當的汽車共用公司。但二〇一四年春節前後，騰訊的「嘀嘀打車」和阿里的「快的打車」在打車軟體領域的競爭讓人印象深刻，而且背後蘊藏金融因素（兩家公司的第三方支付帳戶的競爭）。打車軟體的經濟學邏輯與汽車共用類似，減少了預約客戶的候車時間以及計程車「掃大街」的情況。如果打車軟體照此進度發展下去，完全可以設想以下情景：每個計程車都有若干固定客戶，每個客戶都有若干計程車為其服務。私家車如果裝上打車軟體，也可以變成計程車。每個人還可以通過網路自行拼車。日後，計程車行業或許會消失，汽車使用效率也將大幅提高。

片的會員卡。截至二〇一三年七月，ZipCar有一萬輛汽車和八十一萬名會員。ZipCar的汽車上都裝備有射頻識別（RFID）轉發器，用於接收會員卡資訊。同時，每輛車上還有能與ZipCar總部通訊的無線設備，可以向ZipCar的中央系統報告所在的位置以及會員用車時間，長度和里程數。

ZipCar的汽車停放在靠近居民區的專用停車場。會員在任何ZipCar有業務的城市以及任何時間，都能通過Zipcar網站或電話預訂汽車，既可以預訂馬上就要租用的汽車，也可以預訂一年後才用的汽車。ZipCar收到會員預訂後，會根據可用汽車與會員所在地的距離，通過數位地圖給出車輛的基本情況和價格，供會員選擇。一旦到達預訂時間，會員卡就會被啟動，會員可到專用停車場取車（ZipCar的手機應用程式還提供了鳴笛尋車功能）。會員開關車鎖都需要使用會員卡。在會員用車期間，ZipCar為保護其隱私，不會跟蹤汽車位置（但汽車內置的防盜機制仍會運行）。用完車後，會員要在預定時間內將車開回原來的停車場，用會員卡上鎖。

Zipcar的租車模式完全是自助式的，既減少了人工服務費用，也讓會員擁有了很大的消費自主權。會員需要向ZipCar交納一次性申請費，每年續交年費，每次租車還要交預訂費。租賃費按小時結算，包括汽油、保險等費用。ZipCar的支付方式很便捷，通過網路寄發電子帳單，隨後所有費用均從會員的信用卡上自動劃賬。

▼TaskRabbit[7]

TaskRabbit成立於二〇〇八年，是一個以「做得更多，活得更好，成就更大」（Do More, Live

More, Be More）為理念的線上任務發佈和認領社區。TaskRabbit的核心業務是允許一部分用戶（稱為任務發佈者，TaskPoster）將一些工作分包給另外一部分用戶（稱為任務兔子，TaskRabbit），任務兔子完成任務後從任務發佈者處獲得一定報酬。通過任務兔子，任務發佈者可以以非常低的費用解決很多問題；任務兔子除了獲得一定收入外，還可以展現自己的能力。TaskRabbit的總部在美國舊金山，業務主要在美國東西海岸的大城市，包括波士頓、芝加哥、紐約、舊金山、洛杉磯等。

任務發佈者是需要幫助的人，可以隨時隨地把自己無法完成的任務發佈在TaskRabbit網站上。無論是需要人安裝傢俱，還是請人幫忙遛狗，都能通過TaskRabbit外包。任務發佈者要在TaskRabbit網站上詳細描述任務細節，並參考完成類似任務所需的費用，設定自己任務的最高出價。

任務兔子是提供幫助的人，具有完成任務所需的時間和能力（主要是有閒置時間和技能的退休者、全職爸爸、全職媽媽等）。任何人想成為任務兔子，都必須在TaskRabbit網站上提出申請。TaskRabbit會對申請者進行審核（包括視頻面試），並進行犯罪背景調查。對通過審核和調查的申請者，TaskRabbit會根據其所在地點和技能將其分配到不同社區。任務兔子在認領任務時，要提出自己的要價。

對提出認領請求的任務兔子，任務發佈者要根據其技能水準、要價等條件篩選出最匹配自身需求的認領者。任務兔子完成任務後，任務發佈者會對任務兔子進行評價。

---

❼資料來源：www.taskrabbit.com 和 en.wikipedia.org/wiki/TaskRabbit.

為提高任務兔子的積極性，TaskRabbit設計了一套類似於遊戲積分的激勵機制。根據任務兔子認領任務的速度、完成任務的品質等情況，給予任務兔子一定積分。任務兔子的累計積分對應著一系列級別，累計積分越高，級別也越高。TaskRabbit會製作一個排行榜，列出那些級別最高的任務兔子以及用戶評價。

TaskRabbit還能提供加急服務。比如，任務發佈者想吃某樣食物但沒時間去買，或者出行前急需人幫忙從乾洗店中取回衣服。任務發佈在TaskRabbit上並由任務兔子認領後，TaskRabbit會提供一些工具幫助任務發佈者即時跟蹤認領者所處的地理位置。

TaskRabbit的盈利模式是，從完成每份任務所需費用中提取百分之十三到百分之三十的佣金。

▼Bartercard[8]

Bartercard的業務主要分佈在澳大利亞、紐西蘭、英國、美國、泰國等國家，適合有剩餘產品或閒置產能的機構。目前有五萬五千名會員，每月交易量超過六千萬美元。會員之間可以交換商品和服務，不需要使用貨幣或貨幣等價物，而是使用Bartercard提供的信用額度。會員使用信用額度從其他會員處購買商品或服務，並通過向其他會員出售自己的商品或服務來償還信用額度。Bartercard為會員提供記帳、撮合、月度報表等服務，並從會員之間的交易中收取服務費。

以Bartercard為代表的物物交換之所以在現代社會依然有活力，主要有三個原因。第一，網路技術的發展擴大了物物交換的適用範圍，促進了「供求的雙重巧合」。第二，Bartercard使用信用作為交換媒介。其實在實際生活中，依賴信譽的物物交換由來已久。親友之間的禮尚往來和互相幫助，就可以被視為一種物物交換。比如，A向B饋贈了一個禮物或幫了一個忙，B通常不會馬上用貨幣進行清償，而是認為自己欠了A一個人情，事後會通過還禮或幫忙的形式還這個人情。這裡的「人情」就可以視為一種信用。第三，Bartercard也反映了環保理念和對過度消費文化的糾正。

網路交換經濟的原理

基本框架

綜合電子商務和共用經濟的應用情況，我們認為，網路交換經濟具備三個要素：交換物、交換媒介和交換者。

▼交換物

交換物指交換的是什麼東西。交換物可以只有一個，也可以有多個，但更重要的是考察其存在形態、可分性、產權轉移形式以及歸屬於公共品還是私人品。

---

[8] 資料來源：www.bartercard.com.au 和 en.wikipedia.org/wiki/Bartercard.

○按存在形態分

按存在形態，交換物可分成四類：(1)實物和電子商品，比如房屋、汽車、圖書、電子設備、衣服、日用品、音樂、視頻等。(2)服務，比如醫療、教育、TaskRabbit上的任務等。(3)資訊，比如新聞、資訊、知識等。(4)權利，比如所有權、使用權、經營權等。股票、債券、貸款等金融工具因為本質上是對某一個人或機構的索取權（見第一章），所以也屬於權利的範疇。

○按可分性分

按是否可分，交換物可分成兩類：(1)不可分的，必須作為一個整體進行交換。當商品作為交換物時，一般是不可分的。(2)可分的。當金融資源作為交換物時，可以分成一些小而同質的份額。比如網路上銷售的金融產品（見第三章和第四章）、P2P網路貸款中的票據（見第八章）、群眾募資中的股權份額（見第九章）等。

○按產權轉移形式分

按交換中的產權轉移形式，交換物可分成兩類：(1)交換伴隨著所有權的轉移，比如購買、出售。(2)所有權不變，但使用權或經營權在一定的時間或範圍內發生轉移，比如租賃。共用經濟中的交換物多屬於這種類型。比如，在Airbnb中房源歸房東所有，在ZipCar中汽車歸ZipCar公司所有，Airbnb中的房客和ZipCar的會員只是臨時使用。

○按公共品還是私人品分

公共品和私人品❾是兩個相對的經濟學概念。簡單地說，公共品是可以讓一群人同時消費的物品，私人品則是在任何時候都只能為一個人所消費的物品。更嚴格的區分則需要引入排他性和競爭性兩個概念。一件物品，如果在消費它時能將其他人排除在消費過程之外，就稱之為具有排他性。一件物品，如果一個人的消費會減少其他消費者的可用量，就稱之為具有競爭性。

由此可以將交換品分為三類：(1)同時具有非排他性和非競爭性的是公共品，比如國防、電視和無線電廣播、清潔空氣等。公共品很少成為交換物。(2)同時具有排他性和競爭性的是私人品。大多數交換物屬於私人品，比如實物商品、金融資源、醫療等。(3)介於公共品和私人品之間的大量交換物。比如，網路上一些需要付費才能獲取的音樂、視頻、資訊、教育資源等，既具有排他性，又具有非競爭性。

▼交換媒介

大多數網路交換經濟需要貨幣作為交換媒介。貨幣可以是中央銀行發行的法定貨幣，也可以是電子貨幣（見第五章）。

一些網路交換經濟中不存在交換媒介，而是採取了物物交換的方式。物物交換是一種古老的交

❾平新喬（2001）。《微觀經濟學十八講》。北京：北京大學出版社。

易方式，在貨幣出現之前就已經存在。物物交換最大的問題是「供求的雙重巧合」，也就是交換雙方正好都需要對方的東西。因此，從市場的維度看，物物交換不如用貨幣作交換媒介的情形普遍。當然物物交換在現代社會並沒有消失，前面BarterCard的案例即是佐證。

還有一些與廣告有關的網路交換經濟活動，既沒有貨幣作為交換媒介，也不同於典型的物物交換。比如，很多網站免費提供音樂、視頻、資訊等電子產品，但會在這些電子產品中插播一些廣告，YouTube就是這方面的代表。在這類模式中，電子產品與公共品十分接近，交換媒介實際上是消費者的注意力。

▼交換者

任何交換都有兩類參與者，一類是交換物的供給者，另一類是交換物的需求者。按供給者和需求者的數量，可以分成三種類型：

○一對一情形

供給者和需求者都只有一個。這種情形在網路交換經濟中不太常見。

○一對多情形

一個供給者對應著多個需求者，或者一個需求者對應著多個供給者。有的網路交換經濟屬於這種情形。比如，ZipCar的會員與可計程車之間是一對多的關係，由會員決定租哪一輛車。

○多對多情形

大多數網路交換經濟屬於這種情形。部分多對多情形可以分解為一系列一對多情形的組合。比如，在P2P網路貸款和群眾募資中，一個投資者可以向多個融資者提供資金，一個融資者也可以向多個投資者募集資金。但從單個投資者的角度看，他是在不同的融資者之間配置資金。

也有多對多情形不能分解為一系列一對多情形的組合，這種情況下交換物一般不止一個，供求關係往往是雙向的。

不同形式的交換採取的資源配置方式有很大的不同。一對一情形採取的方式類似於談判，一對多情形採取的方式類似於拍賣，多對多情形則有Edgeworth盒子、穩定匹配等多種方式。這裡面涉及非常複雜的經濟學問題，後面將詳細討論。

▼網路交換經濟的三大支柱

按照交換物、交換媒介和交換者的不同組合，網路交換經濟有豐富多彩的形態。但與互聯網金融類似，網路交換經濟也有三大支柱。

第一大支柱是網路交換經濟的物流與支付。這是交換的物理過程，指的是：交換物如何從供給者手中轉移到需求者手中，同時交換媒介（作為交換的對價）如何完成支付。

第二大支柱是網路交換經濟的資訊處理。交換者要進行一系列決策，比如弄清楚有哪些交換物、參與者都有誰、決定與誰進行交換、交換什麼、交換多少等，這些決策都必須以資訊處理為基礎。

第三大支柱是網路交換經濟的資源配置。其核心問題是設計好的機制，在綜合考慮交換者的稟賦、偏好、效用的基礎上，有效率地匹配供給和需求。

下面對這三大支柱予以詳述。

物流與支付

第四章對支付進行了專門的討論，此處不再重複。物流在網路交換經濟中的基礎地位，就如同支付在互聯網金融中一樣。交換物的不同存在形態，對應著不同的物流要求。

部分網路交換經濟不需要物流，或者對物流的要求不高，這主要是因為：首先，當電子商品、資訊、金融產品等作為交換物時，由於可以在網路上移動，而且最終消費行為也在網路上，所以是不需要物流的。其次，當服務、權利作為交換物時，即使最終消費行為要在現實世界發生，物流也往往已經隱含在交換過程中。比如，在Airbnb中，儘管房源本身不可移動，但房客的入住行為是伴隨著旅行過程發生的。在ZipCar中，汽車本身是可移動的，ZipCar也會向會員推薦距離較近的汽車。這些網路交換經濟的核心過程都在網路上進行，物流不會造成很大的交易成本。

當交換物是實體商品時，網路交換經濟對物流要求比較高，典型的例子是電子商務。阿里巴巴帶來的包裹投遞量非常大，與物流業之間出現了「共生」關係。二〇一三年，阿里巴巴參與成立

「菜鳥物流」，目標是通過五至八年的努力，打造一個開放的社會化物流大平台，在全國任意一個地區做到二十四小時送達。京東為保障包裹投遞速度和消費者購物體驗，採取了自建物流的方式。亞馬遜二〇一三年底開始試驗使用無人機送快遞，能夠投遞不超過二．三公斤的包裹（亞馬遜百分之八十六的包裹屬於這個範圍），做到半小時內送貨上門。

這些都展現了電子商務與物流業之間的緊密聯繫。從電子商務的全過程看，物流會造成比較大的交易成本。但隨著以下兩項新技術的出現，未來有望顯著降低物流造成的交易成本。

第一是智慧物流技術。在智慧物流中，射頻識別等傳感技術被廣泛應用，可以即時跟蹤每一件商品的位置，包括：商品是否在倉儲中、存放在什麼位置，是否在運輸狀態、送到了什麼地方，是否送達。智慧物流可以在三個方面降低交易成本：一是優化倉儲的地理分佈，使倉儲分佈盡可能匹配消費者的購物需求，從源頭上降低對物流的需求；二是優化倉儲管理，在滿足消費者購物需求的前提下最小化庫存，減少資金佔用，也提高入庫、儲存和出庫效率；三是優化商品的運輸路線，縮短運輸時間，降低運輸成本。

第二是3D列印技術。3D列印是快速成型技術的一種，以數位模型檔案為基礎，運用粉末狀金屬或塑膠等可黏合材料，通過逐層列印的方式來構造物體。3D列印目前還沒有大規模應用，但前景廣闊。3D列印使實物商品數位化，使商品朝個性化、定制化的方向發展。在未來的電子商務中，消費者購買的不再是需要從庫房運過來的實物商品，而是商品的數位檔案。消費者可以就近列印，甚至在家中列印這個數位檔案。3D列印會使實物商品的交換變得像電子商品一樣，可以在網路上進行，顯著降低對物流的需求，甚至根本不需要物流。

總的來說，智慧物流和3D列印技術會使以實物商品為交換物的網路交換經濟越來越向線上發展，物流造成的交易成本也會越來越低。

資訊處理

與互聯網金融一樣，大數據也是網路交換經濟資訊處理的核心技術。原因非常簡單，金融和實體經濟對數據的使用沒有本質區別，同樣一套數據和分析方法，既可以用於金融活動，也可以用於實體經濟活動。

網路交換經濟使用的資訊非常多，各種資訊在經過綜合分析後，最終體現為交換者的偏好和效用（見第六章）。偏好和效用是經濟學的兩個基礎概念。偏好是消費者對物品的喜歡程度或主觀評價，反映了消費者在多個物品之間進行選擇的優先順序。效用是消費者通過消費使自己的需求、欲望等得到滿足的度量，是對偏好的量化。下面我們用幾個例子來說明偏好和效用這兩個概念。

在金融產品的網上銷售、P2P網路貸款和群眾募資中，投資者面對多種金融產品，要在不同金融產品之間分配可投資金（學術化的表述是，在一定預算約束下做資產配置）。投資者對不同金融產品的偏好不一樣。比如，因為股票的預期收益高，債券能提供穩定回報，在股票和債券之間，年輕人傾向於選擇股票，老年人則傾向於選擇債券。對不同金融產品的這種偏好可以用效用函數來描述，效用是金融產品風險收益特徵的函數，其中的重要參數就是投資者的風險偏好。

在電子商務中，消費者面對多種商品。比如，一個購書者想在網上買一本互聯網金融方面的參考書。他會根據書的內容、作者、口碑（包括其他讀者在網上的評論）、寫作時間、價格在同類書中進行選擇。購書者對不同書的合意程度不一樣，這種合意程度就是購書者對書的偏好。亞馬遜、噹噹網等網站會根據購書者本人和其他人的瀏覽和購買記錄，向購書者自動薦書。從經濟學的角度看，自動推薦書本質上是網站對購書者偏好進行估計（見第六章）。

對共用經濟中的決策行為也可以做類似解讀。比如，在Airbnb中，房客需要根據自己的偏好在多個房東之間進行選擇，房東也需要根據自己的偏好在多個房客之間進行選擇。在ZipCar中，會員需要根據位置遠近、車型、價格等在多輛汽車之間進行選擇，對不同汽車的偏好不一樣。其他案例與之類似，就不一一說明了。

總的來說，資訊處理的最終目標是形成交換者關於交換物的偏好和效用。這裡的核心問題是資訊不對稱——交換者不完全掌握交換物的資訊（特別是在事前）。

比如，對金融投資者，金融產品最終實現的回報在事前看是不確定的；在網上購書中，購書者在把某本書讀完之前，僅憑書的簡介難以判斷該書是不是自己想要的；在Airbnb的預訂申請環節，房東不清楚房客是否有愛乾淨、愛護傢俱等習慣，房客也不清楚房東是否好相處；在ZipCar的預約環節，會員對汽車的性能也並不完全瞭解。

因此，交換者的所有決策都是在非完美資訊條件下進行的。這樣，交換者事前基於自己資訊做的決策，從事後看不一定正確；事前認為有效的資源配置，事後的評估也不一定如此。但可以肯定的是，資訊越充分，資源配置的效率越高。

資源配置

網路交換經濟資源配置的核心問題是匹配供給和需求，並以此提升交換者的福利。下面我們就來討論如何設計供需匹配機制，以最大化資源配置效率。

需要說明的是，交換者集合，也就是哪些人可以參與交換，對網路交換經濟非常重要。這是因為：第一，供需匹配機制是作用在交換者集合上的；第二，從整個社會來看，交換者集合越大，網路交換經濟的資源配置效率就越高。因為在其他條件一樣的情況，交換物的供給者越多，需求者越有可能得到自己想要的東西；而交換物的需求者越多，供給者越有可能以高價出讓自己的東西。交換者集合這個概念，是第二章中互聯網金融的「交易可能性集合」概念的推廣。按照與第二章類似的邏輯可以證明，交易成本越低，或者資訊不對稱程度越低，交換者集合就越大。比如，在P2P網路貸款中（見第八章），陌生人之間也可以發生借貸關係，而線下個人之間的直接借貸，一般只發生在親友間。在群眾募資中（見第九章），出資者和籌資者之間的交易較少受到空間距離的制約，而傳統VC

遵循「二十分鐘規則」（指被投企業距VC不超過二十分鐘車程）。餘額寶（見第四章）的客戶規模超過四千三百萬（二〇一三年底資料），其中很多客戶並不屬於傳統理財的服務對象。又比如，在Airbnb中，因為對房東和房客建立了評價體系，完全不認識的房東和房客之間也可以達成交易，而現實中，人們一般很少在親友之外的他人家中住宿。在網上購書的過程中，由於檢索機制十分完善，購書者的選擇範圍比在實體書店中要大得多。

假設交換者集合已經界定清楚，接下來我們介紹網路交換經濟中四個有代表性的供需匹配機制。

▼拍賣[10]

在網路交換經濟中，拍賣適用於單一、不可分的交換物，並且交換者是一對多情形（一個供給者對應著多個需求者，或者一個需求者對應著多個供給者）。比如，在網上購書的過程中，購書者在多本書中進行選擇，可以視為這些書在競爭購書者的購買力，被購買的書就可以視為競標的贏家；在ZipCar中，會員在多輛汽車中進行選擇；在TaskRabbit中，任務發佈者在多個任務兔子中進行選擇。對這些都可以做類似解讀。又比如，在eBay上，如果多個消費者對同一件商品感興趣，就會進行拍賣，價高者得。

[10] (1)哈爾·R·范里安（2011）。《微觀經濟學：現代觀點》（第8版）。上海：上海三聯出版社、上海人民出版社。
(2)埃爾瑪·沃夫斯岱特（2003）。《高級微觀經濟學：產業組織理論、拍賣和激勵理論》。上海：上海財經大學出版社。

拍賣是最古老的市場機制之一，在現實中非常普遍。區分拍賣有兩個標準：第一，拍賣是公開的還是非公開的（即密封拍賣）。在公開拍賣中，投標人知道競爭對手是誰，並在瞭解競爭對手投標的情況下相應進行投標。在非公開拍賣中，投標人在不向其他人透露自己投標價格的情況下同時出價，有些情況下，投標人甚至不知道有多少人參與投標。第二，拍賣是升價的還是降價的。在升價拍賣中，拍賣人不斷提高價格，直到除最高投標人外的其他人都退出拍賣為止。在降價拍賣中，拍賣人開始時先規定一個價格，然後逐漸降低這個價格，直到投標人中有人喊出「這是我的」來拍下拍賣品為止。

按照上述兩個要素的不同組合，常見的拍賣有四種：(1)英式拍賣，指公開的、升價的拍賣。大部分拍賣屬於英式拍賣。(2)荷蘭式拍賣，指公開的、降價的拍賣。在TaskRabbit中，任務發佈者在技能相當的任務兔子中選擇出價最低者，相當於荷蘭式拍賣。(3)第一價格密封拍賣，所有投標人以密封形式投標，出價最高的投標人將贏得拍賣品，並支付他自己的競價。(4)第二價格密封拍賣（也稱為維克里拍賣），所有投標人以密封形式投標，出價最高的投標人將贏得拍賣品，但只需支付第二高的競價。eBay採取的就是第二價格密封拍賣的方式。

在拍賣中，投標人的出價從根本上來說取決於他們對拍賣品的估值，這個估值實際上就是前面提到的效用。如果投標人在競拍時充分瞭解拍賣品對自己的價值，這種情形就叫做私有價值拍賣。在私有價值拍賣下，沒有一個投標人能準確地知道其他投標人對拍賣品的估值，其他投標人的估值也不會影響拍賣品對某位投標人的價值。網路交換經濟中涉及的拍賣，大部分屬於私有價值拍賣的範疇。與私有價值拍賣相對應的是共同價值拍賣。共同價值指的是拍賣品對所有投標人的價值是相同的，但他們在競拍時並不知道此價值。比如對近海地區石油開採權的拍賣，由於勘探情況不同，因此不同投標人對開採權的估值是不一樣的，但不管誰在競標中勝出，因為石油儲量是一個客觀的數字，所以開採權都具有相同的市場價值。

▶Edgeworth盒子[11]

Edgeworth盒子是關於交換經濟的經典模型，適用於多個、可分的交換物，以及交換者是多對多的情形。在這種情形中，每個交換者都具有若干稟賦，這種稟賦是一定數量的有限種消費品（即交換物）。每個交換者對於可能達到的消費品組合有偏好，而且只關心自己的福利。從已擁有的消費品出發，每個交換者可以選擇自己消費，也可以選擇與別人做適當的物物交換，但交換必須出於個人自願。這種自願的物物交換是對物品的初始分配狀態（即稟賦）進行再分配的唯一途徑。在一系列假設下可以證明，Edgeworth盒子對應的交換經濟存在均衡，均衡時的資源配置是帕累托有效的（即不可能在不嚴格損害某些人利益的前提下使另一些人嚴格獲益）。

一般用兩個交換者、兩種交換物來說明Edgeworth盒子。假設用A和B來標識兩個交換者，用x和

---

[11] (1)平新喬（2001）。《微觀經濟學十八講》。北京：北京大學出版社。(2)哈爾・R・范里安（2011）：《微觀經濟學：現代觀點》（第8版）。上海：上海三聯出版社、上海人民出版社。

y來標識兩種交換物。初始時，交換者A的稟賦是(ω_A^x, ω_A^y)（即有ω_A^x單位的x，ω_A^y單位的y），交換者B的稟賦是(ω_B^x, ω_B^y)。這樣，交換物的總稟賦是$(\omega_A^x + \omega_B^x, \omega_A^y + \omega_B^y)$（圖一中以★標出的點）。

在圖一中，用橫軸表示交換物x的單位，長度等於$\omega_A^x + \omega_B^x$；用縱軸表示交換物y的單位，長度等於$\omega_A^y + \omega_B^y$。左下角是交換者A的原點，從該點到右端的距離反映的是交換者A對交換物x的稟賦或消費量，從該點到上端的距離反映的是交換者A對交換物y的稟賦或消費量。右上角是交換者B的原點，從該點到左端的距離反映的是交換者B對交換物x的稟賦或消費量，從該點到下端的距離反映的是交換者B對交換物y的稟賦或消費量。Edgeworth盒子的精妙之處在於，不管交換如何進行，兩個交換者對兩種交換物的消費量之和總等於總稟賦$(\omega_A^x + \omega_B^x, \omega_A^y + \omega_B^y)$，因此交換物的分配總是體現

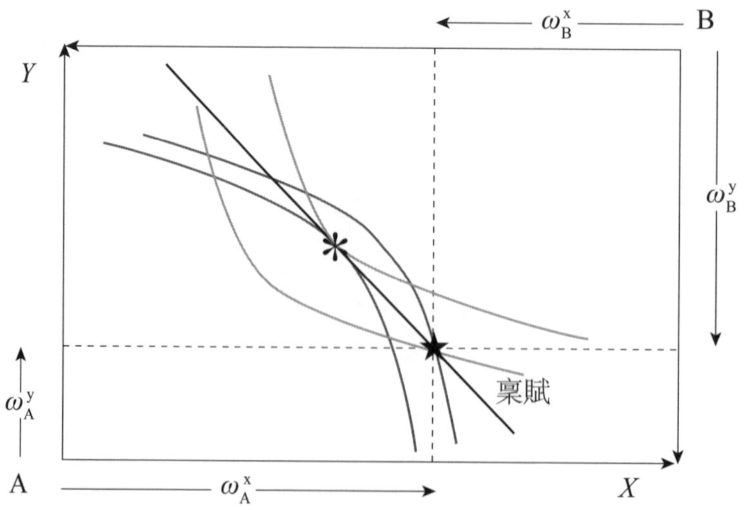

圖一　Edgeworth盒子

資料來源：此圖摘自哈爾・R・范里安的一個公開講義。

為Edgeworth盒子中的一個點。

在Edgeworth盒子中，交換者的效用用他們的無差異曲線來刻畫。無差異曲線是效用相同的點構成的集合。在經濟學關於效用的經典假設下，無差異曲線凸向原點。離原點越遠，無差異曲線對應的效用越高。對應著兩個交換者，有兩簇無差異曲線。

均衡時的資源配置是圖一中以＊標出的點。在該點處，該點與初始稟賦點的連線（圖一中的直線）以及A、B的無差異曲線三條線正好相切。其中，A、B的無差異曲線相切保證了該點是帕累托有效的。因為相對於這個點而言，其他可行交換[12]要麼降低了A的效用，要麼降低了B的效用，要麼A和B的效用都被降低了。圖一中的直線與A、B的無差異曲線相切保證了每個交換者實現了預算約束下的效用最大化。直線的斜率反映了兩種交換物的均衡價格（或交換比例）。

穩定匹配[13]

穩定匹配適用於存在雙向選擇的網路交換經濟。比如，在Airbnb中，房東與房客之間就存在雙向選擇的關係。我們以房東與房客之間的雙向選擇來說明穩定匹配[14]的概念和機制。

---

[12] 可行交換要滿足帕累托改進條件，也就是在不損害一個交換者利益的前提下使另一個交換者獲利，否則利益受損的那個交換者就不會同意進行交換。

[13] 平新喬（2001）。《微觀經濟學十八講》。北京：北京大學出版社。

[14] 二〇一二年，阿爾文・羅斯（Alvin Roth）和勞埃德・夏普利（Lloyd Shapley）因對穩定匹配和市場設計的研究而獲諾貝爾經濟學獎。

假設房東和房客的數量相等。每個房東可以根據自己的偏好對房客進行排序，每個房客也可以根據自己的偏好對房東進行排序。為簡化起見，假設在排序中沒有平局現象，而且房東認為房源出租（不管租給哪位房客）總比閒置著好，房客也認為有房源可租（不管來自哪位房東）總比沒地方住好。

房東和房客之間雙向選擇的結果是形成房東和房客的一種一一對應關係。每個房東都唯一地對應著一個房客，每個房客也都唯一地對應著一個房東。這種一一對應關係就稱為匹配。穩定匹配的含義是，沒有一對房東與房客的組合相互認為自己與其他人的組合會比現在的組合要好。穩定匹配本質上也是帕累托有效的概念，也就是重新組合不能夠保證在不嚴格損害某些人利益的前提下使另一些人嚴格獲益。

在一些假設條件下可以證明，穩定匹配總是存在的。這方面最有名的匹配機制是延遲接受演算法（deferred acceptance algorithm），具體有以下步驟：

(1)每位房客向他最喜歡的房東發出預訂申請。

(2)每位房東記錄下他收到的全部預訂申請（有的房東可能收到不止一個申請，有的房東可能一個申請都收不到）。

(3)收到預訂申請的房東選擇自己最喜歡的房客，拒絕其他全部房客的預訂申請。這位房東接下來不再接受預訂申請。

(4)被拒絕的房客依據自己偏好再向次佳選擇的房東發出預訂申請。

(5)繼續進行第二步，直到每位房東都接受了一個房客的預訂申請為止。

在延遲接受演算法中，哪一方先做出選擇，對最終的匹配結果和福利效果有影響。

▶Markowitz均值方差模型[15]

互聯網金融中，投資者要在多種金融產品之間分配投資金額，使由此形成的資產組合（在事前）最大化自己的期望效用。這方面最重要的模型是Markowitz的均值方差模型。

如果投資者的效用函數是二次函數，或者金融產品的收益率服從正態分佈，那麼投資者的資產配置問題很大程度上取決於金融產品的預期收益率和波動率。

假設有n種金融產品$A_1, A_2, \ldots, A_n$（不含無風險資產）。在給定投資期限內，A_i的收益率是隨機變數r_i。Markowitz均值方差模型解決的是如下問題：給定資產組合的期望收益率$\bar{\mu}$，求組合中各金融產品的權重$\omega = (\omega_1, \omega_2, \ldots, \omega_n)'$，使組合的收益率方差$\sigma_\omega^2$最小。

假設金融產品收益率的期望和協方差為$\mu = (\mu_1, \mu_2, \ldots, \mu_n)'$、$\Sigma = (\sigma_{ij})_{i,j=1,2,\ldots,n}$，其中$\mu_i = E(r_i)$、$\sigma_{ij} = \mathrm{cov}(r_i, r_j)$。均值方差優化問題是：

$$\min_{w} \quad \sigma_\omega^2 = \omega'\Sigma\omega = \sum_{i,j=1}^{n} \sigma_{ij}\,\omega_i\omega_j$$

[15] Huang, Chi-fu, and Robert H.Litzenberger, 1988, Foundations for Financial Economics, Elsevier Science Publishing Co., Inc.

$$\text{s.t.} \quad \omega' e = \sum_{i=1}^{n} \omega_i = 1, \omega' \mu = \sum_{i=1}^{n} \omega_i \mu_i = \bar{\mu} \qquad (11—1)$$

式中，$e = (1,1,\ldots,1)'$。

可以證明，如果n種金融產品的期望收益率μ_i不全相同，協方差矩陣Σ正定，那麼(11—1)有唯一解：

$$\varpi = \Sigma^{-1}(\mu, e)\mathrm{A}^{-1}\begin{bmatrix}\bar{\mu} \\ 1\end{bmatrix} \qquad (11—2)$$

式中，$A=(\mu, e)'\Sigma^{-1}(\mu, e)$。

$A=\begin{bmatrix} a & b \\ \mathrm{b} & c \end{bmatrix}=\begin{bmatrix} \mu'\Sigma^{-1}\mu & e'\Sigma^{-1}\mu \\ e'\Sigma^{-1}\mu & e'\Sigma^{-1}e \end{bmatrix}$，組合的期望收益率$\bar{\mu}$和最小方差$\sigma^{-2}$滿足：

$$\sigma^{-2} = \frac{a - 2b\bar{\mu} + c\bar{\mu}^2}{ac - b^2} \qquad (11—3)$$

以風險為橫軸，收益率為縱軸，描述上述$\bar{\sigma}$和$\bar{\mu}$的圖像可得到一條雙曲線向右的一支，被稱為組合前沿（見圖二）。雙曲線的頂點對應總體最小方差組合$\omega_{\mathrm{G}} = \frac{\Sigma^{-1}e}{e^T\Sigma^{-1}e}$，其期望收益率為$\mu_{\mathrm{G}} = \frac{e^T\Sigma^{-1}\mu}{e^T\Sigma^{-1}e}$，

收益率的標準差為 $\sigma_G = \dfrac{1}{\sqrt{e^T\Sigma^{-1}e}}$。雙曲線的上半部分稱為有效前沿，有效前沿上的每一點對應的組合稱為有效組合。雙曲線的下半部分稱為無效前沿。

網路交換經濟與互聯網金融的關係

互聯網金融是網路交換經濟的特例

從本質上說，互聯網金融是在不確定環境中進行資源的跨時空配置或交換（見第一章），這種配置或交換在網路上能更有效地實現，且不涉及具體的生產和消費過程，因此屬於交換經濟的範疇。

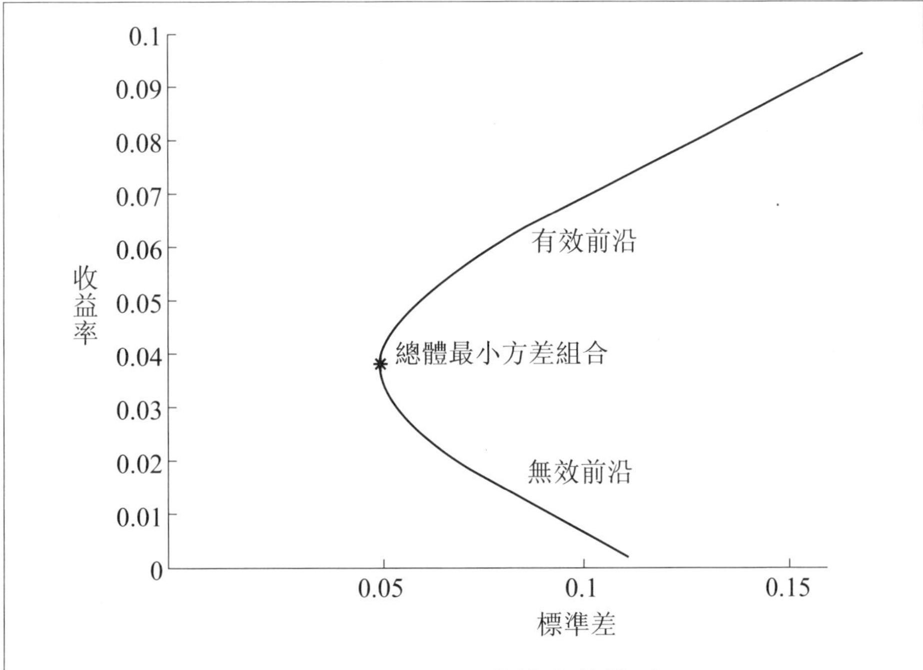

圖二　Markowitz均值方差模型

網路交換經濟和互聯網金融展現了網路對人類實體經濟和金融活動的影響，尤其表現在以下三個方面：(1)交換的物理過程（物流與支付）；(2)與交換有關的資訊處理；(3)資源配置機制。因此，對網路交換經濟和互聯網金融可以採取相同的分析框架，二者在基本理論上是相通的。

互聯網金融的特殊性主要來自作為交換物的金融資源的四個核心特徵：(1)本質上是對某一個人或機構的索取權，不需要依附於任何實物形態而存在，在交換中對物流沒有特別要求；(2)可以細分成小而同質的份額；(3)交換中一般伴隨著所有權的轉移；(4)屬於私人品的範疇。

總的來說，網路對人類社會的影響是全方位的。我們已經看到網路對通信、新聞、圖書、出版、電視、音樂、商品零售等領域的顛覆性影響（見第一章），以後還可能看到網路對影視、教育、廣告等的顛覆性影響。這些紛繁複雜的現象，背後都有類似的經濟學邏輯，即本章討論的網路交換經濟。

網路交換經濟衍生出互聯網金融

網路交換經濟衍生出互聯網金融的最典型例子是電子商務。比如，阿里巴巴為促進網上購物、提高消費者體驗，先通過支付寶打通支付環節（見第四章），再利用線上積累的數據發放小額信貸（見第七章），然後又開發出餘額寶（見第四章），以盤活支付寶帳戶的沉澱資金，滿足消費者的理財需求。餘額寶獲得成功的一個主要原因，是打破了金融產品和支付工具的界限，在不影響支付效率的前提下為消費者提供投資收益，提高了資金使用效率。阿里巴巴的金融創新經驗表明，與傳統金融一樣，互聯網金融的根基也是實體經濟，互聯網金融一旦離開實體經濟，也會變成無源之水、無本之木。

隨著網路交換經濟的發展，互聯網金融將獲得越來越大的發展空間。加之互聯網金融對網路交換經濟也有促進作用，勢必會形成一個良性循環。未來，實體經濟和金融活動在網路上會達到高度融合。由此可以設想，以後我們在網上瀏覽大額商品資訊（比如住房、汽車等）時，網路會根據我們的瀏覽記錄，自動推送符合我們要求的貸款產品。互聯網金融的一個妙處是，將金融和非金融因素捆綁在一起，特別是直接與消費掛鉤。比如，設想一家電子商務公司推出白條業務，給每個人一定的信用額度，可以不計利息，但能從商品價格中得到補償，這算不算金融產品？類似這樣的「跨界」創新產品將來會大量出現。

網路交換經濟服務於互聯網金融

基於大數據的徵信和網路貸款（見第七章），就是利用網路交換經濟（比如電子商務）中的活動記錄來評估信用資質。這裡面的核心問題是行為數據的應用。

傳統信用資質評估基於財務報表分析，主要關注資產負債比、債務收入比、收入利息比等指標。這是從因果關係的角度來看待信用風險，認為債務違約由資不抵債、收入不足以償還債務等情況引發，通過分析相關財務指標（「因」）來評估違約（「果」）的可能性。這種方法的基礎是信用風險有清晰可辨的因果鏈條。但在很多現實情況下，信用風險的因果鏈條不是那麼清楚（特別是在事前看），而且當市場形勢快速變化時，因果分析不利於捕捉信用風險的變化。更重要的是，財務報表只佔個人或機構資訊的一小部分，網路上的大量行為資訊，基本為因果分析方法所忽略。

根據經濟學邏輯，儘管有時看不出行為資訊與信用風險之間有什麼因果聯繫，但行為資訊應用的關鍵是預測，而預測的基礎是相關關係，不是因果關係（見第六章）。只要行為資訊對信用風險有預測能力，那麼這些行為資訊具有應用價值就是毋庸置疑的。這體現了一種實用主義態度。

在信用風險管理中，基於因果關係的分析方法稱為結構化方法，以Merton模型為代表；基於行為資訊的分析方法稱為簡約化方法，以CDS模型、Logit模型、貝葉斯判別法（見第七章）和違約密度模型為代表（見第十二章）。在現實應用中，簡約化方法的效果要優於結構化方法，越來越成為主流方法。[16]

未來，在大數據的影響下，相關性分析的重要性將超過因果分析，行為分析的重要性將不低於財務報表分析。

---

[16] 對信用風險管理感興趣的讀者可以參考 Duffie, Darrell, and Kenneth Singleton, 2003, Credit Risk: Pricing, Measurement, and Management, Princeton University Press.

CHAPTER 12

需要進一步研究的問題

至此，本書已對互聯網金融的原理和主要形態做了一個大致的梳理。互聯網金融是開放的，我們對一些目前尚未發展成熟的領域和一些還沒有明確答案的問題，沒有進行深入討論。在這一章裡，我們重點討論兩個開放性問題：一是大數據在證券投資中的應用；二是大數據在保險精算中的應用。

大數據在證券投資中的應用

大數據在證券投資中的應用是一個微妙的話題。如果證券市場完全有效，那麼證券價格能充分反映投資者可以獲得的全部資訊，投資者無論選擇何種證券，都只能獲得與投資風險相當的收益率。但在現實中，投資者普遍偏離基準指數進行主動投資，以追求超額收益率。這說明，投資者在一定程度上認為證券市場不是完全有效的，通過自身的深入研究，形成獨特判斷，並做出與眾不同的投資決策，是可以創造價值的。當然，內幕消息不屬於大數據，大數據在證券投資中的應用與內幕交易是兩個完全不同的概念。

接下來，我們先介紹主動投資中兩個非常有名的模型——Black-Litterman模型和主動投資基本定理，以說明資訊是如何影響投資決策的，再討論大數據可以在證券投資的哪些環節起作用。

Black-Litterman模型

Black-Litterman模型由費舍・布萊克（Fisher Black）和羅伯特・李特曼（Robert Litterman）在一九九二年首先提出，其中布萊克最廣為人知的成就是Black-Scholes期權定價公式，李特曼則長期在高盛公司的資產管理部門工作。

Black-Litterman模型針對Markowitz均值方差模型（見第十一章）的缺點進行了改進。Markowitz均值方差模型有三個主要缺點：(1)容易給出不直觀或高度集中的組合；(2)對輸入變數的變化十分敏感；(3)容易放大參數估計誤差的影響。Black-Litterman模型使用貝葉斯方法，將資產的市場均衡收益率與投資者關於資產收益率的主觀觀點相結合，形成對資產收益率的新估計，然後根據新估計來構建最優資產組合。目前，Black-Litterman模型已逐漸被華爾街的主流分析師所接受。

▶逆向優化

在Black-Litterman模型中，最優資產組合是以下優化問題的解[1]

$$\max_{w} \quad \omega'\mu - \lambda\omega'\Sigma\omega/2 \qquad (12—1)$$

式中，w是各資產的權重，μ代表資產相對於無風險利率的超額收益率的期望；Σ是超額收益率的協方差矩陣；λ是風險厭惡係數。

在無約束條件下，優化問題的解為：

$$\omega = \frac{1}{\lambda}\Sigma^{-1}\mu \qquad (12—2)$$

---

[1] 此問題不同於均值方差優化問題，見式(11—1)。但可以證明，如果效用函數是二次形式，或超額收益率服從正態分佈，此問題與均值方差優化等價。

Black-Litterman模型考慮了相反方向的問題：給定組合中各資產的權重，資產超額收益率的期望應該如何？容易看出，此逆向優化問題的解為：

$$\mu = \lambda\Sigma_{\mathrm{w}} \quad (12—3)$$

Black-Litterman模型吸收了布萊克關於全球套期保值的觀點。考慮各資產按市值比例構成的組合（即市場基準指數），將其權重記為ω_{mkt}。該模型認為，關於ω_{mkt}的逆向優化問題有特殊意義，解出的資產超額收益率的期望能使市場出清，稱為隱含的均衡超額收益率，記為II。隱含的均衡超額收益率II是Black-Litterman模型的出發點，其計算公式為：

$$II = \lambda\Sigma\omega_{mkt} \quad (12—4)$$

▼投資者的觀點

投資者對某些資產的超額收益率常常有自己的觀點，這些觀點不同於隱含的均衡超額收益率。在Black-Litterman模型中，投資者的觀點分為絕對觀點和相對觀點兩種，並且有一定的置信水平：百分之百置信水平表示完全肯定，百分之零置信水平表示完全否定。Black-Litterman模型假設不同的觀點相互獨立。

絕對觀點涉及對單個資產收益率的判斷，例如：

觀點1：今年房地產的超額收益率為百分之〇．五（百分之二十五置信水平）。

相對觀點涉及不同資產收益率之間的比較，例如：

觀點2：全球股票市場的收益率比全球債券市場高百分之二（百分之六十五置信水平）。

觀點3：中國股票市場的收益率比其他新興市場高百分之三．五（百分之五十置信水平）。

如何量化投資者的觀點是Black-Litterman模型的關鍵，我們以上述三個觀點為例加以說明。假設有如下九類資產（見**表一**）：

將這九類資產的超額收益率記為 $r = (r_{C}, r_{US}, r_{DE}, r_{EE}, r_{GFI}, r_{HY}, r_{PE}, r_{RE}, r_{HF})'$。

觀點1僅涉及房地產（RE），可表達為 $r_{RE} = 0.5\% + \varepsilon_1$，其中 ε_1 服從正態分佈 $N(0, \omega_1)$，反映了觀點的不確定性，ω_1 越大，觀點的不確定性就越高（置信水平越低）。如何根據置信水平設定 ω_1 是下文將要重點討論的問題。

表一　資產類型及代號

資產類型	代號
中國股票	C
美國股票	US
除美國外的已開發國家股票	DE
除中國外的新興市場股票	EE
全球固定收益	GFI
高收益	HY
私募股權	PE
房地產	RE
對沖基金	HF

觀點2代表涉及全球股票市場，包括中國股票（C）、美國股票（US）、除美國外已開發國家股票（DE）、除中國外新興市場股票（EE），以及全球債券市場，包括全球固定收益（GFI）、高收益（HY）。

觀點2代表的相對觀點一定有兩個組成部分：一組跑贏（outperforming）的資產，一組跑輸（underperforming）的資產。相對觀點實際上隱含著一個由多頭和空頭構成的組合：做多跑贏的資產+做空跑輸的資產。至於多頭和空頭中各資產頭寸如何分配，並無標準做法，既可以平均分配，也可以按市值比例分配。我們暫取前一種做法。

觀點2表達為$0.25r_{C} + 0.25r_{US} + 0.25r_{DE} + 0.25r_{EE} - 0.5r_{CFI} - 0.5r_{HY} = 2\% + \varepsilon_2$，其中$\varepsilon_2$服從正態分佈$N(0, \omega_2)$。類似地，觀點3可表達為$r_{C} - r_{EE} = 3.5\% + \varepsilon_3$，其中$\varepsilon_3$服從正態分佈$N(0, \omega_3)$。$\omega_2$和$\omega_3$的含義同前。

另引入如下符號：

$$P_1 = (0,0,0,0,0,0,0,1,0), q_1 = 0.5\%$$

$$P_2 = (0.25,0.25,0.25,0.25,-0.5,-0.5,0,0,0), q_2 = 2\%$$

$$P_3 = (1,0,0,-1,0,0,0,0,0), q_3 = 3.5\%$$

$$P = \begin{bmatrix} P_1 \\ P_2 \\ P_3 \end{bmatrix}, Q = \begin{bmatrix} q_1 \\ q_2 \\ q_3 \end{bmatrix}, \varepsilon = \begin{bmatrix} \varepsilon_1 \\ \varepsilon_2 \\ \varepsilon_3 \end{bmatrix}, \Omega = \begin{bmatrix} \omega_1 & 0 & 0 \\ 0 & \omega_2 & 0 \\ 0 & 0 & \omega_3 \end{bmatrix}$$

那麼，以上三個觀點可等價地表述為：

$$P \cdot r = Q + \varepsilon \qquad (12—5)$$

式中，ε服從正態分佈$N(0,\Omega)$。

式(12—5)具有一般意義。假設有n種資產，有m個相互獨立的觀點，則P是$m \times n$矩陣，Q是$m \times 1$向量，Ω是$m \times m$對角矩陣。若記P的第k個行為為pk，Q的第k個元素為qk，Ω對角線的第k個元素為ωk，則投資者的第k個觀點可表述為：

$$P_k \cdot r = q_k + \varepsilon_k \qquad (12—6)$$

式中，εk服從正態分佈$N(0,\omega_k)$。$P_k \cdot r$可視為一個資產組合，$q_k + \varepsilon_k$是投資者對該資產組合的超額收益率的觀點，ωk反映了觀點的不確定性。

▼貝葉斯方法

在Black-Litterman模型宣導的均衡方法下，資產超額收益率r服從正態分佈$N(\Pi,\tau\Sigma)$。其中，Π由式(12—4)給出，是隱含的均衡超額收益率。τ是一個規模因數。引入τ的原因是，超額收益率的協方差矩陣Σ一般由歷史資料估計，數值上高於市場均衡下超額收益率的實際協方差矩陣，須用τ來調整。分佈$N(\Pi,\tau\Sigma)$相當於先驗分佈。

投資者的觀點相當於構建了m個資產組合$P \cdot r$，且這m個資產組合服從正態分佈N(Q,Ω)，相當於新的資訊。

根據貝葉斯法則，可得到資產超額收益率的後驗分佈：

$$r \sim N\left([(\tau\Sigma)^{-1} + P'^{T}\Omega^{-1}P]^{-1}\left[(\tau\Sigma)^{-1}\Pi + P'\Omega^{-1}Q\right], [(\tau\Sigma)^{-1} + P'\Omega^{-1}P]^{-1}\right) \quad (12—7)$$

▼資產配置

根據式(12—1)和式(12—7)，Black-Litterman模型給出的資產配置是：

$$\omega_{\mathrm{BL}} = (\lambda\Sigma)^{-1}[(\tau\Sigma)^{-1} + P'\Omega^{-1}P]^{-1}\left[(\tau\Sigma)^{-1}\Pi + P'\Omega^{-1}Q\right] \quad (12—8)$$

式(12—8)中，參數Σ,Π,P,Q,τ的設置方法已有介紹。接下來介紹參數λ、Ω的設置方法，其中以Ω的設置方法最為關鍵。

首先，風險厭惡係數λ的估計方法為：

$$\lambda = \frac{E(r_{mkt}) - r_{rf}}{\sigma^2} \quad (12—9)$$

式中，$E(r_{mkt})$是市場組合的期望收益率，r_{rf}是無風險利率，$\sigma^2 = \omega'_{mkt}\Sigma\omega_{mkt}$是市場組合的超額收益率的方差。

對Ω的設置，湯瑪斯・愛德佐瑞克（Thomas Idzorek）提出了一個演算法。❷基本思路是，對每個觀點，如果投資者對該觀點的置信水平是100%（也就是完全肯定），可以算出一個資產配置方案；如果投資者對該觀點的置信水平是0%（也就是完全否定），資產配置就應該按各資產的市值比例進行，也就是ω_{mkt}；如果投資者對該觀點的置信水平在0%~100%之間，資產配置方案應該在ω_{mkt}（相當於0%置信水平下的資產配置方案）的基礎上，向100%置信水平下的資產配置方案傾斜。

下面以投資者的第k個觀點$P_k \cdot r = q_k + \omega_k$為例加以說明。假設投資者對該觀點的置信水平是$c_k$（$c_k$是0%~100%之間的一個數）。引入如下示性向量$\text{index}_k$：若$p_k$的某一元素不為0，則indexk的相應元素等於1；反之，若p_k的某一元素為0，則index_k的相應元素等於0。簡言之，index_k指示了p_k中非0的元素，也就是第k個觀點涉及的資產。湯瑪斯・愛德佐瑞克的演算法按如下六個步驟展開。

第一步：假設置信水平為100%，計算資產超額收益率的後驗分佈的期望：

$$E(r_{k,100\%}) = \Pi + \tau\Sigma P'_k (P_k \tau \Sigma P'_k)^{-1}(q_{k_} - P_k \Pi) \qquad (12—10)$$

第二步：計算100%置信水平下的資產配置方案：

$$\omega_{k,100\%} = (\lambda\Sigma)^{-1} E(r_{k,100\%}) \qquad (12—11)$$

第三步：計算100%置信水平下的資產配置方案與wmkt的差異：

$$D_{k,100\%} = \omega_{k,100\%} - \omega_{mkt} \qquad (12—12)$$

第四步：計算傾斜量：

$$\text{T}ilt_k = D_{k,100\%} \cdot * \text{index}_k * C_k \qquad (12—13)$$

---

❷ Thomas Idzorek,2004，“A Step-by-Step Guide to the Black-Litterman Model: Incorporating User-Specified Confidence Levels”.

式中 .*表示點乘（pair-wise multiplication）。上式說明，計算傾斜量僅針對第k個觀點涉及的資產，且置信水平c_k越大，傾斜越大。

第五步：計算由傾斜方法得到的資產配置方案：

$$\omega_{k,c_k}=\omega_{mkt}+Tilt_k \tag{12—14}$$

第六步：解關於ω_k的優化問題：

$$\max_{\omega_k>0}\quad(\omega_{k,c_k}-\omega_k)'(\omega_{k,c_k}-\omega_k)$$

$$\text{s.t.}\quad \omega_t=(\lambda\Sigma)^{-1}[(\tau\Sigma)^{-1}+P'_k P_k/\omega_k]^{-1}\left[(\tau\Sigma)^{-1}\Pi+P'_k q_k/\omega_k\right] \tag{12—15}$$

對每個觀點，按上述第一至第六步，計算$\omega_k, k=1,2,\cdots,m$，可得：

$$\Omega=\begin{bmatrix}\omega_1 & 0 & \cdots & 0\\ 0 & \omega_2 & \cdots & 0\\ \vdots & \vdots & \ddots & \vdots\\ 0 & 0 & \cdots & \omega_m\end{bmatrix}。$$

主動投資基本定理

主動投資的基本定理由理查・格里諾德（Richard Grinold）和雷納德・卡恩（Ronald Kahn）提出❸，解釋了超額收益率的來源以及資訊比例的構成。

▼資訊模型

假設1：有N種可投資的證券。用$N\times1$隨機向量r表示它們的預期收益率（扣除無風險收益率之後，下同）。用隨機變數r_B表示市場基準指數的預期收益率。假設在市場基準指數中各證券的配置比例為$N\times1$向量h_B，則$r_B=h'_B\cdot r$。用$N\times1$向量β表示這N種證券相對於市場基準指數的beta係數。

存在如下分解：

$$r=\beta\cdot r_B+\theta \tag{12—16}$$

式中$N\times1$向量θ表示這N種證券相對市場基準指數的剩餘收益率，並且$h'_B\cdot\beta=1, h'_B\cdot\theta=0$。

假設2：剩餘收益率θ的統計特徵為$E(\theta)=0, \mathrm{var}(\theta)=\Sigma_\theta$。

一般情況下，θ的各分量之間存在相關關係，Σ_θ不是對角矩陣。可以證明，存在$N\times1$隨機向量x和$N\times N$矩陣A，使得：

(1) $\theta=A\cdot x$；

(2) x的各分量之間不相關，期望均為0，標準差均為1；

(3) $\Sigma_\theta=A\cdot A'$。

假設3：用$BR\times1$向量z表示投資者觀察到的BR個訊息（比如，盈利預測、價格趨勢、證券分析

---

❸ Richard　Grinold and Ronald Kahn, 1999, *Active Portfolio Management: a Quantitative Approach for Providing Superior Returns and Controlling Risk*, 2nd edition, McGraw.Hill.

師的推薦意見）。假設z的統計特徵為$E(z) = 0, \mathrm{var}(z) = \Sigma_z$。

一般情況下，這BR個訊息之間存在相關關係，Σ_z不是對角矩陣。與對θ的處理類似，存在$BR \times 1$隨機向量y和$BR \times BR$矩陣B，使得：

(1) $\mathrm{z} = B \cdot y$；

(2) y的各分量之間不相關，期望均為0，標準差均為1；

(3) $\Sigma_z = B \cdot B'$。

用$N \times BR$矩陣Q表示剩餘收益率θ和訊息z的協方差矩陣，即$\mathrm{Q} = \mathrm{cov}(\theta, z)$。用$N \times BR$矩陣$P$表示$\theta$和z的相關係數矩陣，即$P = \mathrm{corr}(\theta, z) = \mathrm{cov}(x, y) = \left(\rho_{n,b}\right)_{1 \le n \le N, 1 \le b \le BR}$，式中$\rho_{n,b} = \mathrm{corr}(\theta_n, z_b)$。$Q$與$P$之間的關係是：$\mathrm{Q} = A \cdot P \cdot B'$。

投資者在獲知訊息z後，更新對剩餘收益率θ的預期，體現為θ的條件期望和條件方差（引入記號$\mathrm{D} = \mathrm{B}^{-1}$，$I$表示$N \times N$單位矩陣）：

$$\alpha(z) = E(\theta \mid z) = A \cdot P \cdot D \quad (12—17)$$

$$C = \mathrm{var}(\theta \mid z) = A \cdot (\mathrm{I} - P \cdot P') \cdot A' \quad (12—18)$$

▼投資者的目標

用$N \times 1$向量h_p表示投資者在各證券上的配置比例，$N \times 1$向量$h = h_p - h_B$表示投資者相對市場基準指數的主動頭寸（active position，也就是對市場基準指數的偏離），則投資者的預測收益率是：

$$r_p = h_p' \cdot r = h_p' \cdot \beta \cdot r_B + h' \cdot \theta \qquad (12—19)$$

式中，$h_p' \cdot \beta$是投資者相對市場基準指數的beta係數，$h' \cdot \theta$是投資者相對市場基準指數的主動收益率（active return），$h' \cdot \theta$的波動率稱為跟蹤誤差（tracking error），反映了投資者因偏離市場基準指數而承擔的主動風險（active risk）。

給定主動頭寸h，已知訊息z的條件下，投資者主動收益率的期望是$E = (h' \cdot \theta \,|z) = h' \cdot \alpha(z)$，主動風險的平方是$\mathrm{var}(h' \cdot \theta \,|z) = h' \cdot C \cdot h$。

假設4：投資者的效用採取二次函數形式，對主動風險的厭惡係數為λ。

從而，已知訊息z的條件下，投資者的效用函數是：

$$h' \cdot \alpha(z) - \lambda \cdot h' \cdot C \cdot h \qquad (12—20)$$

▶最優主動頭寸

用$h(z)$表示已知訊息z的條件下投資者的最優主動頭寸。$h(z)$由以下優化問題決定：

$$h(z) = \arg_h \max h' \cdot \alpha(z) - \lambda \cdot h' \cdot C \cdot h \qquad (12—21)$$

一階條件是：$\alpha(z) = 2\lambda \cdot C \cdot h(z)$。代入$\alpha(z)$和$C$的運算式（引入記號$E = (\mathrm{I} - P \cdot P')^{-1}$），一階條件可以簡化為：

$$A' \cdot h(z) = \frac{1}{2\lambda} \cdot E \cdot P \cdot D \cdot Z \qquad (12—22)$$

▼資訊比率

資訊比率等於主動收益率除以主動風險，反映了主動投資的風險調整後收益。

在最優頭寸$h(z)$上，投資者的條件資訊比率$IR(z)$滿足：$IR^2(z) = z' \cdot D' \cdot P' \cdot E' \cdot P \cdot D \cdot z = y' \cdot P' \cdot E' \cdot P \cdot y$。資訊比率的平方是：

$$IR^2 = E[IR^2(z)] = \text{Trace}(P' \cdot E' \cdot P) \quad (12—23)$$

式中，Trace，表示矩陣的跡（對角線上元素之和）。

通過一系列近似，可以證明❹：

$$IR^2 \approx \text{Trace}(P' \cdot P) = \sum_{n=1}^{N} \sum_{b=1}^{BR} \rho_{n,b}^2 \quad (12—24)$$

用$\zeta_b^2 = \sum_{n=1}^{N} \rho_{n,b}^2$表示訊息$z_b$與剩餘收益率$\theta$中各分量的相關係數的平方和，反映了訊息$z_b$的價值。

因此：

$$IR^2 = \sum_{b=1}^{BR} \zeta_b^2 \quad (12—25)$$

假設5：所有訊息具有相同價值，即對任意b，$\zeta_b^2 = IC^2$。

在假設5下，資訊比率可以表述為（即主動投資基本定理）：

$$IR = IC \cdot \sqrt{BR} \quad (12—26)$$

BR稱為策略寬度，是投資者擁有的獨立訊息的數量。每個獨立訊息實際上代表了投資者對未來的一個預測，會產生一個主動頭寸（或主動投資決策），稱為一次「主動下注」（active bet）。因此，策略寬度BR反映了投資者獨立下注的次數。

IC稱為資訊係數，反映了預測（訊息z）與實際結果（剩餘收益率θ）之間的相關程度。

綜上，主動投資基本定理的含義是：

(1)主動投資就是預測；

(2)市場平均預測會導向按市場基準指數進行被動投資；

(3)投資者想跑贏市場基準指數，就必須做出與市場平均預測不一樣的預測，並據此設置主動頭寸；

(4)要想實現高的資訊比率，就必須預測得多（即策略寬度BR大）或者預測得準（即資訊係數IC高）。

---

❹ 將$E=(1-P\cdot P')^{-1}$分解為$E=I+P\cdot P'+P\cdot P'\cdot P\cdot P'+\cdots$。因此$P'\cdot E'\cdot P$可以分解為$P'\cdot E'\cdot P=P'\cdot P+P'\cdot P\cdot P'\cdot P+\cdots$。因為$P$中各元素為相關係數，數值一般比較小，所以可以忽略高階項，得到$P'\cdot E'\cdot P\approx P'\cdot P$。

大數據如何引入

Black-Litterman模型和主動投資基本定理是兩個有所不同但又有緊密聯繫的模型。Black-Litterman模型更具有可操作性，主動投資基本定理更接近於對一般規律的討論。但兩個模型都認為：

(1)市場基準指數是投資的出發點，是預設的資產配置方案，即在一定程度上承認市場有效；

(2)投資者僅在有不同於市場平均的觀點或預測時，才可以偏離市場基準指數進行投資，但必須權衡自身觀點或預測的可靠性（體現為Black-Litterman模型中的置信水平參數和主動投資基本定理中的資訊係數）。

綜合Black-Litterman模型和主動投資基本定理，主動投資的一般範式可以歸納為五個步驟（見圖一）：(1)從數據中提煉有價值的訊息；(2)基於訊息形成不同於市場平均的預測；(3)根據預測制定策略；(4)根據策略實踐效果或進行回溯測試（即用歷史資料測試策略效果），評估策略業績；(5)根據業績評估結果，判斷訊息是否有價值、預測是否有效，並返回第(1)步和第(2)步，予以改進。

大數據分析主要在第(1)步和第(2)步使用。這兩步往往配合進行，不能截然分開。從數據中提煉訊息，可以依據經濟理論，也可以使用數據採擷方法。原則是，訊息應該有助於改進對證券價格的預測，否則就是雜訊了。從訊息到預測，理查・格里諾德和雷納德・卡恩還提出了基礎預測公式：

$$\varphi = E(r\,|g) - E(r) = \text{cov}(r,g)\cdot var^{-1}(g)\cdot\big(g - E(g)\big) \qquad (12—27)$$

式中，r表示證券收益率，g表示訊息，$E(r)$表示市場平均預測，$E(r\,|g)$表示基於訊息的預測。式(12—27)為式(12—17)的一般形式。

如果r和g是隨機變數（而非隨機向量），式(12—27)可以簡化為：

$$\varphi = \text{corr}(r,g)\cdot\text{std}(r)\cdot\frac{g - E(g)}{std(g)} \qquad (12—28)$$

式中，std(·)表示隨機變數的標準差，corr(r,g)即資訊係數IC，$\frac{g - E(g)}{std(g)}$表示訊息偏離平均值有幾個標準差，可以稱為z分值。因此，式(12—28)的含義是：

預測=資訊係數IC×波動率×訊息的z分值　　(12—29)

我們結合美國加州大學河濱分校瓦格里斯・赫里斯提迪斯（Vagelis Hristidis）及其合作者關於Twitter與股票價格的論文❺來說明大數據分析在證券投資者中的應用。

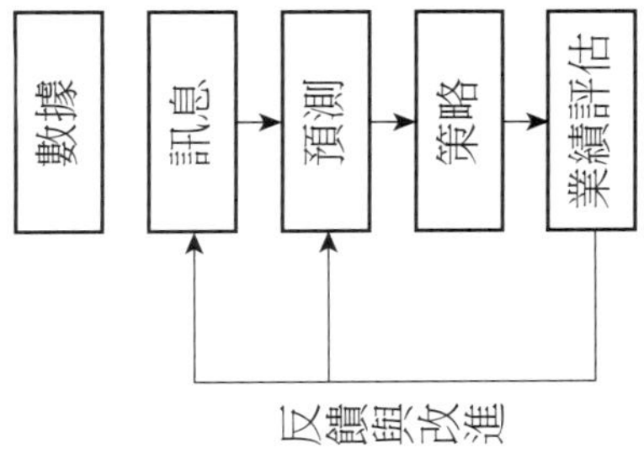

圖一　主動投資的一般步驟

❺ Eduardo Ruiz-J., Vagelis Hristidis, Carlos Castillo, Aristides Gionis, and Alejandro Jaimes,2012, "Correlating Financial Time Series with Micro-Blogging Activity".

首先，他們分析了Twitter上與某檔股票有關的全部資訊，設計了幾個用來衡量Twitter活躍度的定量指標，發現部分指標與未來一至三天的股票交易量、收益率之間存在比較顯著的相關關係。此即第(1)步——從數據中提煉訊息。

其次，他們根據前面設計的Twitter活躍度指標，建立了關於股票收益率的Twitter增強回歸模型。該模型採取向量自回歸形式（vector auto-regression，VAR），因變數為股票收益率，引數包括過去一段時間的股票收益率和Twitter活躍度指標。此即第(2)步——基於訊息形成預測。

接著，他們根據Twitter增強回歸模型的預測，投資於預測收益率最高的幾檔股票。此即第(3)步——根據預測制定策略。

最後，他們用回溯測試法，比較基於Twitter的投資策略與應用其他策略的業績。這些策略包括：(1)被動投資於市場基準指數；(2)隨機挑選股票（設想一隻大猩猩通過擲飛鏢來選股）；(3)根據市值、公司規模、總債務等基本面指標選股；(4)用關於股票收益率的自回歸模型進行預測，投資於預測收益率最高的幾檔股票（該策略與基於Twitter的投資策略類似，只是預測模型中不包括Twitter活躍度指標）。他們發現，基於Twitter的投資策略的業績最好，說明Twitter資訊可以用於證券投資。此即第(4)步和第(5)步——業績評估、回饋與改進。

綜上，我們想指出，在互聯網金融中，證券市場可能同時具有行為金融學和有效市場假說描述的特徵。一方面，在社群網路的促進下，投資者之間的交流、互動和相互影響會非常有效，個體和群體行為會接近行為金融學的描述（比如從眾行為），進而對單個證券或整個證券市場產生可觀測的影響。另一方面，在大數據分析的促進下，市場訊息充分、透明，投資者掌握的資訊「均等化」，市場定價效率非常高（比如證券定價中的一些複雜計算轉化為行動應用程式，操作簡單化），證券市場會接近於有效市場假說的描述。

大數據在保險精算中的應用

保險的核心功能是為投保人提供針對風險事件的經濟補償。風險事件可以是人身方面的，也可以是財產方面的，由此衍生出保險的兩大分支——壽險和非壽險。保險精算要做的是分析未來風險事件，研究可能造成的財務影響，以釐定保費和提取保證金。與保險分類相對應，保險精算分為壽險精算和非壽險精算。不同險種的精算儘管基本原理相通，但考慮到保險標的、產品條款、投資收益等方面的差異，具體方法有很大的不同。

接下來，我們先簡單介紹壽險精算和非壽險精算的要點（只討論保費釐定），再討論大數據如何在保險精算中應用。

壽險精算簡介❻

▼基本概念

壽險精算主要分析有關人的壽命的風險。用X表示一個0歲的初生嬰兒將來的壽命。X是一個取值在$(0,\omega]$之間的隨機變數，其中ω被稱為極限年齡（一般取105歲或110歲）。我們引入以下函數刻畫壽命變數X的分佈特徵。

壽命的累積分佈函數為：

$$F(x) = \Pr(X \le x), x \ge 0 \qquad (12—30)$$

$F(x)$可以理解為0歲的初生嬰兒在x歲之前死亡的機率。$F(x)$在$(0,\omega]$區間內單調遞增，滿足$F(0) = 0, F(\omega) = 1$。

壽命的生存函數為：

$$S(x) = \Pr(X > x), x \ge 0 \qquad (12—31)$$

$S(x)$可以理解為0歲的初生嬰兒能活過x歲的機率。$S(x)$與$F(x)$之間存在關係：$S(x) = 1 - F(x)$。

將x歲的人記為(x)。(x)還能繼續存活的時間稱為(x)的剩餘壽命，記為$T(x)$。(x)的剩餘壽命的累積分佈函數記為${}_tq_x$，表示x歲的人將在未來t年內去世的機率：

$$_tq_x = \Pr(T(x) \le t) = \Pr(X \le x+t|X > x) = \frac{S(x)-S(x+t)}{S(x)} \quad (12—32)$$

(x)的剩餘壽命的生存函數記為$_tq_x$，表示x歲的人能活過$x+t$歲的機率：

$$_tp_x = \Pr(T(x) > t) = \Pr(X > x+t|X > x) = \frac{S(x+t)}{S(x)} \quad (12—33)$$

x歲時刻的死亡力（force of mortality）記為μx，表示一個人能活到x歲時刻，然後在該時刻之後瞬間死亡的機率：

$$\mu_x = \lim_{\Delta x \to 0} \frac{\Pr(x \le X \le x+\Delta x|X > x)}{\Delta x} = -\frac{S'(x)}{S(x)} \quad (12—34)$$

死亡力與生存函數之間存在關係：

$$S(x) = exp\left(-\int_0^x \mu_s\, ds\right), {}_tp_x = \frac{S(x+t)}{S(x)} = exp\left(-\int_x^{x+t} \mu_s\, ds\right) \quad (12—35)$$

剩餘壽命$T(x)$的密度函數記為$f_T(t) = \frac{d}{dt}\ {}_tq_x$，則：

❻王燕編著（2008）。《壽險精算學》。北京：中國人民大學出版社。

$$f_T(t) = -\frac{\frac{d}{dt}S(x+t)}{S(x)} = \mu_{x+t} \cdot {}_tp_x \qquad (12—36)$$

一般來說，人類的死亡力曲線類似於一個兩頭高、中間低的盆狀結構。剛出生的嬰兒是脆弱的，死亡力非常高；青少年時期是人類死亡力最低的時期；中老年時期屬於人類的加速死亡時期。關於死亡力有幾個非常著名的參數模型，包括de moivre模型、Gompertz模型、Makeham模型、Weibull模型。

▼淨保費釐定

我們以單次賠付的壽險產品躉繳淨保費（net premium）的釐定原理和精算模型為例，說明壽險精算的核心技巧。淨保費指只覆蓋保障風險的費用，不包含經營管理費用和附加利潤。躉繳是一種繳費方式，指所有費用一次性繳清。

釐定淨保費要遵循淨均衡原理，指保險公司收取的淨保費應該恰好等於未來支出的保險賠付金。淨均衡原理是保險業經營的一個基本原則，各種類型的保險產品，無論採取何種繳費方式，在釐定淨保費時都遵循此原則。

釐定淨保費主要依據兩個假設：(1)同性別、同年齡、同時參保的人的剩餘壽命獨立同分佈；(2)保險公司可以預測將來的投資收益（即預定利率）。這樣，單個被保險人的風險事件就轉化為一個同質總體的風險事件予以考慮。對單個被保險人而言，他何時發生風險事件，他和保險公司約定的受益金額為多少，都是無法預測的。但對一個大數總體而言，剩餘壽命的分佈有穩定的統計規律。

根據前文，$T(x)$表示某一群同性別、同年齡、同時參保的人的剩餘壽命。假設死亡事件在t時間後發生，並且馬上賠付（即理賠方式是死亡即刻賠付），賠付金額（也稱被保險人的受益函數）為b_t元，該時刻貼現函數為v_t，則該賠付金額貼現到保單簽約時刻的賠付現值函數為：

$$z_t = b_t \cdot v_t \tag{12—37}$$

根據前文，賠付發生時點的機率密度函數為fTt，期望賠付函數（亦即被保險人的躉繳淨保費）為：

$$E(z_t) = \int z_t f_T(t)\, dt \tag{12—38}$$

可以看出，淨均衡原理並不是指每個被保險人繳納的淨保費恰好等於他個人得到的保險賠付金，而是將相同風險的個體視作一個總體，這個總體在統計意義上做到收支平衡。式(12—38)的通用性很強，即使險種不同，也只不過是b_t、v_t、$f_T(t)$的函數形式有變化，但模型結構保持一致。

我們用終身保險的例子加以說明。終身保險指保險公司對被保險人在投保之後任意時刻發生的、保險責任範圍內的死亡事件，均給付保險賠付金的險種。假設x投保保額為一元的終身保險，即$b_t = 1, t \in (0, \omega]$；年實際貼現率為$v$，按複利計息，即$v_t = v, t \in (0, \omega]$。因此，賠付現值函數為$z_t = v, t \in (0, \omega]$。淨保費等於：

$$E(z_t) = \int_0^{\omega} z_i \cdot f_T(t)dt = \int_0^{\omega} v^t \cdot {}_t p_x \cdot \mu_{x+t} dt \tag{12—39}$$

▼生命表

儘管關於死亡力的參數模型用非常簡單的數學運算式描述了壽命變數的分佈，但實踐證明，人的壽命分佈非常複雜，由一個或幾個參數構造的數學模型很難精確擬合壽命分佈的規律，會產生很大的誤差。所以，壽險精算中通常使用非參數方法構造的生命表來擬合人類壽命的分佈，只在分數年齡或接近極限年齡等無法使用生命表的場合，才使用參數模型擬合特定時刻的壽命分佈。

生命表用來描述一個封閉人口群體自出生（或一定年齡）開始的死亡規律，該群體無遷出或遷入，無生育，死亡是影響群體變化的唯一因素。生命表的基礎是大數定理。假設人口群體有n個人，觀察結果顯示這n個人中有k_n個人在x歲時死亡，那麼$\frac{k_n}{n}$稱為x歲的死亡機率。$\frac{k_n}{n}$實際上是對$F(x)$的經驗估計。大數定理表明，當觀測樣本數n足夠大時，$\frac{k_n}{n}$依機率收斂到$F(x)$。

正式發佈的生命表通常以10萬（或100萬）人口作為0歲的生存人口（記為l_0）。生命表劃分成不同的年齡區間（記為x到$x+t$）。除嬰兒生命表以天或周為考察單位外，其他年齡段通常以年為考察單位。對每個年齡區間（x到$x+t$），生命表給出以下統計量：

(1) 期初生存數$l_x = l_0 \cdot S(x)$：

(2) 期間死亡率${}_{t}q_{x}$；

(3) 期間死亡數${}_{t}q_{x} = l_{x} \cdot {}_{t}q_{x}$；

(4) 10個新生生命在該年齡區間存活的總年數${}_{t}L_{x} = \int_{0}^{t} l_{x+s}\,ds$；

(5) 能活到x歲的所有個體的剩餘壽命總和$T_{x} = \int_{0}^{\omega-x} l_{x+t}\,dt$；

(6) 能活到x歲的個體平均剩餘壽命$e_{x}^{0} = \frac{T_{x}}{l_{x}}$。

生命表提供整數年齡上的壽命分佈。現實中經常需要通過整數年的生存狀況，估計在整數年之間的任意分數時期生存或死亡的機率。這相當於數學中的插值問題：已知(x, l_{x})和$(x+1, l_{x+1})$，估計中間某點$(x+t, l_{x+t})$，其中$0<t<1$。此問題主要有三種解決方法，對應著對死亡的不同假設。一是分數期內採用線性插值方法，對應著均勻死亡假定；二是分數期內採用幾何插值方法，對應著常數死亡效力假定；三是分數期內採用調和插值方法，對應著死亡服從Balducci分佈的假設。

非壽險精算簡介❼

▼複合風險模型

非壽險精算主要分析財產、責任等方面的風險。非壽險精算的核心工具是複合風險模型。

假設非負隨機變數序列$\{X_i, i \geq 1\}$相互獨立，N是取非負整數值的隨機變數，並且$\{X_i, i \geq 1\}$與N相互獨立。記為：

$$S = \sum_{i=1}^{N} X_i \qquad (12—40)$$

式中定義，$\sum_{i=1}^{0} X_i = 0$。

在實務中，複合風險模型被用來刻畫一段時間內單張保單或一個保單組的總損失額，具體情況是：

1.單張保單的損失模型

假設某張保單在一段時間內發生損失的次數為N，第i筆的損失額為X_i（其餘類推），則該保單的總損失額為$\sum_{i=1}^{N} X_i$。

2.一個保單組的損失模型

假設某組保單在一段時間內發生損失的保單數量為N，第i張保單的損失額為X_i（其餘類推），則該保單組的總損失額為$\sum_{i=1}^{N} X_i$。

在複合風險模型$S=\sum_{i=1}^{N} X_i$中，X_i稱為個體損失額，其分佈稱為個體損失分佈，簡稱損失分佈。常用損失分佈包括：(1)正態分佈；(2)對數正態分佈；(3)Γ分佈；(4)B分佈；(5)帕累托分佈。

N稱為索賠次數，其期望EN稱為索賠頻率。N的常用分佈包括：(1)泊松分佈；(2)二項分佈；(3)負二項分佈。

在複合風險模型中，可以證明：

$$E(S)=E(N)\cdot E(X_i) \tag{12—41}$$

因此，保單總損失額的期望等於索賠頻率與個體損失額的乘積。這是非壽險費率釐定的理論基礎。

❼楊靜平編著（2006）。《非壽險精算學》。北京：北京大學出版社。

▼風險保費釐定

對於同一個險種，每張保單的保額或保險期限經常不一樣，因此非壽險精算中以風險單位（也稱風險敞口單位）作為該險種的保單風險量的基本單位。風險單位應該能準確量化風險，易於由保險公司確定，易於由被保險人理解，但又不能被其操縱，同時易於記錄和管理。每張保單的風險單位總數稱為該保單的風險量。比如，對於機動車保險，通常以一輛車投保一年時間作為風險單位，如果兩輛車的保險期限都是半年，則總風險量為1。

風險保費是非壽險費率的主要組成部分（其他組成部分包括保險公司的費用和利率）。風險保費釐定分三步進行：

第一步：根據實際數據，估計單位風險保單的索賠頻率N和每筆賠付額X_i的期望值。在統計上，相當於估計N和X_i分佈中的參數值，一般使用矩估計法和最大似然法（見第六章）。

第二步：根據淨均衡原理和式(12—41)，單位風險保單的風險保費公式是：

單位風險保單的風險保費=單位風險保單的索賠頻率×每筆賠付額的平均額度　(12—42)

第三步：保單的風險保費公式是：

保單的風險保費=單位風險保單的風險保費×保單的風險量　(12—43)

▼經驗費率法

經驗費率法是為消除風險的非同質性而發展起來的一種量化方法。該方法允許保險公司根據過去的經驗數據來調整未來保費。其邏輯是，如果一張保單過去的理賠數據比保費表中假設的要好，該保單持有人就有理由要求保險公司降低保費。從保險公司的角度，需要考慮該保單自身數據的可信度，以及相對於一個險種而言，該保單自身數據變化所表明的風險大小。經驗費率法包括完全信度、部分信度和最精確信度。我們以最精確信度理論中的Bühlmann模型為例加以說明。

Bühlmann模型針對如下問題：對於一個單位風險保單，已知過去n年的賠付額分別為$X_1,X_2,\cdots,X_n$，如何確定下一年應繳納的風險保費X_{n+1}？

假設$X_1,X_2,\cdots,X_n$具有相同的分佈類型，並且分佈參數Θ本身也是隨機變數。假設在分佈參數Θ給定的情況下，$X_1,X_2,\cdots,X_n$條件獨立，並且有相同的條件期望和條件方差：$\mu(\Theta)=E[X_i|\Theta]$，$v(\Theta)=\mathrm{var}[X_i|\Theta]$。用$\mu=E[\mu(\Theta)]$代表保費表中的費率或根據其他類似保單得到的賠付額的估計值。

Bühlmann模型的核心是用過去賠付額的線性組合來估計X_{n+1}：

$$\min_{a_0,a_1,\cdots,a_n} \mathrm{E}\left[X_{\mathrm{n+1}}-a_0-\sum_{i=1}^{n}a_i\mathrm{X}_i\right]^2 \tag{12—44}$$

上述優化問題的解即信度保費：

$$z\cdot\bar{X}+(1-z)\cdot\mu \tag{12—45}$$

式中，$\bar{X}=\frac{\sum_{i=1}^{n}X_i}{n}$，信度因數$z=\frac{n}{n+k}(k=\frac{E[v(\Theta)]}{\mathrm{var}[\mu|\Theta]})$。

信度因數z刻畫了未來風險保費對自身經驗數據的依賴程度。當信度因數$z=1$時，未來風險保費完全依賴於自身經驗數據$\bar{X}$，稱為完全信度。當$0<z<1$時，未來風險保費同時依賴於自身經驗數據$\bar{X}$和μ，其中μ的權重小於1，稱為部分信度。

大數據如何引入

▼保險精算的核心變數

死亡力μ_x是壽險精算的核心變數。如果已知μ_x，則壽命的累積分佈函數$F(x)$、生存函數$S(x)$和剩餘壽命的生存函數${}_tq_x$就可以計算出來。因為壽命變數X代表了死亡事件發生的時點，所以X是機率論中的停時概念，而$\mu_x=\lim_{\Delta x\to 0}\frac{\Pr(x\le X\le x+\Delta x|X>x)}{\Delta x}$刻畫了死亡事件到達強度。

索賠頻率$E(N)$是非壽險精算中的兩個核心變數之一。索賠次數本質上是一個計數過程。設想一個計數器，初始值為0，在考察期內（假設長度為T）保單每發生一次損失就上調一次計數，最終計數就是$N(T)$。更精確的表述是，用T_k表示第k次損失與第$k+1$次損失之間的間隔時間$(k=0,1,2,\cdots)$，則第k次損失發生時點是$S_k = T_0 + T_1 + \cdots + T_{k-1}$，從而索賠次數$NT$可以表述為：

$$N(T) = \sum_{k=0}^{\infty} 1_{\{S_{k \le T}\}} \tag{12—46}$$

式中，1．表示示性函數，括弧內邏輯為真時取值為1，否則為0。

損失發生的時點也是停時概念。從第k次損失發生時點S_k往前看，第$k+1$次損失在多長時間後發生，也可以用損失事件到達強度來描述：

$$\lambda(t) = \lim_{\Delta t \to 0} \frac{\Pr(t \le T_k \le t + \Delta t | T_k > t)}{\Delta t} \tag{12—47}$$

$\lambda(t)$實際上完全能描述索賠次數NT的分佈特徵。

綜上所述，死亡力μ_x和損失事件到達強度$\lambda(t)$在機率論上具有相同的內涵。

▼保險精算對個體異質性的反映程度

理論上，死亡力適用於每一個人，損失事件到達強度也適用於每一輛車、每一間公寓等非壽險標的。因此，這兩個變數可以在個體層面建立模型、估計，以此為基礎的保險精算能反映個體之間的差異，甚至獲得個性化的保險費率。目前的保險精算在一定程度上體現了這個思路。

在壽險精算中，生命表按性別劃分為男性生命表、女性生命表和不分性別的綜合生命表，按是否吸煙劃分為針對吸煙群體的生命表和針對不吸煙群體的生命表，還可分為以國民為對象的國民生命表和以保險公司的被保險人為對象的經驗生命表。

此外，很多險種要求投保人滿足一定的健康要求，只有通過體檢的人才能進入保障計畫。體檢猶如一個選擇門檻，使得新進入人群的平均健康情況要優於普通人群（即選擇性偏差）。為公平釐定風險，這些新參保人員的死亡率低於普通人群，但這種選擇效用不會永遠存在。短短幾年後（通常為二至三年），他們與普通人群在健康狀況方面的差異就會消失。選擇—終極生命表（**select-and-ultimate tables**）就是針對這種選擇效用設計的。在選擇期內使用死亡率相對較小的選擇生命表，等選擇期過了之後，又回復到常規生命表（即終極生命表）。

壽險精算對生命表的這些調整，本質上都相當於根據個體特徵（比如性別、是否吸煙、是否通過體檢等），釐定差異化的死亡力。

在非壽險精算中，經驗費率法根據過去的經驗數據（比如賠付額）來調整未來保費。如果假設每筆賠付額的平均額度不變或者變化不大，經驗費率法本質上相當於根據損失事件到達強度的過去值來預測其未來值。

但總的來說，保險精算對個體異質性的反映程度還不夠。比如，一個人的基因、家族遺傳、生活習慣、職業等對他的壽命風險有顯著影響，氣候變化、環境污染等自然條件也會影響人的壽命，但這些因素還難以納入生命表的分析框架。又比如，在非壽險精算中，除了歷史賠付資訊外，被保險人的個人資訊、宏觀經濟指標應該也可以應用。

▼保險精算使用大數據的一個思路

我們認為，在保險精算中，可以基於大數據分析而不是經驗規則，來建立死亡力、損失事件到達強度等核心變數與被保險人有關的基本面資訊之間的聯繫。在這方面，與保險精算有緊密聯繫的另一個領域——信用風險管理已經有大量實踐，值得參考。

在信用風險管理的兩類方法中，我們關注簡約化方法（見第七章）。簡約化方法不討論債務違約（稱為信用事件）為何發生，而是將其視為一個隨時可能發生的隨機事件，並用風險率（也稱為違約強度）來描述違約機率。假設用τ表示信用事件發生的時點，風險率的含義是：

$$h(t) = \lim_{\Delta t \to 0} \frac{\Pr(\tau \le t + \Delta t | \tau > t)}{\Delta t} \tag{12—48}$$

比較式(12—34)、式(12—47)和式(12—48)可知，風險率和死亡力、損失事件到達強度的內涵是一致的。在信用風險管理文獻中，風險率有眾多的建模方法，感興趣的讀者可以參考李祥林的經典論文❽以及達果爾・達菲（Darrell Duffie）和肯尼士・辛格爾頓（Kenneth Singleton）的著作❾。這

❽ Li David X., 2000, "On Default Correlation: A Copula Function Approach", *Journal of Fixed Income*, 9 (4): 43-54.

❾ Darrell Duffie, and Kenneth Singleton, 2003, *Credit Risk: Pricing, Measurement, and Management*, Princeton University Press.

些模型可以比照用在死亡力、損失事件到達強度上，從而應用於保險精算。此處不一一列舉這些模型，只參考薩德希爾・查瓦（Sudheer Chava）和羅伯特・賈羅（Robert Jarrow）的企業信用風險模型⓾，提出保險精算使用大數據的一個思路。

假設有n個被保險人。每個被保險人都有可能發生一個一次性的風險事件（可以是人身方面的，也可以是財產方面的）。對第i個被保險人，用τ_i表示他的風險事件發生的時點，τ_i也是停時概念。

假設在一系列離散時點$t=0,1,2,\cdots,T$上進行觀察。用X_{it}表示第t個時點上與第i個被保險人有關的基本面資訊。用N_{it}表示第t個時點上第i個被保險人有沒有發生風險事件。N_{it}是一個0—1變數，按如下方式賦值：

$$N_{it}=\begin{cases}0 & t<\tau_i\\ 1 & t\geq\tau_i\end{cases} \qquad (12—49)$$

假設對任意i，$N_{i0}=0$（即初始時刻沒有風險事件）。

用風險事件$\lambda_{it}=\lim\limits_{\Delta t\to 0}\dfrac{\Pr(\tau_i\leq t+\Delta t|\tau_i>t)}{\Delta t}$表示在第$t$個時點上對第$i$個被保險人，風險事件的到達強度。因為觀察時點離散，更方便的分析手段是條件違約機率（與λ_{it}是等價的）——如果到第t個時點還沒有發生風險事件，那麼在第$t+1$個時點前發生風險事件的機率為：

$$P_{it} = \Pr(\tau_i \leq t+1 | \tau_i > t, \mathrm{X}_{it}) \qquad (12—50)$$

假設P_{it}與X_{it}之間存在函數關係（這是大數據應用於保險精算的關鍵）：

$$P_{it} = \frac{\exp(a + \beta' \mathrm{X}_{it})}{1 + \exp(a + \beta' \mathrm{X}_{it})} \qquad (12—51)$$

接下來的問題是：根據觀測值$\{(\mathrm{X}_{it}, N_{it}): i = 1,2,\cdots,n, t = 1,2,\cdots,T\}$，估計式(12—51)中的參數$\alpha$和$\beta$。

可以看出，$N_{iT} = 0$表示直到第T個時點，第i個被保險人都沒有發生風險事件，即$\tau_i > T$。$N_{iT} = 1$則表示第i個被保險人在第T個時點前發生了風險事件，這種情況下τ_i之後的數據實際上不具有資訊含量。因此，定義$D_i = \min(\tau_i, T)$。

考慮如下函數：

$$L[N_{iD} | \mathrm{X}_{it}, 1 \leq t \leq D_i] = \begin{cases} \Pr\ (\tau_i = D_i) & N_{iD_i} = 1 \\ \Pr\ (\tau_i > D_i) & N_{iD_i} = 0 \end{cases} = \Pr\ (\tau_i = D_i)^{N_{iD}} \Pr\ (\tau_i > D_i)^{1-N_{iD_i}} \qquad (12—52)$$

⑩該模型是風險管理公司 Kamakura Corporation 的基礎模型之一。

式中，$\Pr\ (\tau_i = D_i) = P_{iD_i-1}\prod_{t=0}^{D_i-2}(1-P_{it}), \Pr\ (\tau_i > D_i) = \prod_{t=0}^{D_i-1}(1-P_{it})$。

定義似然函數為：

$$L[(\alpha,\beta|X_{it},N_{it}), i=1,2,\cdots,n, t=1,2,\cdots,T] = \prod_{i=1}^{n} L[(N_{iD_i}|X_{it}, 1 \le t \le D_i)]$$

對數似然函數等於：

$$LL(\alpha,\beta) = \sum_{i=1}^{n} N_{iD_i}\log\frac{P_{iD_i-1}}{1-P_{iD_i-1}} + \sum_{i-1}^{n}\sum_{t=0}^{D_i-1}\log(1-P_{it}) \qquad (12—53)$$

對式(12—53)進行優化即可得參數α和β的估計。這樣式(12—51)就可以用來評估被保險人的風險，從而應用於保險精算。

從目前的文獻看，非壽險精算中已經出現了大數據應用案例，代表者是基於使用的保險[11]——一種根據汽車使用情況釐定費率的車險。這種車險要求參保汽車配備GPS、測速器和無線電裝置。保險公司掌握車型、駕車時間（比如是否在交通高峰期）、行駛里程（比如是否長期使用）、行駛地點（比如是否在容易出事故的地點）、駕駛習慣（比如開車時是否打電話）等資訊，以此作為釐定費率的依據。

最後，我們想指出，互聯網金融中的保險形態是一個非常有意思的問題。前面已經指出，保險的核心功能是經濟補償，即保險公司基於大數定理為投保人提供針對意外損失的經濟補償。在經濟補償中，沒有發生意外損失的投保人通過自己交納的保費間接補償了發生意外損失的投保人。在充分競爭的理想情況下，全體投保人支付的保費應該正好能覆蓋他們作為一個整體的意外損失敞口（即淨均衡原理），保險公司居中起到保費轉移支付的作用。但事前無法確定哪些投保人會發生意外損失、哪些不會，從而也就無法確定經濟補償會按什麼方向進行。因此，保險的風險分擔不同於一般金融衍生商品（比如期權、期貨、掉期）的風險轉移，前者是一個團體間契約，後者是一個雙邊契約。在互聯網金融中，即使資訊不對稱程度和交易成本很低，也無法改變保險作為團體間契約這一核心特點[12]，保險的商業模式仍不變，但具體組織形式可能變化。比如，一群風險水準相當的人可以通過網路簽署協定，約定只要有人發生意外損失，其他人均有義務給予補償。一旦這個群體達到足夠大的規模，就能取代保險公司。

今後，互聯網金融中的保險將接近於著名經濟學家肯尼士・約瑟夫・阿羅（Knneth Joseph Arrow）在《保險、風險和資源配置》一文中提出的完美的風險轉移模型——自願、自由、公平地進行風險轉移。具體內容是：(1)保險產品豐富化，對人身和財產方面的每一種風險，均可能出現相應的保險產品。(2)保險費率由公平原則釐定。(3)風險轉移給社會中有相應風險偏好的人，由他們自願承擔。

---

[11] 資料來源：http://en.wikipedia.org/wiki/Usage-based_insurance.

[12] 這一點就是第一章指出的，在互聯網金融中，金融契約的內涵不變。

後記

二〇一二年四月七日，在「金融四十人年會」上，我們首次公開提出了「互聯網金融」這一概念。當時，中國人民銀行原副行長吳曉靈、中國銀行業監督管理委員會副主席閻慶民都給予了中肯的評價。為持續推進相關研究，中國金融四十人論壇、上海新金融研究院支持我們進行了兩項內部課題研究。以研究成果為基礎，我們寫作了本書。中國金融四十人論壇秘書長王海明對本書投入大量精力，沒有他的推動，本書不會問世。

為保證本書的品質，中國金融四十人論壇、上海新金融研究院先後在北京、上海組織了兩次評審會，分別於二〇一二年八月十二日和二〇一四年二月二十二日舉行。中國人民銀行副行長、國務院「互聯網金融發展與監管」課題組組長劉士余，上海市委常委、常務副市長屠光紹，國泰君安證券股份有限公司董事長萬建華，中國寬頻資本基金董事長田溯甯，阿里小微金融服務集團首席執行官彭蕾，中國進出口銀行副行長曹彤，興業銀行行長李仁傑，國務院發展研究中心金融研究所所長張承惠，復旦大學中國經濟研究中心主任張軍，上海交通大學上海高級金融學院執行院長張春等領導、專家出席了評審會，提出了很多建設性意見。此外，二〇一三年九月七日，在上海新金融研究院「中國互聯網金融研究中心」揭牌典禮暨閉門研討會上，上海市黃浦區區委書記周偉、中國銀行業監督管理委員會上海監管局局長廖岷也對書稿提出了很多好的建議。

對上述領導、專家們的意見，我們在修改中都予以了參考、吸收，在此對他們表示衷心感謝。

我們還要感謝中國金融四十人論壇編輯部廉薇、馬冬冬和《博鼇觀察》歐陽海燕對本書的支援。

最後，需要說明的是，本書是中國金融四十人論壇、上海新金融研究院的內部課題成果，反映了我們在相關問題研究中的學術觀點，不代表我們所在單位、中國金融四十人論壇或上海新金融研究院的立場。

國家圖書館出版品預行編目 (CIP) 資料

互聯網金融 / 謝平, 鄒傳偉, 劉海二著. -- 初版. --
臺北市 : 風格司藝術創作坊, 2015.04
面 ;　公分
ISBN 978-986-91620-5-0(平裝)

1.金融業 2.金融管理 3.中國

561.92　　104004362

金融理財02

互聯網金融

作　　者：謝平、鄒傳偉、劉海二著
編　　輯：苗龍
發 行 人：謝俊龍
出　　版：風格司藝術創作坊
106 台北市安居街118巷17號
Tel：(02) 8732-0530　Fax：(02) 8732-0531
總 經 銷：紅螞蟻圖書有限公司
Tel：(02) 2795-3656　Fax：(02) 2795-4100
地址：台北市內湖區舊宗路二段121巷19號
http://www.e-redant.com
出版日期：2015 年 04 月　第一版第一刷
定　　價：380 元

ISBN 978-986-91620-5-0　　Printed in Taiwan